B I B L I O L O G Y

書物學 25

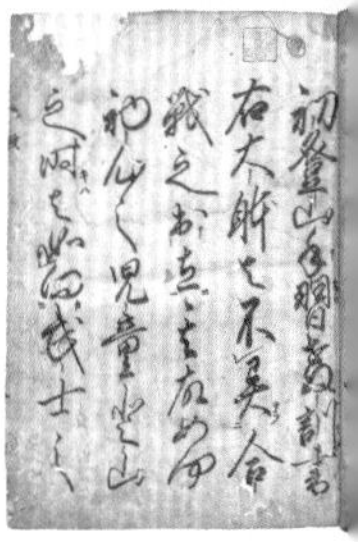

鶴見大学図書館の蒐書を巡る

仏書・漢籍・洋学・アーカイブ

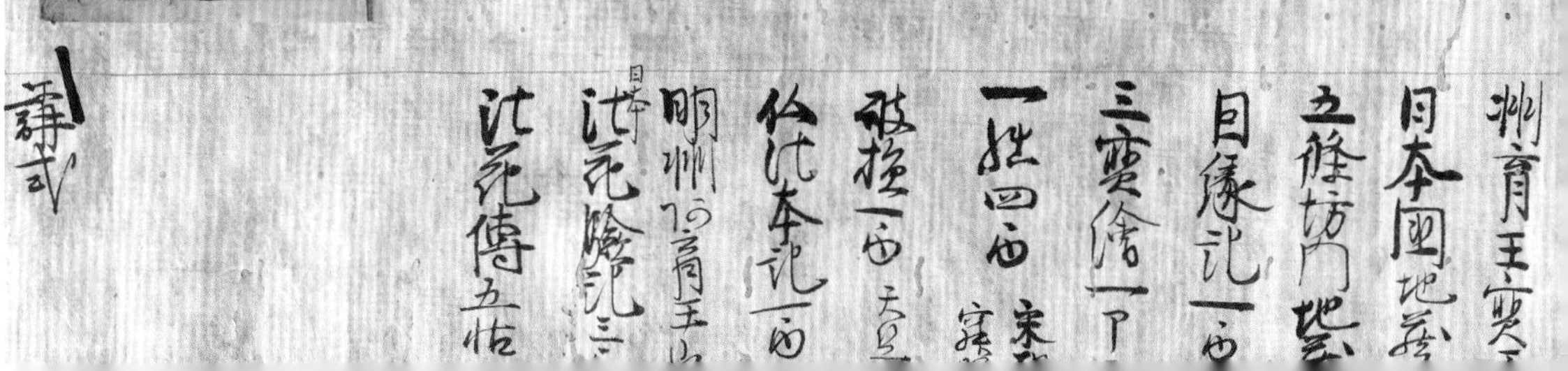

鶴見大学図書館の貴重書――これまでとこれから

伊倉史人

鶴見大学を擁する学校法人総持学園は今年度創立百周年を迎える。今でこそ鶴見大学図書館の蔵する貴重書の質の高さは学外の研究者にも知られるところであるが、草創期に関係者からの図書寄贈があったわけでも、多額の予算が注ぎ込まれたわけでもなく、時々の教職員の書物に対する深い関心と集書への熱意によって徐々に蒐集されてきたものである。

昭和五十四年十月、鶴見大学で開催された第二十七回日本図書館学総会・研究大会にあわせて国文学と医学関連の貴重書が展示された。その時の「展観書目録」には、昭和三十八年の大学設置から「十余年にわたり、たゆまず収納された結果、蔵書量もようやく百点を越した」とある。初代文学部長の故久松潜一博士を中心に集められた百余点であり、歌書の古写本や契沖、本居宣長、平賀元義等の国学者の自筆資料が並ぶ。

それから八年後の昭和六十一年九月に現図書館が開館。三階には杉板が張りめぐらされ、温度湿度を管理する貴重書庫が用意された。蔵書中随一の優品である道元禅師自筆『対大己法』断簡（道正庵切）が収蔵されたのもこの時である。

開館を記念して刊行された『藝林拾葉――鶴見大学図書館新築記念貴重書図録――』の序において、故池田利夫博士（当時の図書館長）は「（貴重書庫は）棚あり戸棚ありで、余裕綽々、まだ隙間だらけであるが、いつの日か、収蔵しきれなくなるのではないか、というのは一つの夢である」と語られた。

貴重書庫

昭和六十三年五月に鶴見大学で中世文学会春季大会が開催された際に『鶴見大学図書館蔵和漢書畧目録』が作成された。この目録に載る貴重書の総数は一一五一点、四七一七冊（往来物約四〇〇点、古医書約四〇〇点を除く）。十年のうちに十倍以上の貴重書が集められたことになる。

書物が集まれば、その目録が必要となるが、平成三年から十一年にかけて「特定テーマ別蔵書目録集成」が刊行された。和漢の貴重書のみならず、洋書のコレクション、歯学部設置当初来蒐集してきた古医書（約二〇〇〇冊）を紹介する十三冊(1)である。この時期に、こうした蔵書目録や前掲の『和漢畧目録』を作成することができたのは、書物に関する深い知識を備えた優秀な図書館職員の支えがあったことが大きい(2)。

目録作成と同様に、貴重書展による蔵書紹介にも力を注いできた。平成元年七月には文学研究科開設記念の貴重書展を開催。平成六年十月と平成十六年十月にはそれぞれ学園創立七十周年記念、八十周年記念の貴重書展が開かれたが(3)、そうした大々的な展示とは別に、昭和五十三年から小規模の貴重書展を年に数度、継続的に開催してきている。その回数は、第一回の『源氏物語』展より令和六年一月の「与謝野晶子の『源氏物語礼讃』」展まで、実に一五九度に及ぶ。

やがて、かつては「余裕綽々」であった貴重書庫も手狭となり、令和四年三月には第二貴重書庫が新設された。故池田博士が夢見た日は想外に早く訪れることとなったのである。現在（令和六年三月）、蔵書は約八三〇〇点、約一九八〇〇冊（往来物、古医書、洋書等を含む）にまでに成長している。

その蔵書の中核をなすのは『源氏物語』を中心とした物語及びその関連資料と歌書であろう。

昭和三十九年に紫式部学会事務局が文学部日本文学科に置かれたのを契機に、『源氏物語』関係資料の蒐集がはじまるが、平成十一年四月の源氏物語研究所（初代所長は故池田博士）の発足がその流れに拍車をかけた。鶴見大学図書館と言えば、『源氏物語』を思い浮かべる人も多いのではないだろうか。

歌書の善本も充実している。故岩佐美代子博士が専門とされた京極派和歌の資料には優品が揃い、また近年重点的に蒐集している『新古今和歌集』の古写本、古筆切は資料的価値の高いものが少なくない。

そこで本特集では、この二十年のうちに収蔵された物語と歌書の善本を中心に紹介することにした。

曹洞宗大本山總持寺を母体とする鶴見大学の図書館でありながら、仏書、曹洞宗関連の典籍数はそれほど多くはない。それでも、百万塔陀羅尼、興福寺永恩具経、道元禅師『正法眼蔵』の写本等目を見張るものがある。本特集では、平成七年に開設された仏教文化研究所の研究員諸氏に紹介を担当していただいた。

日本文学科と英米文学科（現英語英米文学科）の二学科でスタートした文学部は、平成に入って文化財学科とドキュメンテーション学科が増設され四学科に拡充された。ドキュメンテーション学科には書誌学コースが置かれ、図書館の貴重書を利用する授業や古典籍をデジタル化する演習等が行われている。

一方で、これまで鶴見大学図書館は貴重書のデジタル化には積極的ではなかった。昨今のデジタル化の潮流にあわてて乗る必要はないが、ドキュメンテーション学科と協力の上、単なる後追いではないデジタル化の実現に智恵を絞る時期に来ている。

故池田博士は、『藝林拾葉』の序で「貴重書は一般書と異なり、保存が第一であるが、利用を全くされないまま死蔵するのは一層本意ではない。各分野の研究資料として役立つことを願ってやまない」と記された。この想いは、文献資料に基づく実証的研究を伝統とする本学の教員が共有するものでもある。しかし、本学図書館の蔵する貴重書を学内外の研究者に活用してもらうには、まず目録を整備する必要がある。『和漢畧目録』から既に三十六年の歳月が流れた。学園創立百周年にあわせて新規に目録を刊行する計画もあったが叶わなかった。貴重書目録の刊行は、第二書庫に貴重書が収蔵しきれなくなる頃という遠い未来ではなく、この十年内の大きな課題であり、一つの夢である。

『国文学通論 方法と対象 新訂』（河出書房、昭和二十六年）の中で故久松博士は、「日本文学研究に於ける資料学としての文献学は、書誌学的研究と本文批判的研究と註釈的研究の三段階を含むべきであり、是等の作業を十分に行うことによって文学の文献として資料として扱い得るに至る」と述べている。その理念を受け継ぐ者たちの解題を付して、鶴見大学図書館の長きにわたる蒐書――ごく一端ではあるが――の価値を、いまここに問う。

〈注〉

（1）「明治乃聖書」「蘭學から英學へ」「源氏物語」「漢方と泰西医學」「シェイクスピアの精華全集コレクション」「日本の書目」「テニスンの本」「西洋美術と歯科医」「連歌の本」「往来物」「西洋古版日本地図」「ミルトンの本」「デフォーの本」の十三冊。「源氏物語」には増補訂正版があり、実際には十四冊。

（2）古医書関連の目録は、当時歯学部の非常勤講師をされていた故戸出一郎博士（元日本医史学会理事・元日本歯科医史学会理事）の協力を得ている。

（3）各展示図録に『大學院文學研究科開設記念 鶴見大學圖書館蔵貴重書展』、『鶴見大学蔵貴重書展解説図録 古典籍と古筆切』、『和歌と物語――鶴見大学図書館蔵貴重書80選』がある。

特集◉古典籍の文献学
第一部◎物語と歌書

久保木秀夫
KUBOKI Hideo

伊勢物語

古典の中でも代表的な古典である『伊勢物語』。
鶴見大学図書館では長年に亘り、その写本や古筆切、整版本などを収蔵してきた。
すでに学界に報告されて知られているもの以外でも、本文資料的価値を持つもの、
伝存自体が稀なもの、書物というモノとして興味深いもの等々がまだまだ存する。
その一端ながらもここで取り上げ、
本館収蔵『伊勢物語』原本資料の多彩さ、豊かさをあらためて世に広めたい。

柱のひとつ

鶴見大学図書館のOPACで『伊勢物語』関連の貴重書を検索してみると、単純に数えて九十九点もの書目が出てくる。同館の収書の主軸のひとつとなっていること、この点数だけからでも明らかだろう。内訳としては写本が三十五点、古筆切が十八点、整版本が四十二点、絵画資料が三点、版木が一点となる。

それらの中でも有名なのは、従来知られていなかった藤原定家筆本——いわゆる天福二年本や武田本などと異なる、奥書を持たない別種の一本——を忠実に摸写した伝小堀遠州筆本[図01]であろう。池田利夫『藤原定家筆蹟模本 伊勢物語の研究』(二〇〇九年十一月、汲古書院)において詳細に考察され、全丁の影印も掲載されている。しかしながらそれ以外でも注目すべき写本や版本、古筆切はなお多いため、いくつか紹介していきたい。

日本大学文理学部教授。専門は中古中世文学の原本資料に関する研究。主な著書・論文に『中古中世散佚歌集研究』(青簡舎、二〇〇九年)、「『百人一首』『百人秀歌』の伝本と本文」(『百人一首の現在』所収 青簡舎、二〇二二年)、「『伊勢物語』小式部内侍本に関する古筆資料二点」(『国文鶴見』第五十八号、二〇二三年)などがある。

版本——比較に至便

順不同に、まず整版本からみていくと、菱川師宣画の『伊勢物語頭書抄』の松会版が三点もある[図02]。同書の松会版としては、①「延宝七歳己未三月吉日/絵師/菱川吉兵衛/松会開板」という刊記を持つ一種が知られるが、右の館蔵三点のうち二点の刊記では、②「三月吉日/絵師/菱川吉兵衛/松会開板」とあって、延宝七年(一六七九)という刊年記載がなくなっている。もう一点はさらに短く、③「松会開板」のみとなっている。特に③ではその「松会開板」の位置が如何にも中途半端に見えてしまうが、そもそもの刊記の全文が

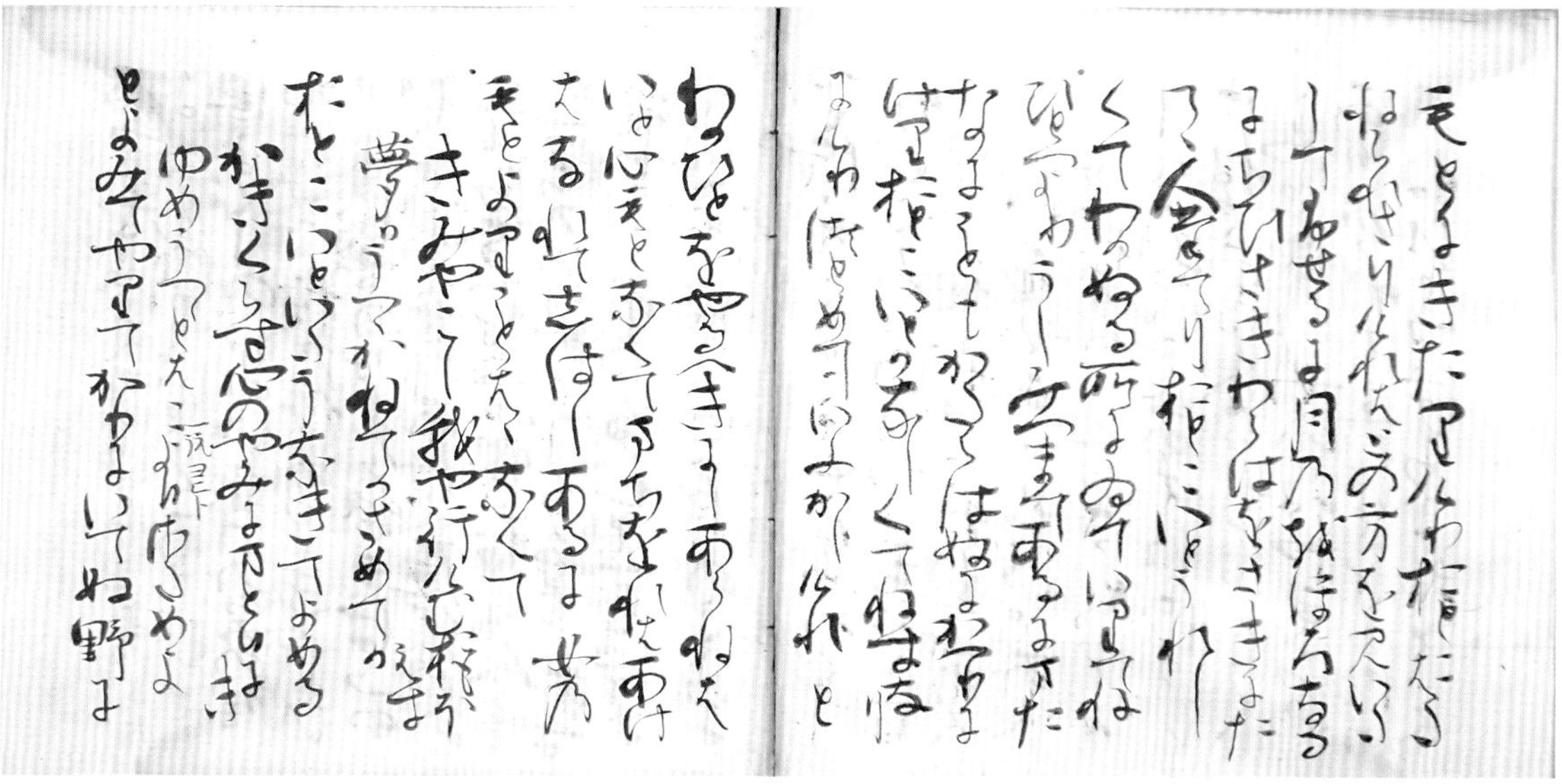

［図01］…伝小堀遠州筆・定家本摸写『伊勢物語』

①のようであったらバランスのよい配置となるため、①↓②↓③と変遷していったとみるのが妥当であろう。ここで本館に①の版種もあったら言うことなしであるものの、②③の計三本があるというだけでも、原本そのものを実際に並べて、摺りの良し悪しその他を直接比較検討できるというのは至便である。

今日web上で陸続と公開されている古典籍の高精細デジタル画像は、もはや研究に欠かせないものとなっている。その中には『伊勢物語頭書抄』の同種の版本も複数含まれている。しかしブラウザ上で画面を同時にいくつも開き、比較に適した画面サイズにいくら調整してみても、原本を直接並べる以上の厳密さとなり得ることはないだろう。一方で①の延宝七年版は本館に収蔵されていないため、ここでこそデジタル画像の出番となろう。同種の版本そのものを複数収蔵しているがための強みがここにある。

次に寛永六年（一六二九）の刊記を持つ絵入り整版本。この版本が面白いのは、一面ごとの行数が丁によって八行〜十二行と揺れがあり、それに伴い字配り・行配りにも大小・広狭の違いがあり、歌にも一首二行書きと三行書きとがある点である［図03・04］。これは各段の本文末尾、もしくは切りのよいところまでが、各面の終わり、もしくは挿絵のちょう

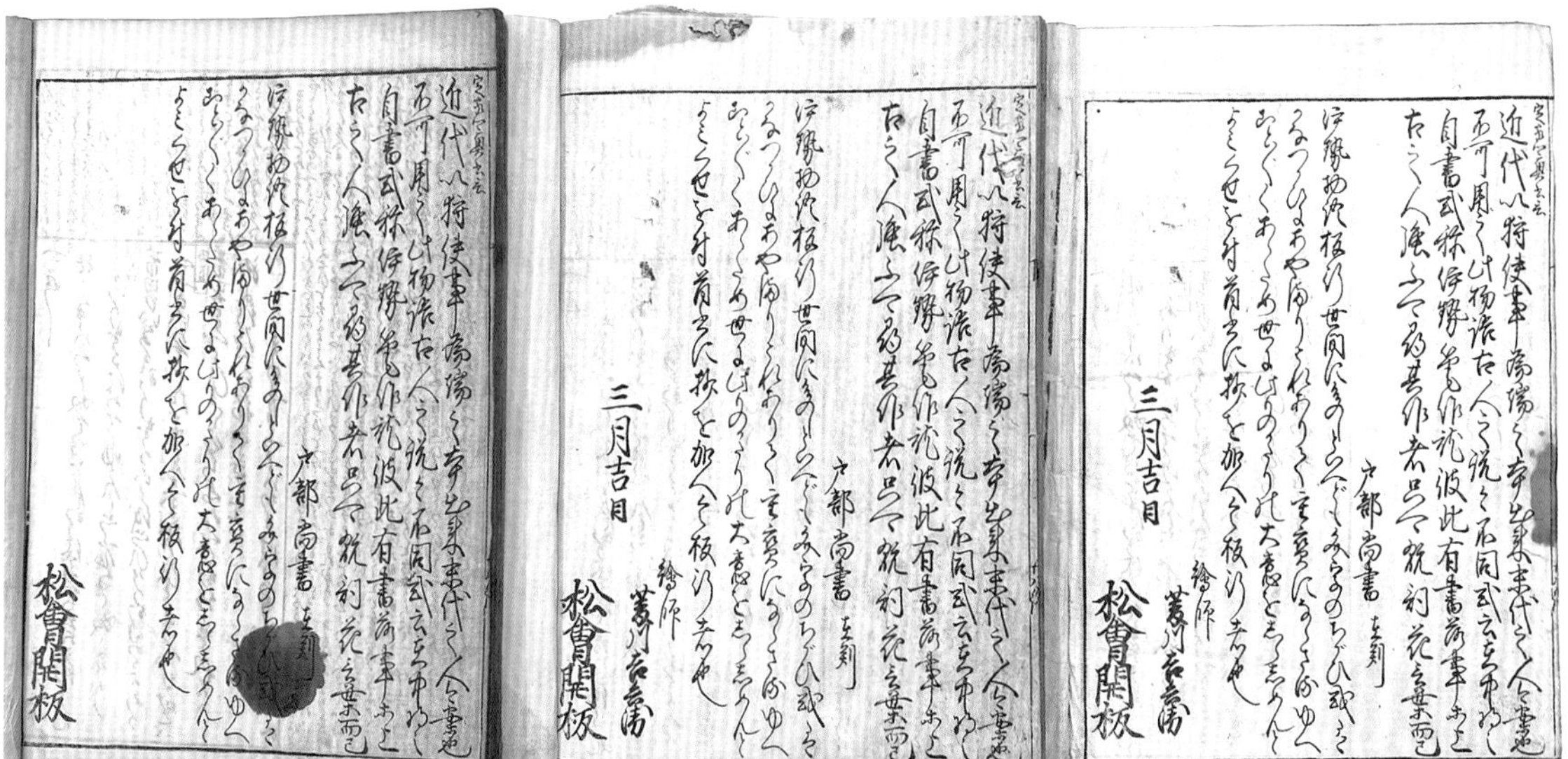

［図02］…伊勢物語頭書抄　３点比較

上から、
［図03・04］…伊勢物語 絵入り本 寛永六年版
［図05］…伊勢物語 絵入り本 挿絵比較（右：覆嵯峨本　左：寛永六年版）

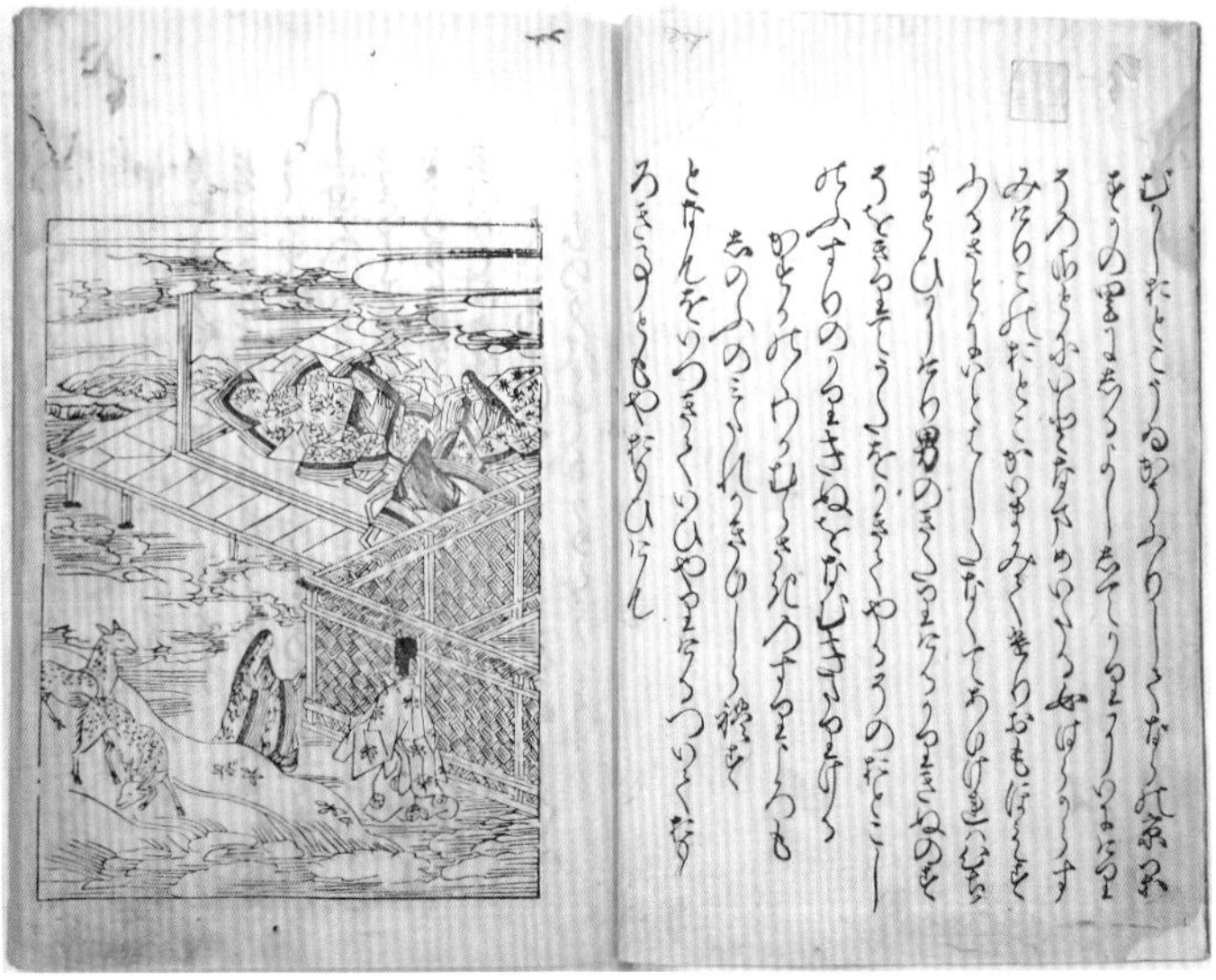

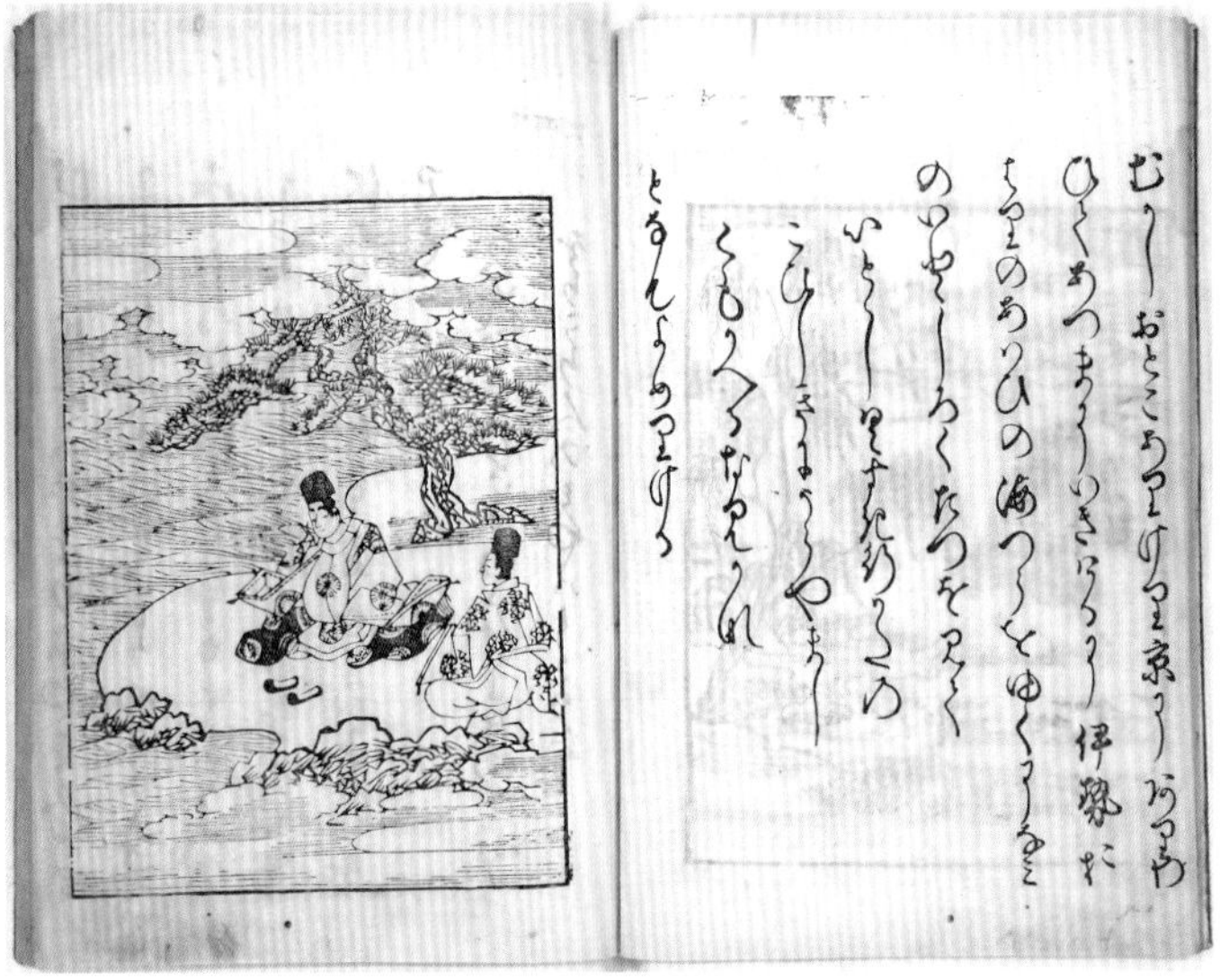

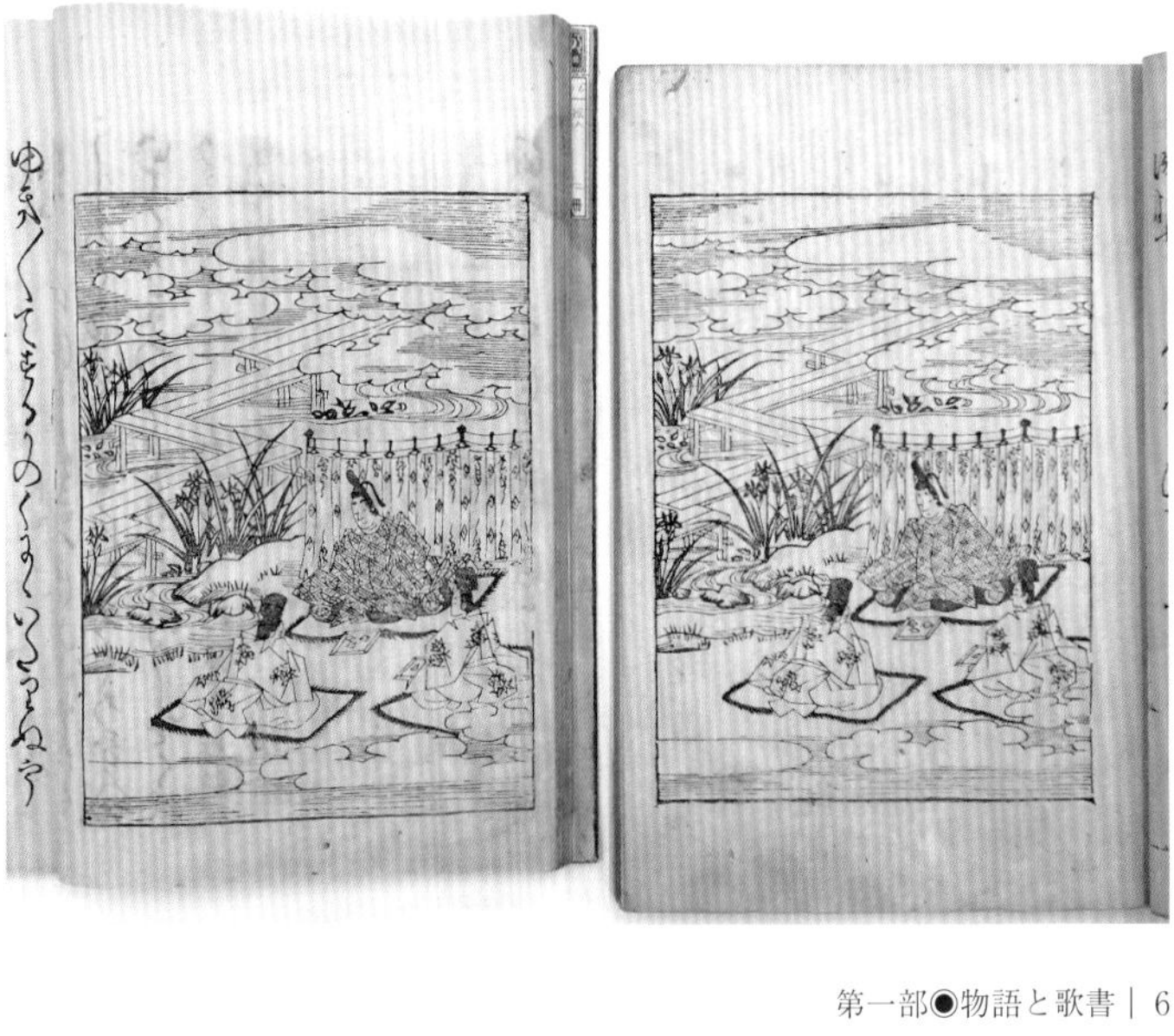

ど直前の面などでちょうど終わりとなるような調整がなされた結果であるとみられる。これより以後の整版本の、言わば標準化・類型化された版面を見慣れた眼からしてみると、各見開きごとで書式その他に変化があるのは版本として新鮮に感じられ、それまで主流だった写本が時に体現してきた、書写なればこその自由自在さ・融通無碍さを思わせる。写本から版本へという過渡期、書物文化の大転換期ならではの一点とも言えようか。

　なおこの寛永六年整版本、刊年の判明する整版本としては現存最古と言われるが、挿絵は慶長十三年（一六〇八）刊の、いわゆる嵯峨本のそれを襲用したものとされている。また本文は本文で、あるいは寛永六年版に先行するかとおぼしき、無刊記版の書式や筆致とほぼ完全に一致するものともされている。うち嵯峨本の挿絵については、本館に覆嵯峨本一点があり、先と同様直接比較することができる［図05］。一方でこれも先と同様に、無刊記版は本館に収蔵されてはいないため、国書ＤＢで鉄心斎文庫本（98―592―1〜2）のデジタル画像

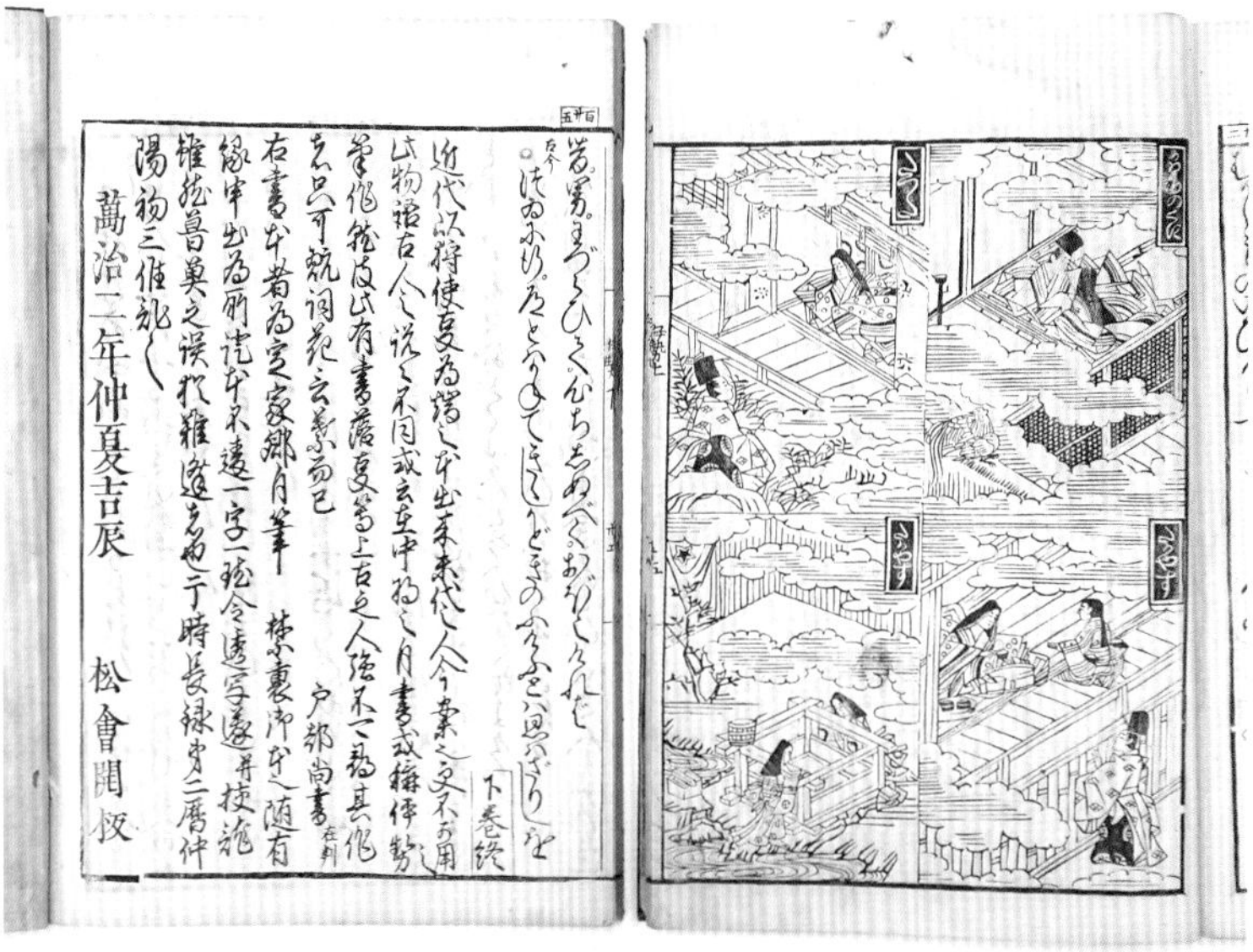

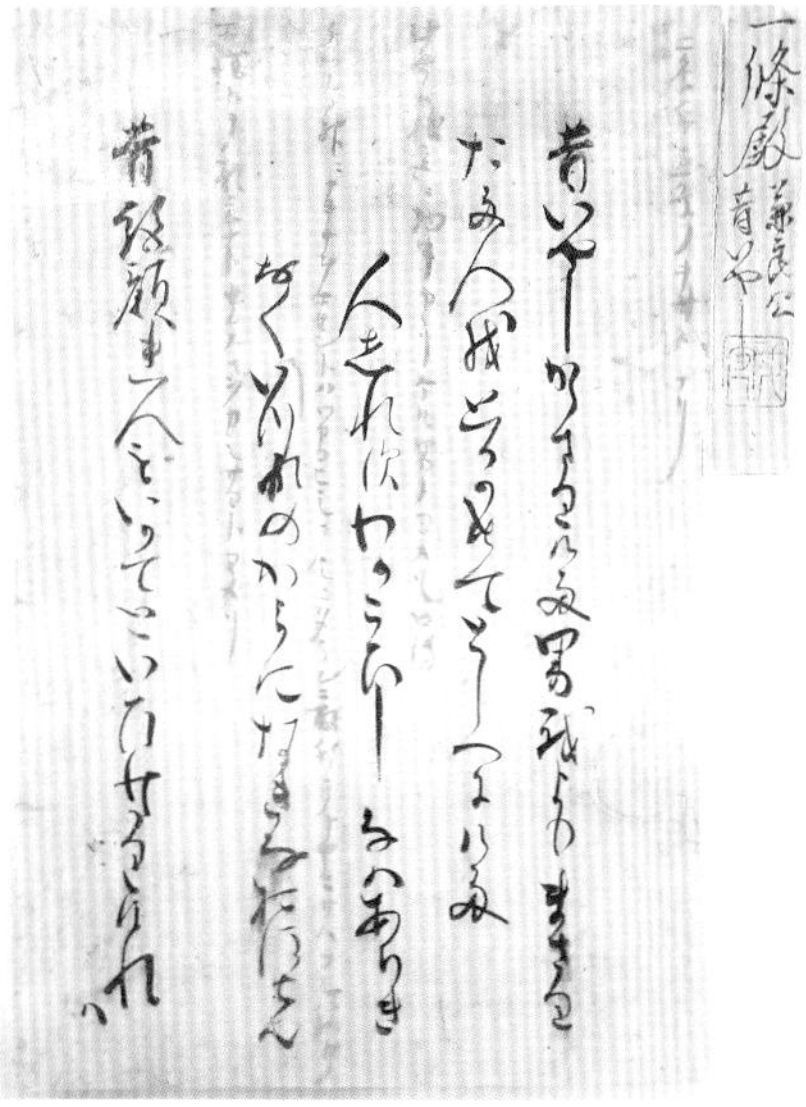

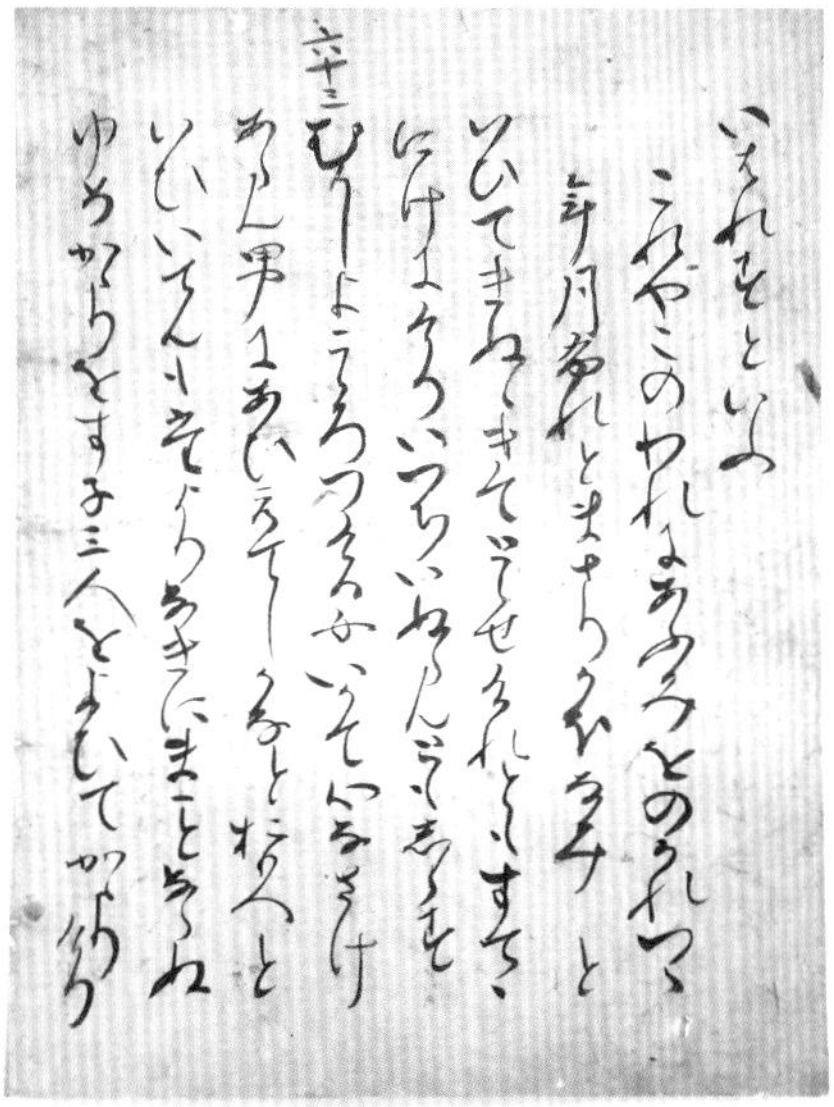

上から、
［図06］…絵入 伊勢物語 注入
万治二年松会版
［図07］…伊勢物語　伝一条兼良筆断簡
［図08］…伊勢物語　伝頓阿筆断簡

と比較して、確かにその襲用であると確認される。ついでに述べればこうしたひとまずの調査結果を述べるにつけても、原本資料とデジタル画像とを今後どのように共存させていくのがよいのかという問いに、常に向き合わされていると感じる。

なお本館には同じ松会版ながらも別種の一本、『絵入／伊勢物語／注入』一点［図06］も収蔵されている。「万治二年仲夏吉辰　松会開板」という刊記は埋木の後補、万治二年（一六五九）以前に刊行されていたとある版を襲用したものとおぼしい。紙面を四分割して挿絵四種をまとめて掲載しているのも特徴的なようである。その他伝存稀な版本を収蔵している事例として、『伊勢物語男百首』『伊勢物語女百首』の揃い二冊本なども挙げられる。底の知れなさ、懐の深さとはこういうことかと、まざまざと見せつけられる思いである。

古筆切――異文や注記

次にこれも多数ある古筆切のうちの若干を取り上げておくと、例えば伝一条兼良筆断簡［図07］。縦二二・六cm×一五・〇cm、地の文の字高一九・三cm前後の楮紙。一二五段本の八九段～九〇段冒頭を書写したものだが、ひとまず定家天福二年（一二三四）本を通行本とするならば、一行目「昔いやしからぬ」（通行本）―「昔いやしからさりける」（断簡）、最終行「むかしつれなき人を」（通行本）―「昔絶顔き人を」といった異同がみられる。未勘ながらも朱の行間注記も重要そうに思われる。なお、一面五行書きはかなり珍しい書式と言えるが、元々行間を広めに取って注を書き入れるためのものだったかもしれない。

上から、
［図09］…伊勢物語　伝中院通秀筆本
［図10］…伊勢物語　伝安楽庵策伝筆本

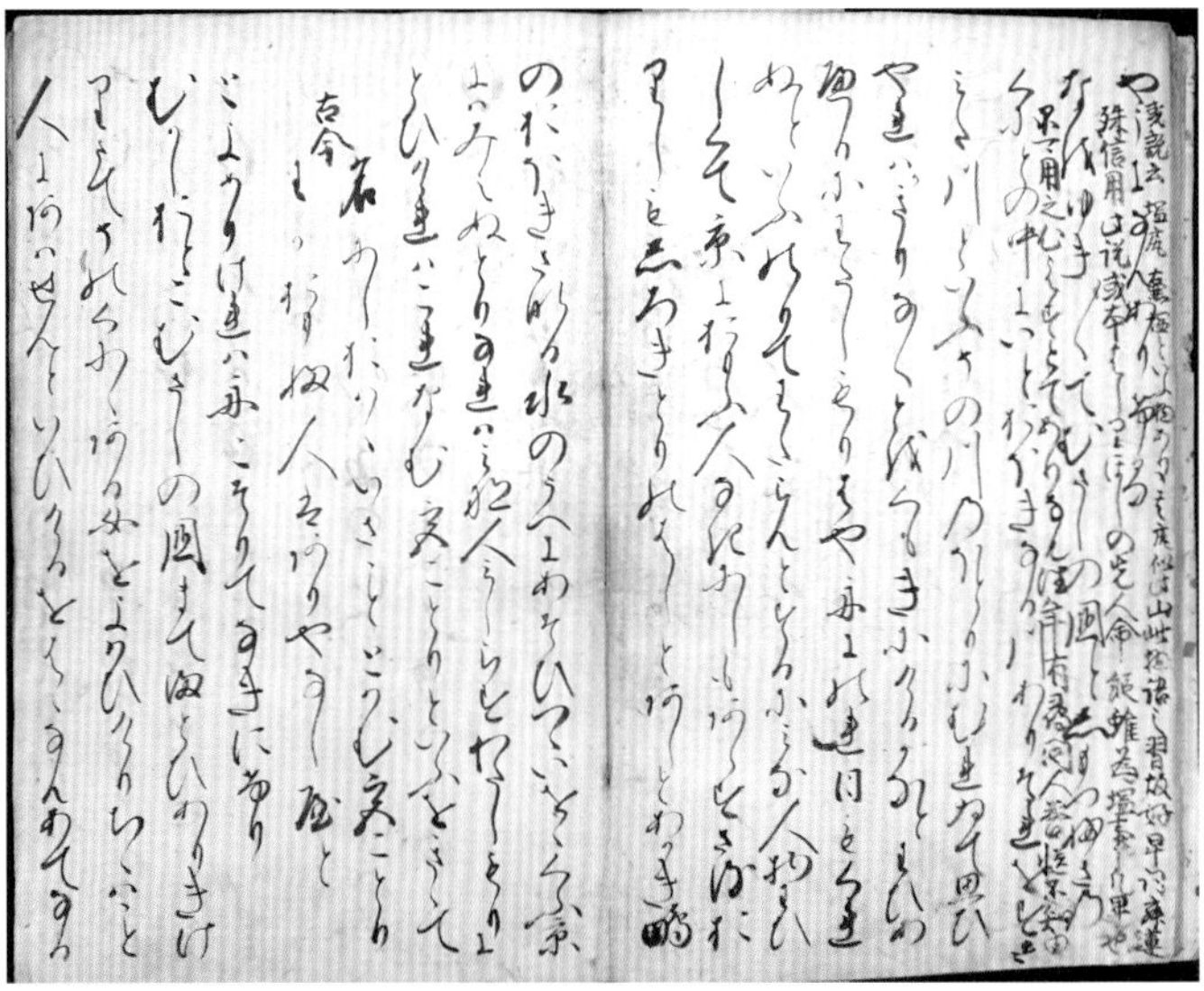

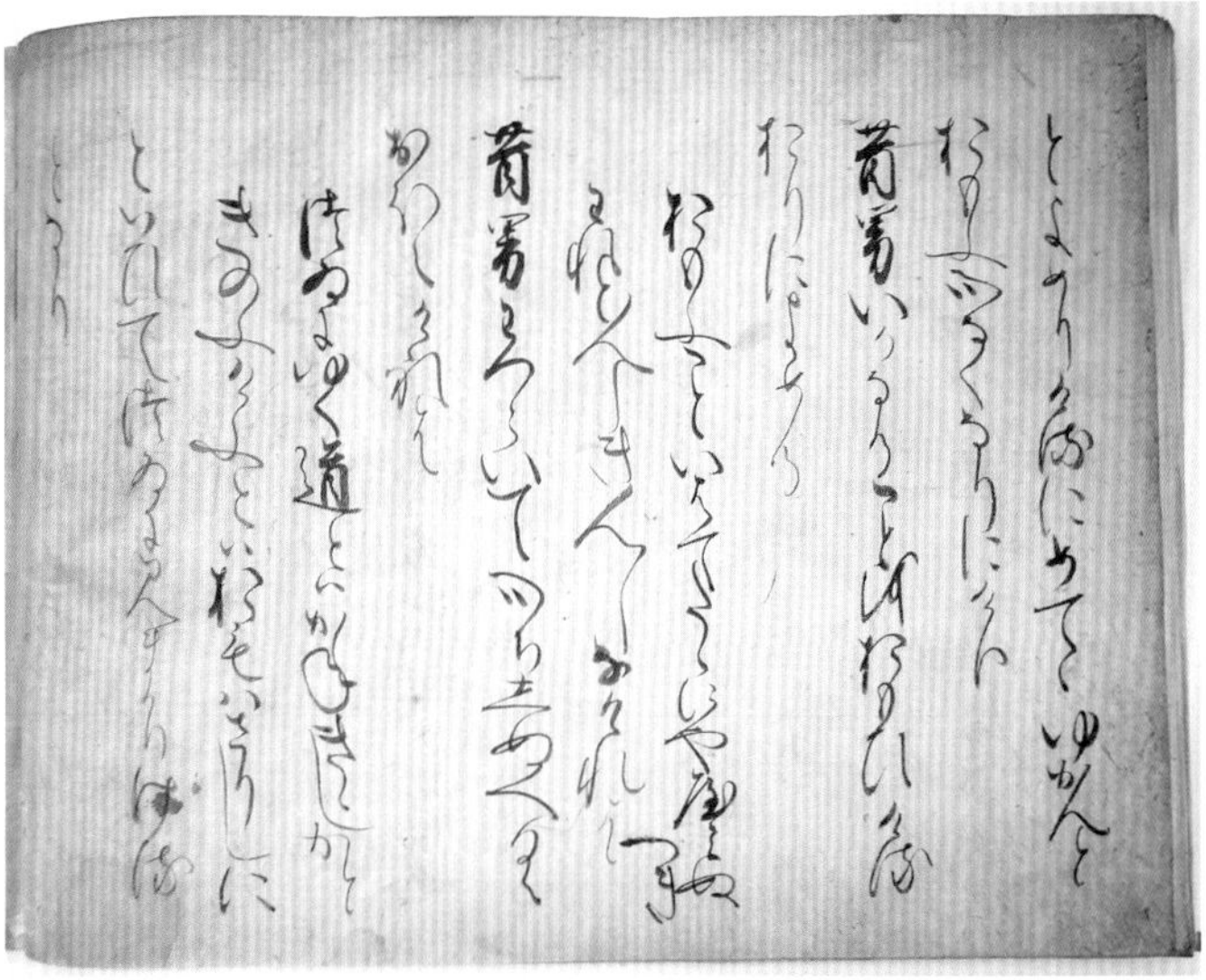

また例えば「和哥四天王の内頓阿」との裏書を持つ伝頓阿筆断簡〔図08〕。縦二〇・四cm×横一五・八cm、地の文の字高一七・〇cm前後の楮紙。書写年代は頓阿の時代より下って室町時代後期頃かともみられる。一二五段本の六二段途中〜六三段途中までを書写したもので、やはり通行本と若干の異同がある。加えて章段冒頭の天余白に「六十三」という同筆の注記があって、時に見られるものながら、それでも本文の整理の痕跡として興味深い。

古写本——今後の方向性の一指針

さて右二点に限らず『伊勢物語』の古筆切は、本館でもそれ以外でも多数存する。その一方で、古筆切として分割されることなく、完本のまま現存している古写本の数がまた多数にのぼるということも、『伊勢物語』の伝本の大きな特徴かと思われる。本館もそうした古写本を相応に収蔵していることは既述のとおり、うちここでは二点を取り上げてみたい。

一点目、伝中院通秀筆の列帖装の四半本一帖〔図09〕。確かに室町時代中〜後期頃の書写とおぼしい。本文は一瞥、定家本のそれに見えるが、定家本由来の奥書・識語も、またそれ以外の奥書・識語も一切持たない。かつ通行本との間には細かな異同が散見されて、中には第一四段三首目の「くりはらのあれはの松の」(通行本)—「くり《わ》はらやあねは《〃れねイ》の松の」(通秀本)といったやや珍しい異同も存する。一方で、行間にびっしりと書き込まれた勘物や歌頭の集付などは後筆であり、かつそれらは通行本=天福本の勘物・集付と一致しているようである。要するにこの伝通秀筆本は、通行本とは異なる一二五段本のうちの一本であり、それにあとから天福本の勘物や集付が書き入れられたものとみられる。

二点目、『醒睡笑』の作者として知られる伝安楽庵策伝筆の列帖装の横本一帖〔図10〕。室町時代後〜末期頃の書写であろうか。これも一二五段本の一本ではあるものの、やはり奥書・識語類はまったく持たない。また本文自体、定家本・非定家本のいずれとも一致しない独自異文を相応に有するもののようである。とりわけ一二五段の最後の一首「つゐにゆく道とはかねてき丶しかときのふけふとはおもはさりしに」のあとに続けて、「といひてつゐにみまかりけるとなり」という地の文があり、それで締め括るかたちとなっているので驚かされる。定家本ほかの一二五段本では、「つゐにゆく…」の一首が本文としては最後であり、そのあとさらに地の文が続くということなどはない。一方で非定家本の中では、宮内庁書陵部現蔵の阿波国文庫旧蔵本に「とてなんたえいりにける」、また本間美術館現蔵の伝民部卿局筆本――いわゆる塗籠本――に「とてなむたゑいりにけり」というほぼ一致する地の文がそれぞれあるが、伝策伝筆本のそれは文意としては類似するものの、本文としては大きく異なっていて、その由来が現状一切不明なのである。何とも不思議であるだけに、この上なく興味深い一本である。

そして本館収蔵のこれら二本から気づかされるのは、奥書・識語類を持たない室町時代写本は要注意、ということである。『伊勢物語』は何しろ鎌倉時代の古写本が多く現存していること、と同時にそれ以降の時代の写本の多くには定家本に関わる何らかの奥書・識語類が記されていることなどから、室町時代（〜江戸時代）の原本調査が、徹底的にはなされてこなかったという印象がある。しかし定家に関わる奥書・識語類を有していない写本については――転写の際にそれらが意図的に省略される事例も、ないわけではないものの――、珍しい本文を有している可能性が決して低くないのではなかろうか。それらの調査に際しては、各種webデーターベースに加えて、「国文学研究資料館蔵マイクロフィルムによる伊勢物語奥書集成（一）〜（四）」（『調査研究報告』二十三〜二十六、二〇〇二〜二〇〇六年）を大いに活用することとなろうが、ともあれ例えばこうした点などが、今後の『伊勢物語』伝本・本文研究の方向性を試行錯誤していく際の一指針ともなり得るかとも考えている。

以上のように『伊勢物語』の版本も面白い、古筆切も面白い、写本もまだまだ面白い、そしていずれにも依然多くの問題が残されているということを、今回このようにまとめる過程で、つくづく実感・痛感させられた。本館収蔵の『伊勢物語』関連の貴重書群は、それほどの質の高さを備えているということだろう。これからのさらなる収書に期待したい。

特集◉古典籍の文献学
第一部◎物語と歌書

田口暢之
TAGUCHI Nobuyuki

源氏物語――河内本または別本を含む写本

鶴見大学文学部准教授。専門は院政期から新古今時代の和歌、とくに物語との関係性。論文に「二十八品歌の詠法――本歌取り作を中心に」（中世文学63、中世文学会、二〇一八年六月）、「歌合における物語摂取――後鳥羽院歌壇を中心に」（日本文学研究ジャーナル12　平安・鎌倉の歌合、古典ライブラリー、二〇一九年十二月）、「特殊な沓冠歌――源俊頼と順徳院を中心に」（和歌文学研究126、和歌文学会、二〇二三年六月）などがある。

『源氏物語』は鶴見大学図書館のコレクションの大きな柱であり、源氏物語研究所を中心として収書や研究、毎年の貴重書展などが行われている。鶴見大学図書館編『特定テーマ別蔵書目録集成3　源氏物語』（増補訂正版。鶴見大学図書館、一九九五年）では『源氏物語』の写本や版本、および古注釈書などを合わせて一二九点が紹介された。それから三十年近く経った現在、『源氏物語』の写本（残欠本も含む）のみで一三〇点以上に至っている。

はじめに

ほとんどの古典文学と同様に、『源氏物語』も作者自筆本は現存しない。現在通行の本文は鎌倉時代に藤原定家が整定した本（いわゆる青表紙本）に基づいている。一方、ほぼ同時期に源光行・親行の父子により河内本も整定された。当初は河内本も用いられたが、定家の名声が高まるにつれ、定家本に圧倒されていった。その結果、現存する諸本も定家本が目立ち、河内本や別本（定家本にも河内本にも属さない本）は比較的貴重といえよう。一方、近年の研究では定家本を相対化したり、河内本・別本を再評価したりする動きも広がりつつある。ここでは近年収蔵された『源氏物語』のうち、河内本や別本を含む写本に焦点を絞る。

一、河内本を含む近世写本

江戸中期写と見られる四十九冊本（空蟬・紅葉賀・幻・蜻蛉・夢浮橋巻、欠）である。[1]多くの巻は定家本系の三条西家本や肖柏本の本文に近い。[2]しかし、玉鬘・蛍・常夏巻は河内本系で、若菜上・夕霧巻も部分的に河内本と一致する。

たとえば常夏巻の冒頭に、源氏（太政大臣）が納涼のため釣殿に出て、夕霧らと鮎や石伏を食べる場面がある。通行の本文では「西川より奉れる鮎、近き川の石伏やうのもの、御前にて調じて参らす」（西川からさしあげた鮎や、近くの川の石伏といったものを、大臣の御前で調理をしてさしあげる）[3]となっている。

一方、該本では「にし川よりたてまつれるあゆ／御まへにてふしちかき河の石ふしなとやう／の物せうようし給に[4]」となっている。河内本諸本は「石伏などやうの物」の「の物」を欠く以外、該本と一致する。なお、別本の陽明文庫本と保坂本は「の物」をもつが、他は相違点も多い。該本によれば、源氏の御前で調理されたのは鮎であり、石伏は「逍遙」したことになる。

では、石伏を「逍遙」するとは何なのか。河内本を整定した光行らの一族、河内方は『源氏物語』の古注釈書を複数作ったことでも知られている。そのひとつの『紫明抄』には、「逍遙」とは見て愛することであるという「ある人」の説が紹介される。続いて、「逍遙」の語義としてはもっともであるけれど、文脈上は不審であるという「問」が示される。その「答」としては、貴人が食べることを「ご覧ず」や「聞こし召す」と言うが、目や耳から食べるわけではない、ここも「ただ普通に召すことを、泉の会なれば、涼しやかに逍遙したまふなどいへるにこそ侍らめ[5]」と結論づけられる。たしかに、鮎は食べて石伏は見て楽しんだという状況は不自然であるが、同時に食べるという意味の「逍遙」も一般的とは言えないであろう。実際、後年の古注釈書『河海抄』・『花鳥余情』は河内本の本文に基づき、河内方の古注をも参照しているが、右の問答の部分は受け継いでいない。

その点、鮎も石伏も調理したという定家本は解しやすい。しかし、不審のない定家本と不審のある河内本という単純な対立構造にはなっていない。たとえば、定家本に分類されている伝二条為明筆本（佐佐木信綱蔵）や、別本に分類されている保坂本・国冬本も「逍遙したまふに」となっているのである。このように、『源氏物語』の本文は截然と区別できない場合もあり、問題を複雑にしている。

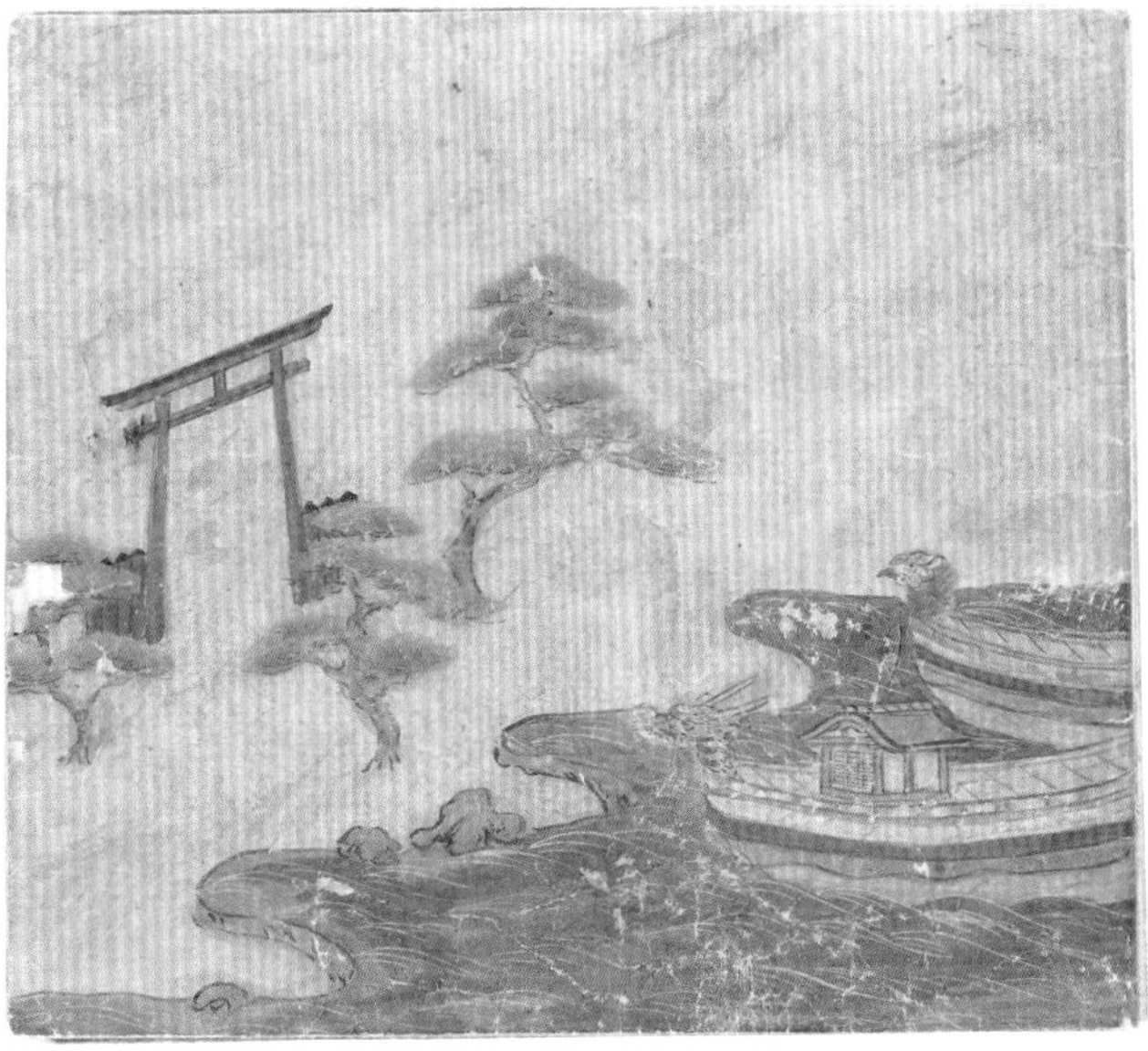
【図01】…『源氏物語』蓬生巻

【図02】…『源氏物語』胡蝶巻

二、絵表紙をもつ別本

『源氏物語』はいわゆる嫁入本・調度本としても利用された。それらは金泥下絵などの華麗な表紙をもち、金蒔絵などの豪華な箱や箪笥に入れられていることが多い。対して、この室町後期写本（蓬生・胡蝶・総角の三巻三帖）はそうした嫁入本とは趣を異にする古雅な絵表紙をもつ[6]。具体的には雲紙を升形に切断し、蓬生巻には左側に鳥居と松、右側に池、水上に竜頭鷁首の舟各一艘（裏表紙は水辺に鳥居と松）［図01］、胡蝶巻には水辺の草花に複数の蝶が戯れている様子（裏表紙もほぼ同じ）［図02］、

【図03】…『源氏物語』総角巻

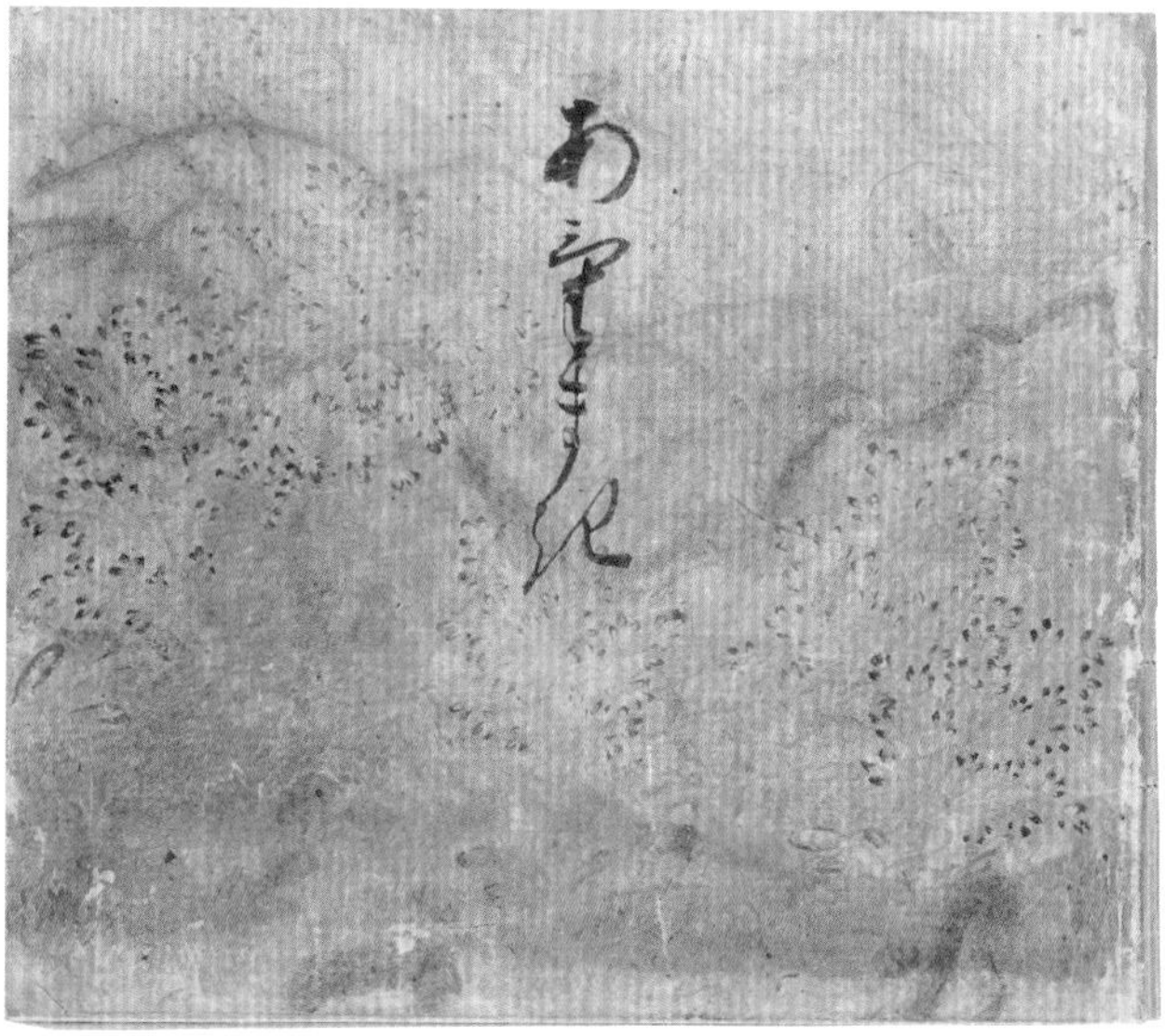

総角巻には秋草と思しき花（裏表紙もほぼ同じ。ただし絵が薄れている）［図03］をそれぞれ描く。この種の表紙としては比較的古い例と思われる。

本文は蓬生・総角巻が定家本系である。胡蝶巻は河内本と別本の要素を併せ持っている。一例を挙げる。源氏の養女玉鬘に求婚する者たちの中には、柏木（中将）も含まれていた。彼は父内大臣が玉鬘の実父であることを知らずに求婚していたのである。その恋文が源氏の目に留まる。通行の本文によれば、源氏から送り主を尋ねられた女房が「内の大殿の中将の、この候ふみるこをぞ、もとより見知りたまへりける伝へにて侍りける」（内大臣様の中将が、こちらにお勤めしておりますみるこを、もとからご存じでいらっしゃいまして、その取次でございました）と説明する。「みるこをぞ」の部分、河内本諸本は「みるこを」で安定しており、河内方の古注釈書『紫明抄』も「見るこ　見子〈玉鬘尚侍女房〉」と注す。しかし、たとえば定家本系の大島本は「みてこそを《るこをぞ（朱）》」、別本の保坂本は「みること」、麦生本は「みこを」とし、『河海抄』も「みるこを　見子　或本みしをこそ」と記すように、本文が乱れており、文意不通の伝本も目立つ。

該本では「うちの大いとのゝ中将／のきみの御とかこのさふらふ侍従《みるこの》／もとよりしりたまへりけるに／つたへ○《に》てはへめるを」となっている。この見消ちや補入は定家本系の本によって後人が校訂したのであろう。元来の本文によれば「中将の君の御とか。」（柏木の御手紙とか。）と一旦、文が切れ、恋文の仲介者も「みるこ」ではなく「侍従」ということになる。「中将の君の御とか」、「知りたまへりけるに伝へて」は河内本諸本に一致する一方、「侍従」は別本の陽明文庫本としか一致しない。したがって、河内本系に近い別本と言えようか。

「みるこ」か「侍従」かは巻末の解釈にも影響を与える。すなわち、通行の本文で柏木が「大臣の御ゆるしをみてこそかたよりにほの聞きて」となっている部分である。「玉鬘に求婚することを源氏が許した」と柏木が「見てこそ、片寄りに」ほのかに聞いたという意になるが、「見てこそ、片寄りに」は解しがたい。本居宣長は『源氏物語玉の小櫛』において「みてこそ」を「みるこ」の誤写と想定し、「みるこがたよりに」（みるこづてに）聞いたと解した。これは現代でも『新編日本古典文学全集22』などに踏襲されている。[7] たしかに、前掲の大島本のような類例もあり、まったくの憶測とは言いがたい。

ここで注目されるのは、前の場面で「みるこ」を「しゝう」（侍従）としていた陽明文庫本も、巻末では「みしこそかたよりに」とする点であろう。宣長説に従えば、陽明文庫本は巻末で唐突に「みるこ」を登場させたことになる。一方、該本も前の場面で「侍従」としていたが、巻末では「おとゝの御／けし《ゆる》きをほのきゝて」（源氏のご様子をほのかに聞いて）とし、「みるこ」をまったく登場させないのである。問題の「みてこそかたよりに」を欠くのは河内本諸本、別本の麦生本などと同様である。また、「御けしき」は麦生本などの別本としか一致せず、やはり該本は別本と見てよいであろう。

従来は「みるこ」が登場する伝本か、「みて（または「みし」）こそ」などの不審な文をもつ伝本しか知られていなかった。ところが、該本は女房名として違和感のない「侍従」しか登場せず、巻末にも不審な文を含まない。玉鬘づきの「みるこ」ないし「侍従」は他巻に名が見えないため、胡蝶巻の内部で整合性がとれていればよく、該本のような内容でも問題はない。

　もっとも、宣長が早くに指摘したとおり、「みてこそかたよりに」は文意不通のため、後人によって恣意的に削除された可能性もある。また、「侍従」も「ミるこ」などの表記が「しゝう」などと誤写されたに過ぎないのかもしれない。そうであれば「しゝう」と表記し、巻末に「みるこ」の痕跡を留める陽明文庫本の方が原態に近いことになる。その場合、該本は本文が誤られ、合理化されていく過程を窺わせる資料として注目されよう。

＊古典本文の表記は私に改めた。

注

（1）　書誌を記す。登録番号、1425400~48。袋綴。浅葱色地金泥下絵表紙。縦二五・九糎×横一九・〇糎。外題、表紙中央の金箔散らし金泥下絵題簽（縦一五・六糎×横三・四糎）に各巻名を墨書。題簽の色は巻ごとに異なり、題字はいずれも本文同筆。内題なし。見返し、金銀箔砂子野毛散らし。料紙、楮紙。毎半葉十行。和歌は改行して一字下げで書き始め、末は地の文に続ける。字高、約一九・八糎。奥書なし。蔵書印なし。桐箱入（箱書なし）。

（2）　以下、『源氏物語大成』、加藤洋介『河内本源氏物語校異集成』（風間書房、二〇〇一年）、伊井春樹ほか編『源氏物語別本集成』（桜楓社（おうふう）、一九八八年〜）、加藤洋介「源氏物語校異集成（稿）」(http://www2.kansai-u.ac.jp/ok_matsu/index.html) により異同を確認した。

（3）　以下、通行の本文と現代語訳の引用は、『新編日本古典文学全集22』による。

（4）　以下、改行は「／」、補入記号「〇」、見消ちは「｜」で表す。

（5）　以下、『紫明抄』と『河海抄』の引用は、玉上琢彌編『紫明抄・河海抄』（角川書店、一九六八年）による。

（6）　書誌を記す。登録番号、1392808~10。綴葉装。縦一〇・三糎×横一一・七糎（総角は横一二・〇糎）。外題、蓬生巻なし、胡蝶巻は「こてふ」、総角巻は「あけまき」とそれぞれ表紙中央に打付書き（ともに本文別筆か）。内題、総角巻のみ扉中央に「あけまき宇治三」と本文や外題とは別筆で墨書。見返し、金泥霞引き金銀箔野毛散らし。料紙、斐楮交漉。毎半葉十一行、和歌は改行して二字下げで書き、末は地の文に繋げる。字高、約九・一糎。奥書なし。蔵書印なし。二重箱入りであるが、外箱の蓋の中央には「後光厳院殿御筆／源氏大鑑　三」と墨書されており転用されたもの。内箱は黒の漆箱。第一五四回貴重書展「源氏物語の「競ひ」」（海野亜理沙氏担当）ほか参照。

（7）　ほかに、西耕生「「みてこそかたよりに」異見――源氏物語胡蝶巻末本文復原私按」（愛文51・52、二〇一七年三月）は「ゆるしはべりてこそ、かたよりに」が誤写されたと推定する。

平藤幸……HIRAFUJI Sachi

『平家物語』長門切

——鶴見大学図書館蔵断簡を中心に　付長門切一覧

「長門切」（平家切とも）とは、大型巻子本の『平家物語』を切断した断簡である。伝称筆者は室町時代の能書家世尊寺行俊だが、料紙は一二八四年頃のものであり、書写は鎌倉末期の世尊寺流による複数の寄合書きである。本文は源平盛衰記に近いが、独自異文もあり、『平家物語』の成立を考える上で極めて重要である。二〇二四年一月現在、八十八葉の存在が確認でき、鶴見大学図書館はその五分の一、十七葉を蔵している。

文部科学省教科書調査官。専門は日本中世文学・軍記物語。著書・論文に『平家物語　覚一本　全』（共著、武蔵野書院、二〇一三年）、「国語教科書の『百人一首』」（中川博夫・田渕句美子・渡邉裕美子編『百人一首の現在』青簡舎、二〇二二年）、「新出『平家物語』長門切の紹介と考察」（『国文鶴見』58、二〇二四年）などがある。

はじめに——『平家物語』の諸本

『平家物語』（以下『平家』）は、周知のとおり、数ある諸本間の本文の異なりが大きい。寺社や知識階級に読まれることを目的に作成されたとされる読み本系と、琵琶法師の語りの台本であったとされる語り本系とに大別されるが、読み本・語り本の諸本いずれもが、その呼び名のとおり読みや語りに利用されたとは限らない。

読み本系と語り本系とを分けるのは、頼朝挙兵話群の有無である。石橋山合戦を中心に、東国での頼朝の動向を具体的に記すのが前者、大庭景親から福原への早馬による報告、という形で簡略に記すのが後者である。

読み本系の主要な伝本は、延慶本・長門本・源平盛衰記（以下盛衰記）・四部合戦状本・源平闘諍録等である。延慶本・長門本・盛衰記は記事量が多く、四部合戦状本や源平闘諍録は少ない。語り本系は、平家嫡流で清盛曾孫の六代御前が斬られたところで終わる〈断絶平家型〉と、清盛女にして安徳天皇母の建礼門院徳子の話を巻十一・十二から抜き取ってまとめた灌頂巻を付す〈灌頂巻型〉とに分かれる。屋代本・覚一系諸本周辺本文（百二十句本・鎌倉本等）・八坂系（中院本・三条西家本等）等は断絶平家型、覚一本・流布本等は灌頂巻型である。このほか、複数の本文系統を持つ本を取り合わせた取り合わせ本（南都本等）もある。

①

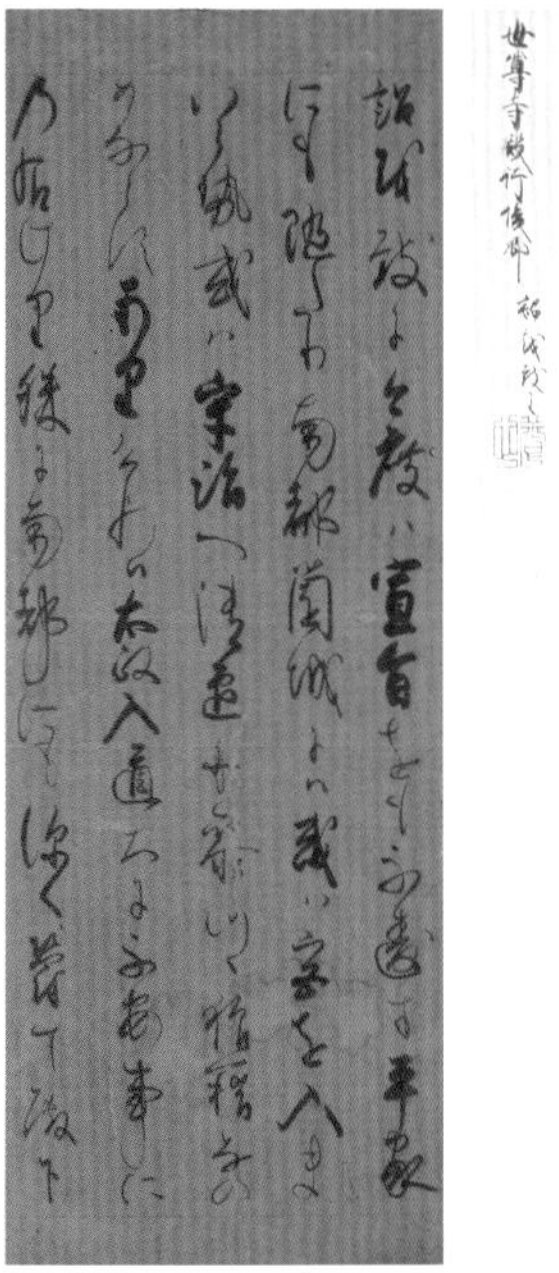

②

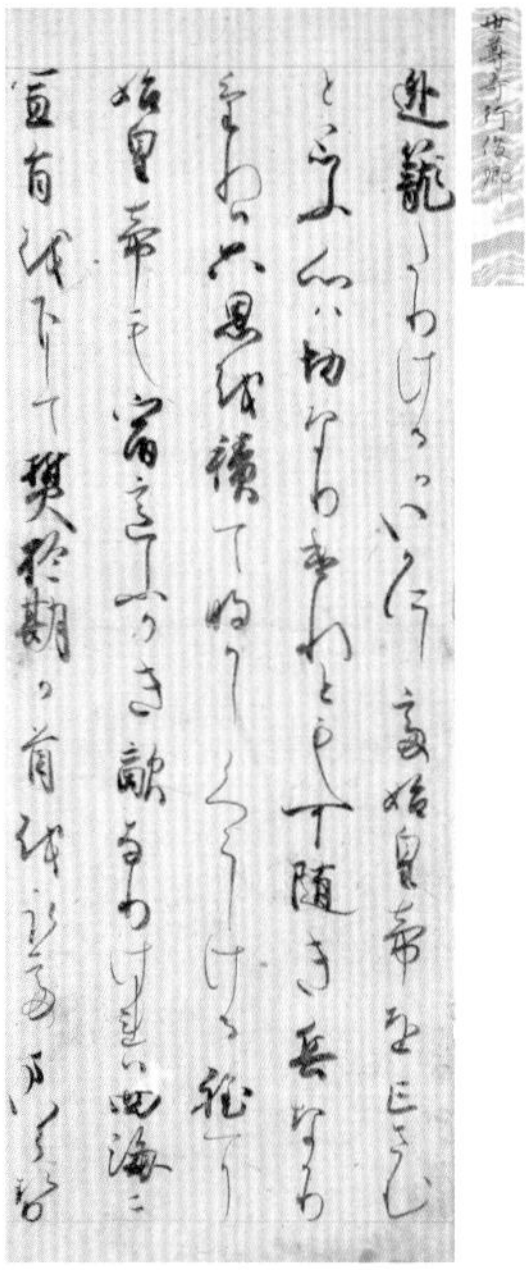

③

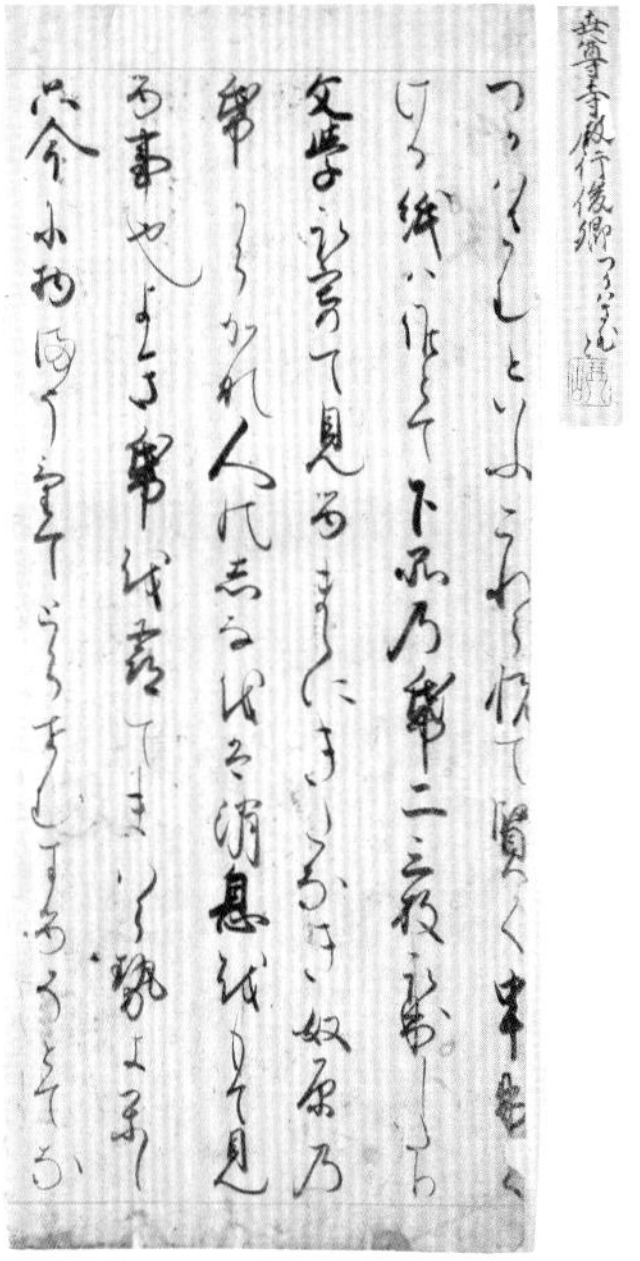

④

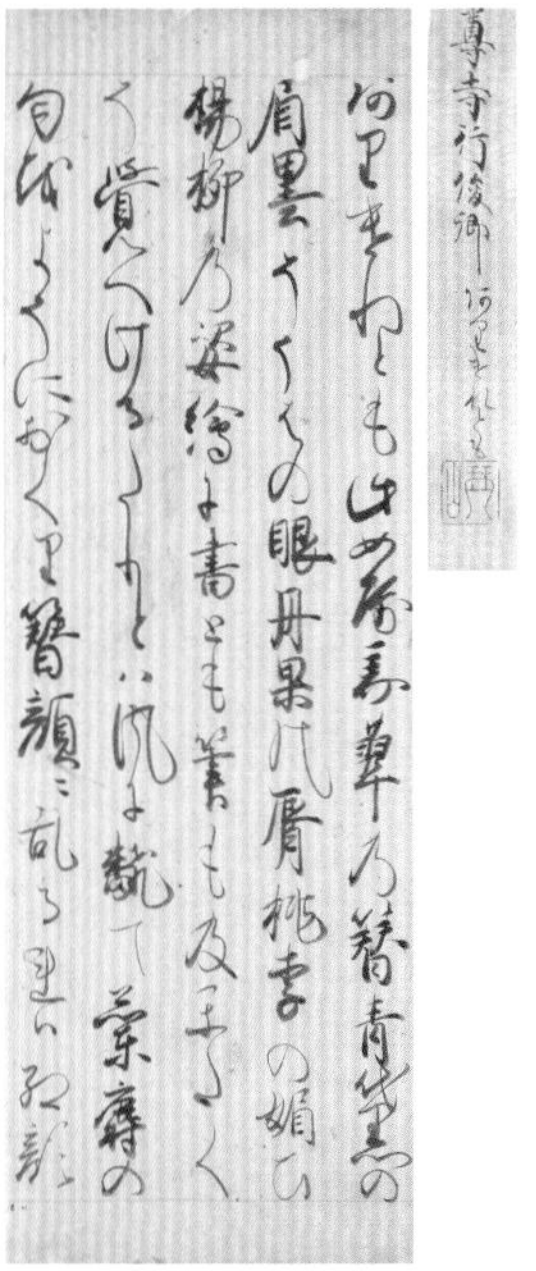

⑤

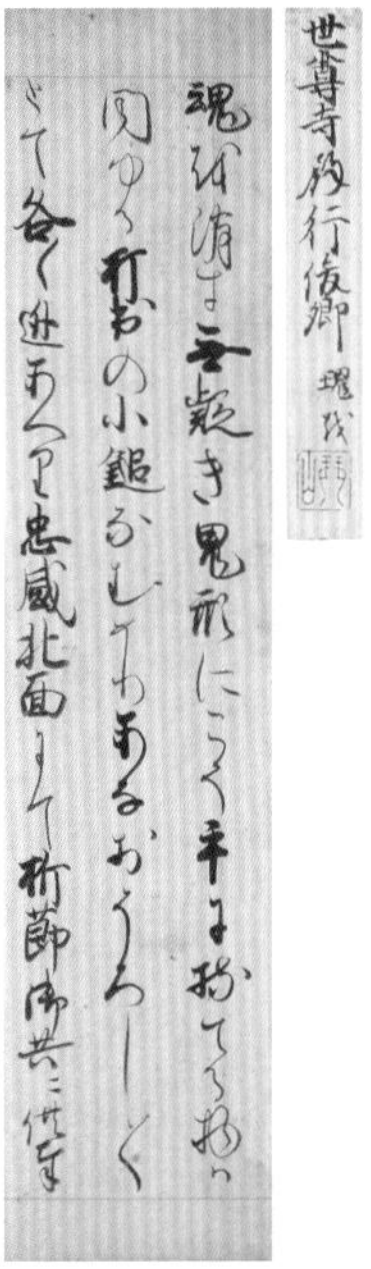

⑥

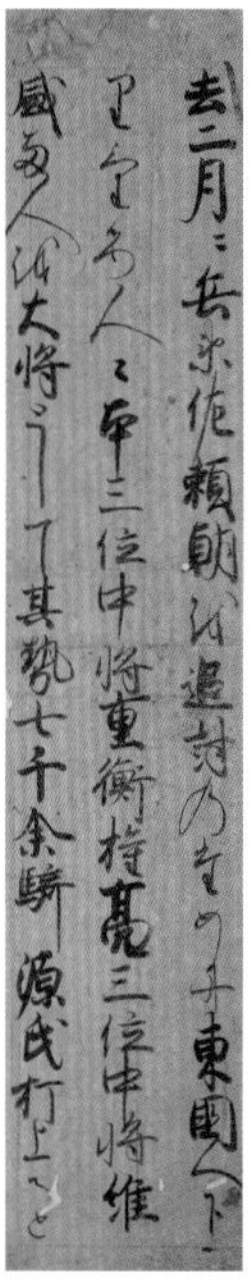

⑦

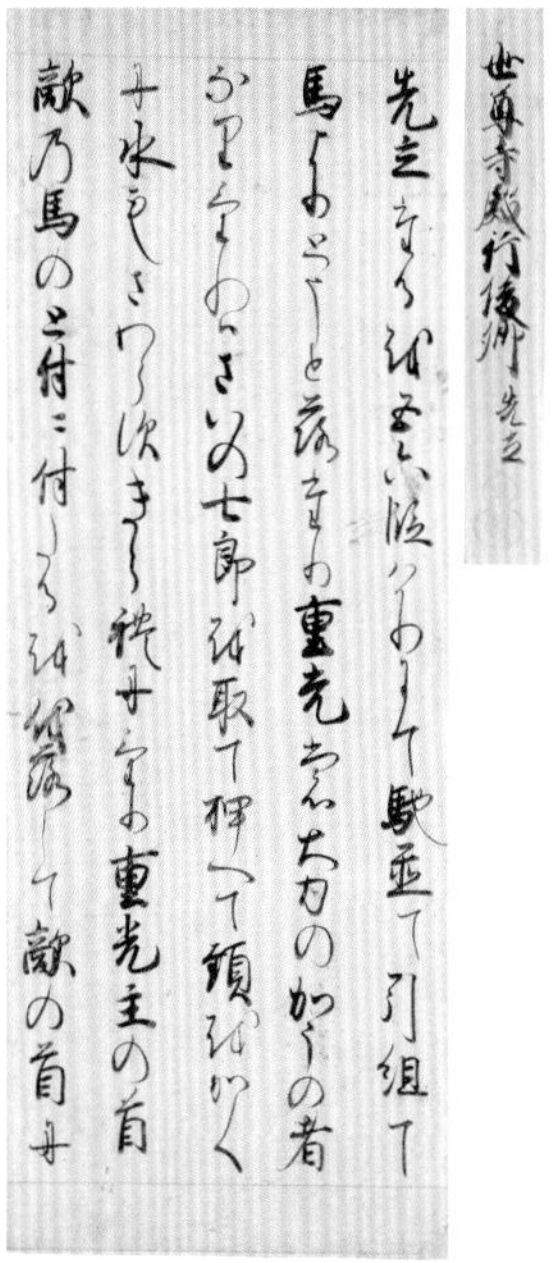

⑧

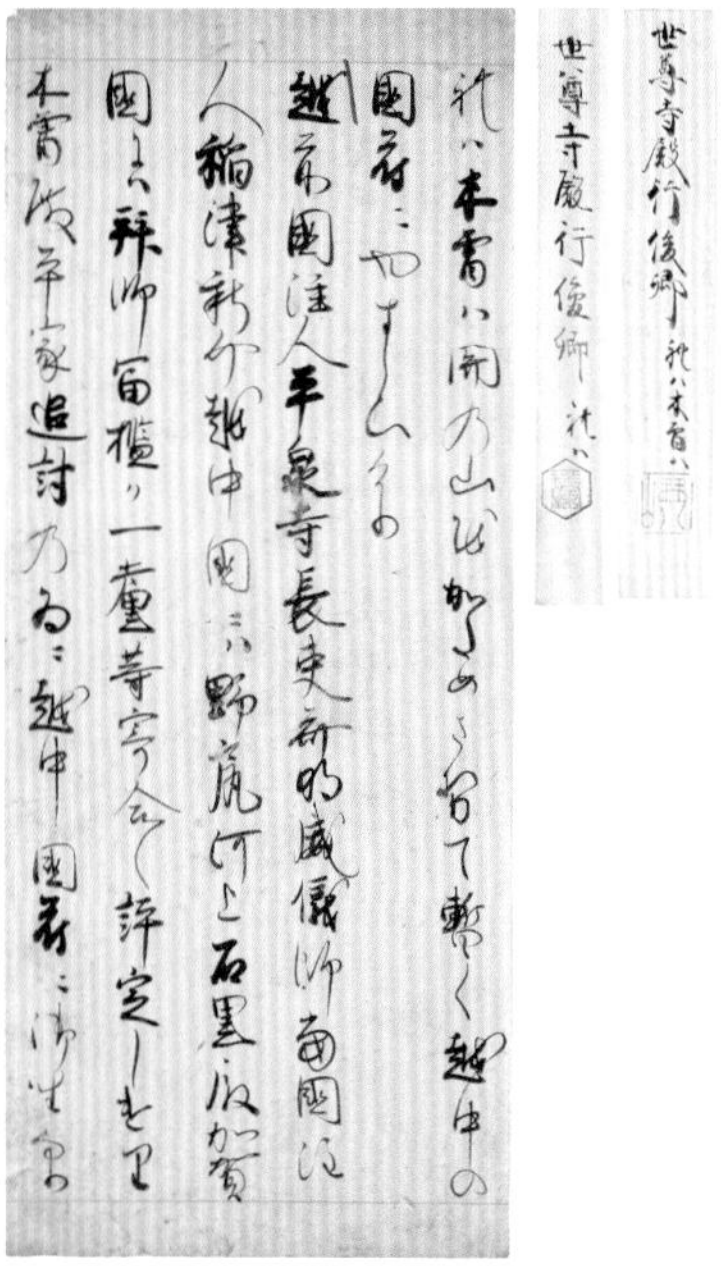

上段右から①長門切「詔を致に今」(No.15)②長門切「逃籠たりけ」(No.16)③長門切「つかはさむ」(No.22)④長門切「ありけれと」(No.24)、
下段右から⑤長門切「魂を消す無」(No.27)⑥長門切「去二月ニ兵」(No.35)⑦長門切「先立たるを」(No.45)⑧長門切「れは木曽は」(No.48)
※(No.)は後掲の一覧表と対応する。

⑨

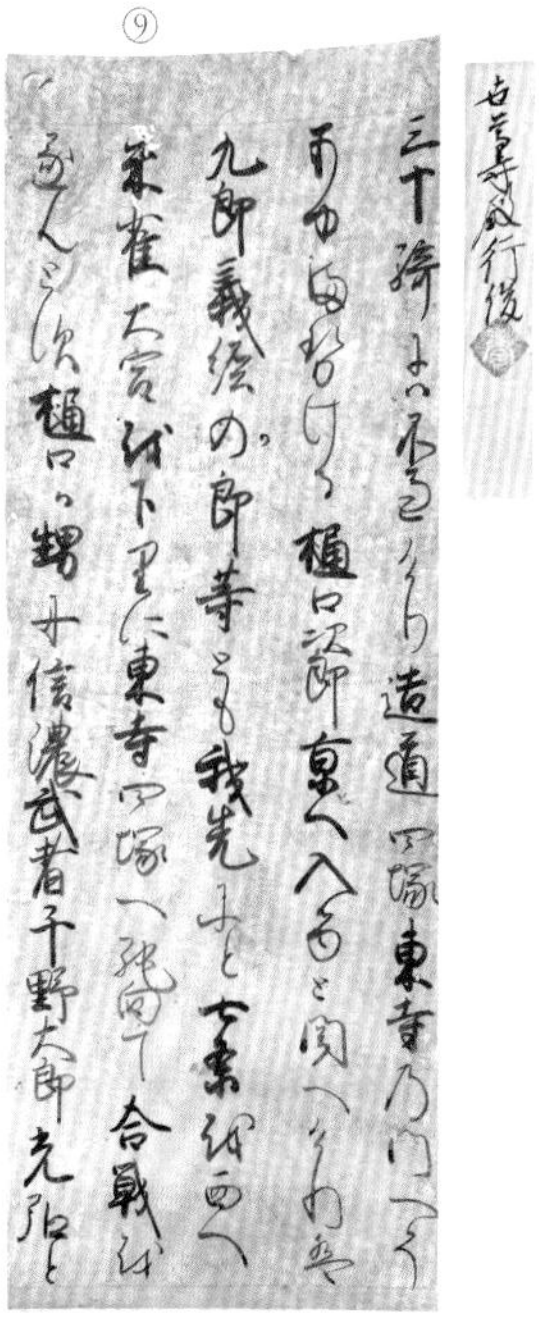

⑩

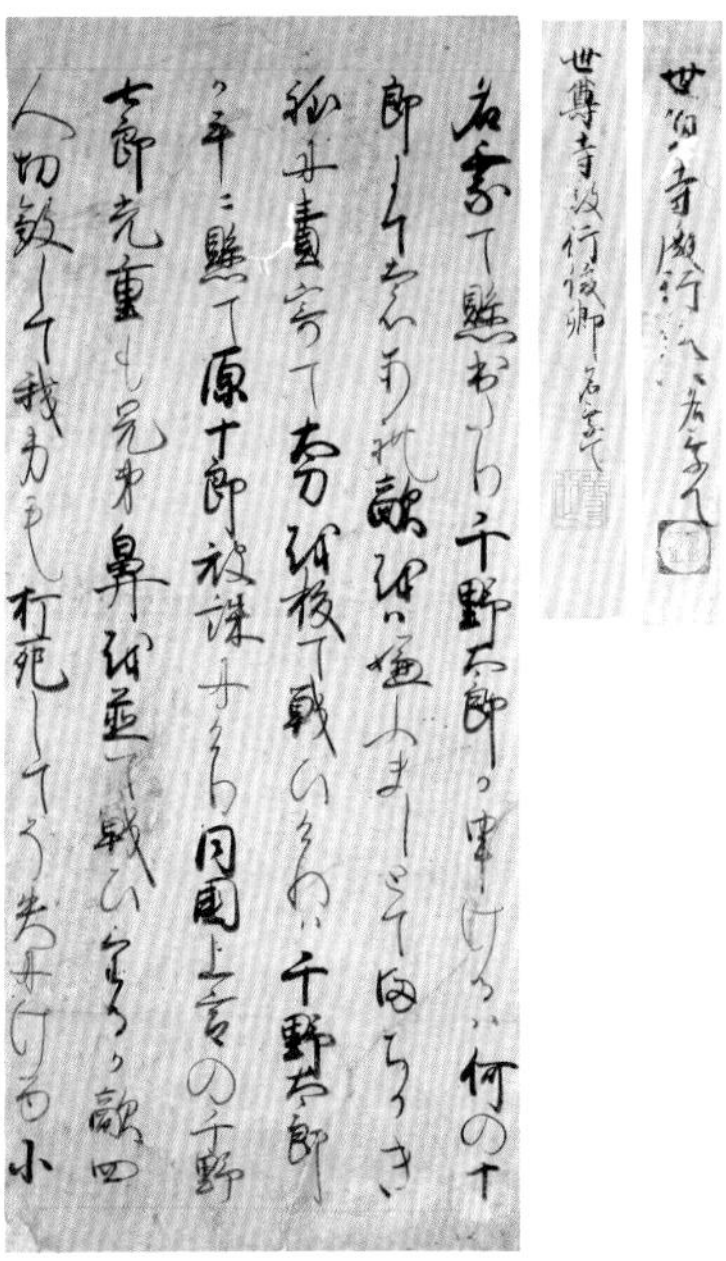

⑪

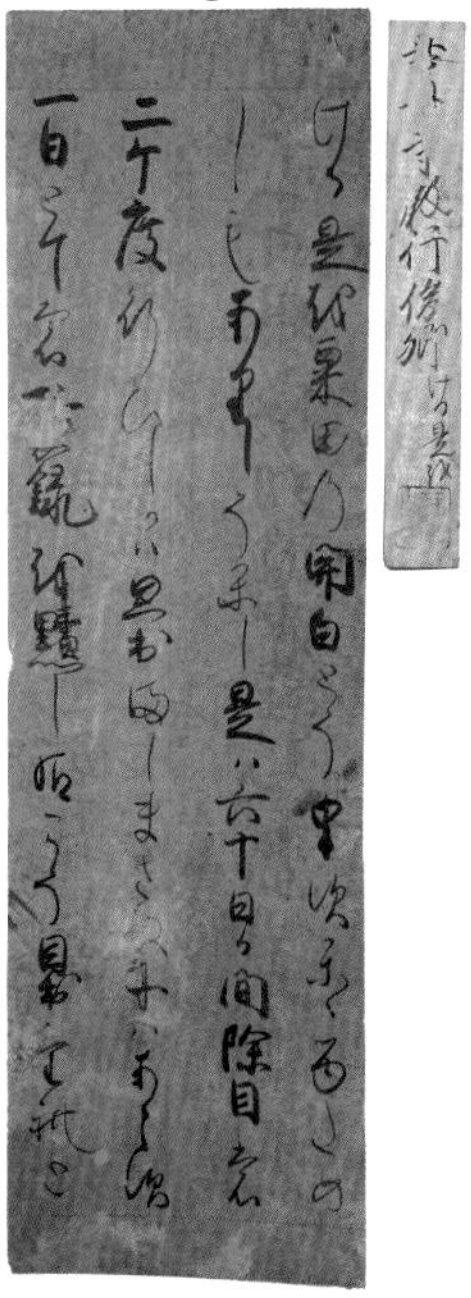

⑫

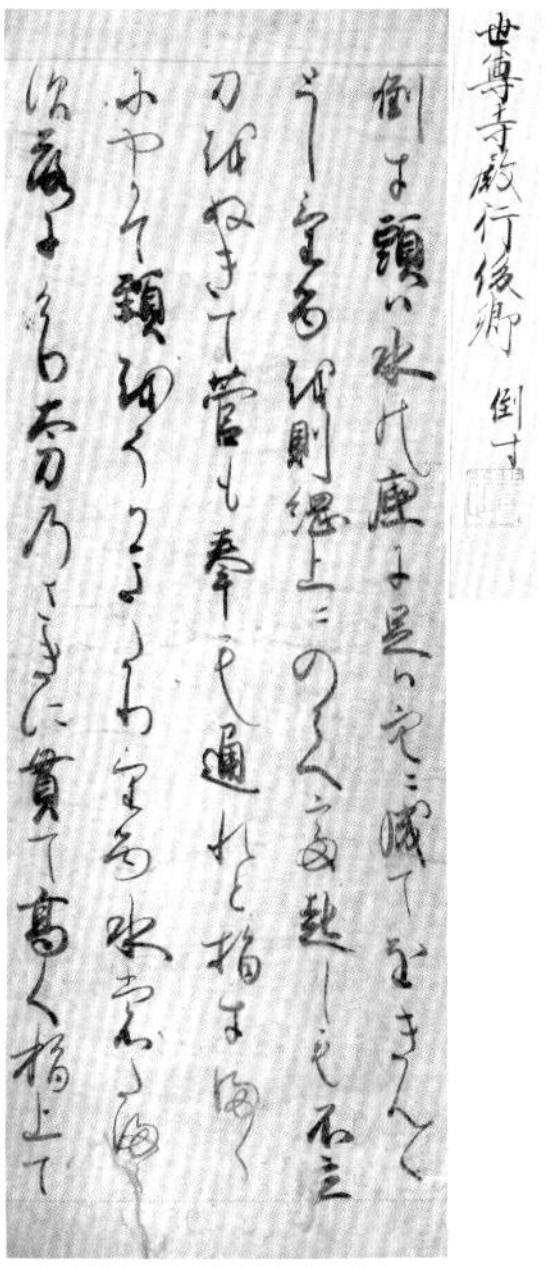

⑬

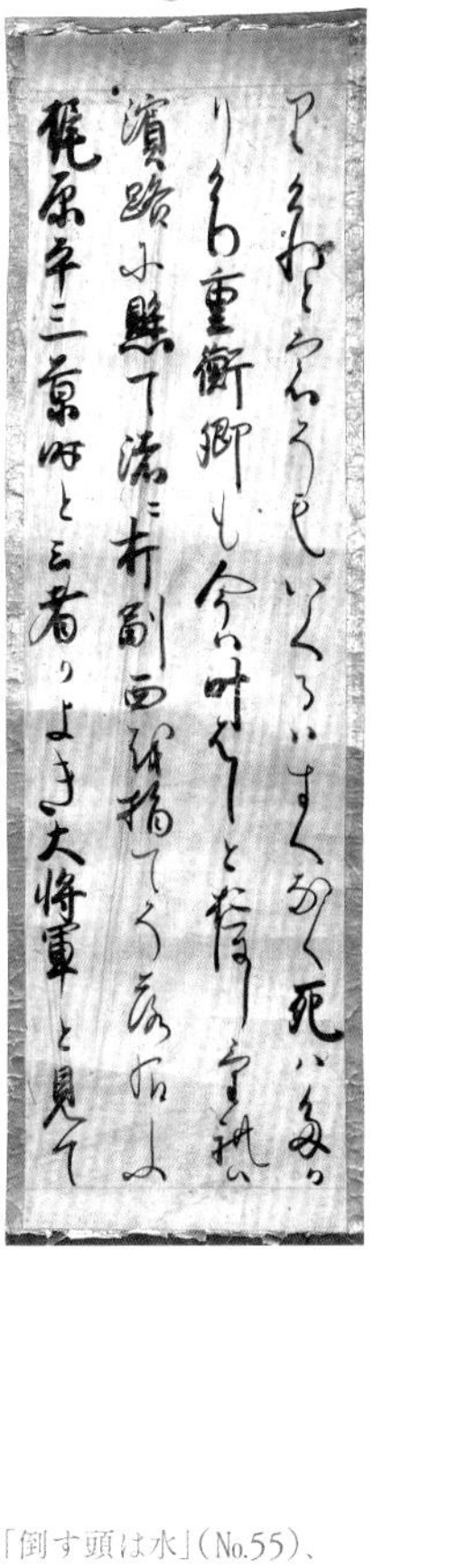

⑭

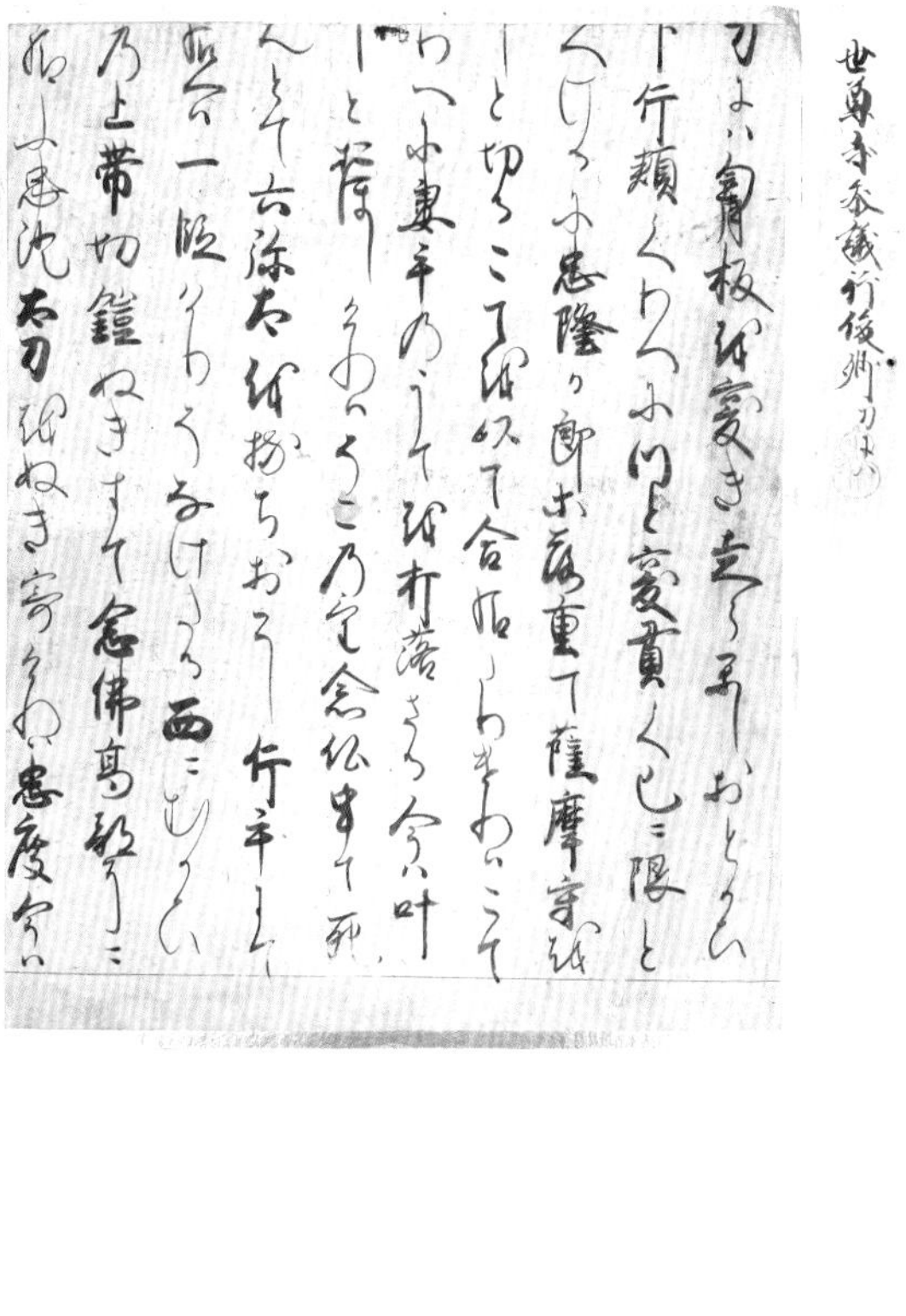

上段右から、⑨長門切「三十騎には」（No.51）⑩長門切「名乗て懸出」（No.52）⑪長門切「ける是を粟」（No.53）⑫長門切「倒す頭は水」（No.55）、
下段右から、⑬長門切「りけれとも」（No.58）⑭長門切「刀には胸板」（No.60）

※（No.）は後掲の一覧表と対応する。

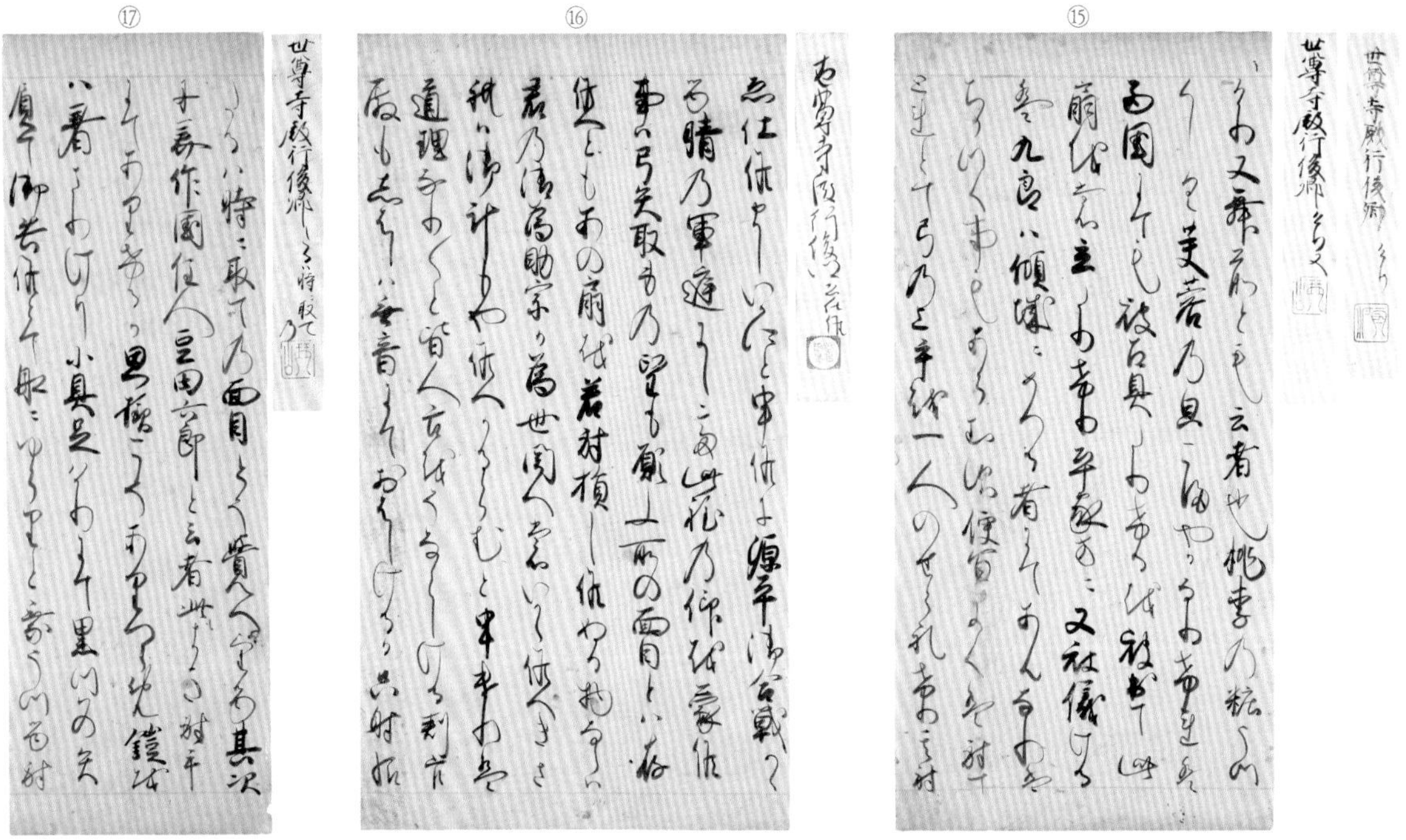

右から、⑮長門切「けり又舞前」（No.77）⑯長門切「ゑ仕候まし」（No.82）⑰長門切「たるは時に」（No.86）
※（No.）は後掲の一覧表と対応する。

これら現存諸本のうち、『平家』の原本と呼べるものは無いが、応永二十六～二十七年（一四一九～二〇）に書写された延慶本は、比較的古い形を多く留めている。しかしその延慶本も、元になった延慶二～三年（一三〇九～一〇）書写本から応永書写までの過程で、覚一本的本文を取り入れたことがわかっている。

一、長門切とは

『平家』には、右に挙げた諸本の他、抜書や断簡も多く存在する。抜書についてはここでは触れない。断簡には、長門切（平家切）、厳島神社蔵断簡、大島・奥津島神社蔵断簡、随心院蔵断簡、頼政記等がある。

これらのうち、長門切は、藤井隆による一九六一年の紹介(1)以来、多くの断簡の所在が報告されてきた(2)。「長門切」との呼称は、古筆家伝来手鑑『藻塩草』（京都国立博物館蔵）付属目録に「行俊　長門切」（古筆本家十代了伴〈一七九〇～一八五三〉が弘化四年〈一八四七〉に筆）とあることによる。「行俊」は世尊寺行俊（生年不明～一四〇七）で、安政五年（一八五八）版・古筆別家十三代了仲（一八二〇～一八九一）編『（増補）新撰古筆名葉集』の行俊項には「平家切　巻物平家物語上下横罫アリ」と見え、行俊が「平家切」の筆者とされていることがわかる。「巻物」つまり巻子装であった『平家』で、「上下」に「横罫」が施されている「切」、この「平家切」が「長門切」である。「長門切」は古筆本家十代了伴、「平家切」は古筆別家十三代了仲による名称である。了伴は了仲の直接の師匠であるにもかかわらず、名物切の呼称が両者間で異なることについて、中村健太郎は、了伴が最晩年に行った名物切の改変や訂正を、了仲が把握していなかった可能性を指摘する(3)。ちなみに、藤井は、名物切として尊重されてきた長門切は「筋の良い手鑑には間々収められている」(4)と言う。

伝称筆者は、僅かな例外(5)を除いては「世尊寺行俊」とされるが、藤井・小松茂美・高田信敬らによって、行俊よりも古く、おそらくは鎌倉末期頃の書写であろうと指摘されている(6)。その後、池田和臣による炭素14年代測定の結果、料紙は一二七三～一二九九年の範囲にある可能性が高いこと、最も確率の高い値が一二八四年であることが報告された(7)。つまり、世尊寺行俊の生存時期より早く、長門切の成立は鎌倉末期である可能性のあることが、物質面からも確認されたわけである。参考までに記せば、嘉禎元年（一二三五）に藤原定家が撰修した『新勅撰集』の、世尊寺行能に託した清書の料紙は、父俊成が文治四年（一一八八）に奏覧した『千載集』を撰した折に設け置いた料紙であったといい、少なくとも料紙と染筆の間には五十年程度の懸隔があることになる。従って、料紙の測定年代と染筆した時期とについては、一定の幅を見る余地を残しておくべきであろう。

また、佐々木孝浩は、「長門切本」（切断前の本）は『平家』写本において「とびきり異質な伝本」であるとし、世尊寺流に属する三手の能筆による寄合書きであろうこと、絵巻詞書とは考え難いこと、高貴な人物のために作成された例外的な巻子本であったこと等を、書誌学的知見から確認している。[8]

佐々木に拠れば、紙高は三一糎程度、一紙の幅は、本来は四六・七糎（三井記念美術館蔵手鑑「たかまつ帖」所収の断簡の大きさ）で、おおよそ三一×四七糎程度の紙（おそらく楮打紙）を継いで、一紙二十二行で書写されたものと考えられるという。淡墨界（天地約二七糎）があり、一行十九字前後で書かれている。手が変わっても一行字数に変化はないようだという。

本文については、藤井が、九葉を確認し得た段階で「盛衰記の祖本的なもの」と位置付け[9]、その後十五葉を確認し得た段階では「盛衰記の祖本的要素が最も強い読み本系統本」ではあるが「盛衰記の祖本そのものではなく」、「独自の立場を主張する一系統本であって、延慶本、長門本より先行する」[10]と評価した。その後松尾葦江は、四十葉の本文を検証し、大半は盛衰記に、一部は延慶本に共通し、まま独自異文を持つことから、読み本系諸本の成立・流動に関わるものであるとして重要視した。[11]それ以後今日までに紹介された新出断簡本文の傾向も、基本的には松尾の見解に違わない。[12]さらに松尾は、盛衰記の中でも、概ね蓬左本、慶長古活字版に一致することを指摘している。[13]

残存状況には巻の偏りがある。現在、五葉以上の存在が確認できるのは、盛衰記の巻で言うと、巻十五（宇治合戦記事）、十八（文覚記事）、二十六（祇園女御記事等）、二十七（墨俣川合戦、横田河原合戦記事等）、三十七（一谷合戦記事）、四十一（頼朝奏聞、逆櫓記事等）、四十二（屋島合戦記事等）である。このうち、巻二十七と四十二は特に多く、前者は十七葉、後者は十四葉に及んでいる。一方で、巻一～六、八～十、十二～十四、二十～二十五、二十八～三十四、三十六、三十九、四十、四十四～四十八相当部分は未だ発見されていない。この中には、鹿谷陰謀、頼朝挙兵、倶利伽羅合戦、平家都落ち、法住寺合戦、維盛入水、六代捕縛・処刑、建礼門院出家・死去記事等が含まれる。

長門切に付された極札の古いものは古筆本家二代了栄（一六〇七～七八）であり[14]、ほぼ同時代の古筆別家二代了任（一六二九～七四）の極札も存在する。初代了佐（一五七二～一六六二）の極札は確認されていない。従って、長門切本の切断は、おそらくは了栄・了任らの頃に始まったと考えられる。[15]池田光政（一六〇九～八二）は、「行俊」の筆と認識しつつ、長門切を模写しているのでもあった。[16]

長門切本について、藤井は、「斯様に立派な本は、宮中、摂関、将軍など、当時第一流の人の関係と見られるわけで、書写年代の古さと共に権威ある内容と考えられ」るとした。[17]しかし松尾は、（ミセケチや墨滅が散見することから）長門切本はいわゆる「原本」ではなく、底本から転写された本であり、必ずしも丁寧に書写されている訳ではなく、豪華本とは言えないとする。[18]

いずれにせよ、鎌倉末頃に、複数の世尊寺流の能書を集めて、盛衰記相当の分量をもつ読み本系『平家』の大型巻子本が製作された事実が意味するところは、小さくない。松尾が、長門切の発見は、「延慶本一辺倒で進んできた近年の平家物語古態研究に、源平盛衰記的本文もまた比較的はやくから存在していたと考えてみることを突きつけた」点、「本文流動の大枠のとらえ方を再考するように促した」点が重要であると指摘する[19]とおりである。

二、鶴見大学図書館蔵長門切について　付長門切一覧

長門切は現在、八十八葉（含模写）の存在が確認できる。[20]鶴見大学図書館は、その五分の一、十七葉を蔵している。一六～一八頁に同館所蔵の長門切の図版を掲げ、二二～二五頁には現在までに確認した長門切の一覧表を付した。中には、独自異文を多くもつ断簡（一覧番号35、51）や完全な独自本文（一覧番号86）等もあり、これらの本文の解明は、長門切本本文そのものの解明の手がかりとなりうるだろう。さらなる長門切の博捜と本文の追究を期したい。

おわりに

長門切の料紙が炭素測定の判定どおり弘安七年（一二八四）辺りの紙だとして、その染筆に五十年程度の幅を見るにしても、長門切本はほぼ鎌倉末期頃までに成立したと見てよいことになり、『兵範記』紙背文書（延応二年〈一二四〇〉）や『普賢延命鈔』紙背文書（正元元年〈一二五九〉九月以前）等に残された『平家』の最も早い存在の徴証から、一〇〇年以内の伝本であるということになろう。さらに、長門切と近似する本文をもつ盛衰記のうち、最古の写本とされる成簣堂文庫本は弘治二年（一五五六）の識語を有することについても触れておこう。この識語については、近年松尾が疑いを示している。[21]説得力のある論だが、今その是非の判断は措いて、仮に当該識語の年紀から見て、長門切は、それよりも二七二年古いことになる。盛衰記の最初の古活字版刊行は慶長十一年（一六〇六）か同十年以前というが、[22]前者と比較すると、三二二年ほど古いことになる。松尾が言う、長門切から現存盛衰記本文までの約三〇〇年の「依然として埋まらない」「空白」[23]を埋める伝本の追跡が必要である。

読み本系と語り本系を大別する手がかり、読み本系を特徴づける頼朝挙兵記事が見つかっていないことは偶然であろうか。一方では、やはり読み本系（と南都本）にしかない文覚発心譚と思しき部分（一覧番号24）は存するので、それをどのように捉えればよいのか。また、松尾の言うとおり、長門切本が「転写本」なのだとすれば、その原本の成立はどこまで遡るのか、それを究明する方法はあるのか。なおまた、現存盛衰記との関係をさしあたって先後関係に絞っても、どのように比較して検証するのがよいのか。

課題は多いが、確認し得た断簡本文の一つ一つを細部にまで及んで検証し、併せて本文の全体像を推測し、『平家』の諸本中に位置づける試みも諦めてはなるまい。長門切のみならず、伝称筆者を世尊寺行俊とする書跡、近似した筆跡を有する書跡を博捜・追跡し整理してゆく必要もあることは言うまでもない。

注

（1）藤井「平家物語古本「平家切」について」（『文学・語学』二一、一九六一年九月）。

（2）松尾葦江①『軍記物語論究』（若草書房、一九九六年六月）、松尾②「平家物語断簡「長門切」続考――『軍記物語論究』付載資料補遺――」（松尾編『國學院大學で中世文学を学ぶ 第二集』國學院大學文学部日本文学科、二〇〇九年三月）、松尾③「平家物語断簡「長門切」続々考」（松尾・吉田永弘編『平成二十一年度 國學院大學文学部共同研究報告』國學院大學文学部日本文学科、二〇一〇年三月）、松尾④「「長門切」問題――平家物語成立論の更新」（『リポート笠間』五九、二〇一五年十一月）、松尾⑤「長門切からわかること――平家物語成立論・諸本論の新展開――」（『國學院雑誌』一一八―五、二〇一七年五月）。拙稿①「新出『平家物語』長門切――紹介と考察」（鶴見大学日本文学会編『国文学叢録――論考と資料』笠間書院、二〇一四年三月）、拙稿②「平家切から分かること――新出断簡紹介を通して　付 長門切一覧――」（松尾葦江編『軍記物語講座 第二巻　無常の鐘声　平家物語』花鳥社、二〇二〇年七月）、拙稿③「新出『平家物語』長門切について――紹介と考察――」（『国文鶴見』五六、二〇二二年三月）、拙稿④「慶應義塾（センチュリー赤尾コレクション）

古筆家資料（斯道文庫保管）新出『平家物語』長門切の考察」（『国文鶴見』五七、二〇二三年三月）等。その他、後掲「長門切一覧」の「影印」と「翻字」に掲げた諸資料を参照されたい。

（3）中村「古筆切資料としての伝世尊寺行俊筆「長門切」――伝称筆者と名物切の名称について――」（『國學院雑誌』一一四―一一、二〇一三年十一月）。中村は、「「長門切」の名称の方が、古筆了伴が最晩年に最終的に改訂を行った名物切の名称であったと推測される」が、「平家切」の方が、認知度としては「長門切」の名称よりも高かったと言えそうだ、と推測する。

（4）藤井・田中登『国文学古筆切入門』（和泉書院、一九八五年二月）。

（5）池田和臣氏蔵断簡「親王をは二」（一覧番号13）には、「住吉社家　津守国冬」との裏書きがある（鑑定者不明）。鶴見大学図書館蔵断簡「去二月ニ兵」（一覧番号35）に極札はなく、裏書に「世尊寺殿行忠卿」とする大倉好齋の鑑定がある。奈良国立博物館蔵断簡「て引すへた」（一覧番号70）には、「尭孝門弟周興」との極札がある（鑑定者は古筆二代了栄か）。「て引すへた」の極札は、別の切の極札との貼違えか。

（6）注（1）所掲藤井論攷、小松『古筆学大成　第二四巻』（講談社、一九九二年十一月）、高田による鶴見大学図書館蔵長門切解題（『古典籍と古筆切――鶴見大学蔵貴重書展解説図録』鶴見大学、一九九四年十月）。

（7）池田・小田寛貴「続　古筆切の年代測定――加速器質量分析法による炭素14年代測定――」（『中央大学文学部紀要　言語・文学・文化』一〇五、二〇一〇年三月）、池田「長門切の加速器分析法による14C年代測定」（松尾葦江編『文化現象としての源平盛衰記』笠間書院、二〇一五年五月）。

（8）佐々木『日本古典書誌学論』（笠間書院、二〇一六年六月）第四編「平家物語と書誌学」の第二章「巻子装の平家物語――「長門切」についての書誌学的考察――」（初出は二〇一三年二月）。

（9）注（1）所掲藤井論攷。

（10）藤井「平家物語異本「平家切」管見」（『松村博司先生喜寿記念　国語国文学論集』右文書院、一九八六年十一月）。

（11）注（2）所掲松尾書①。

（12）注（2）所掲拙稿①～④。

（13）松尾「源平盛衰記の伝本を見直す」（『国語と国文学』九八―六、二〇二一年六月）。

（14）注（6）所掲小松書。

（15）注（1）所掲藤井論攷では、明治十八年版『（増補）新撰古筆名葉集』の古筆了仲の序文の意から、長門切（平家切）は、天正年中（一五七三～一五九一）に近衛竜山（前久。一五三六～一六一二）・烏丸光広（一五七九～一六三八）・古筆了佐（一五七二～一六六二）が筆跡鑑定の法を定めた時に存したとする。了佐の極札の出現が俟たれる。

（16）注（2）所掲拙稿①。

（17）注（10）所掲藤井論攷。

（18）注（2）所掲松尾論攷⑤。

（19）注（2）所掲松尾論攷⑤。

（20）後掲「長門切一覧」参照。二〇二三年三月までに稿者が確認できた長門切は八十五葉だが、新たに二葉の存在を知った。「信濃武者笠原」については、佐々木孝浩「斯道文庫蔵「古筆了佐像幷附属品」について」（『斯道文庫論集』五七、二〇二三年二月）に、有益な言及がある。「三十騎には」については、拙稿「新出『平家物語』長門切の紹介と考察」（『国文鶴見』五八、二〇二四年三月）に記した。なお、一覧番号87については、注（2）所掲拙稿②では、長門切か否かの判断を保留としていたが、長門切と認めて本稿の一覧に加えた。

（21）注（13）所掲松尾論攷。

（22）高木浩明『中近世移行期の文化と古活字版』（勉誠出版、二〇二〇年十二月）第一部「下村本『平家物語』とその周辺」の第六章「古活字版『源平盛衰記』の諸版について」（初出は二〇一五年五月）。

（23）注（13）所掲松尾論攷。

※2023年1月現在。含模写。注(2) 所掲拙稿ｂに掲載の「長門切一覧」(2020年2月時点) を一部訂正し、その後明らかになった断簡を追加して作成

他本との関係	行数	影印	翻字	備考
一部盛衰記に近いが、独自	18	d・g	d・g	模写
盛衰記にほぼ同	7	D・H①・l	D・H②・J	
延慶本に近似	5	L	L・W	
盛衰記（低書部）に近い（他本なし）	3	i・m	m	
盛衰記（低書部）に近い（他本なし）	3	i・m	m	4に後接
一部盛衰記に近いが、独自	3	g	f・g	模写
盛衰記・長門本に近似（語り本にも一部共通）	5	M	M・W	6に後接
盛衰記に近い	2		q	
盛衰記に近い	3		q	8の一行ほど後
盛衰記・延慶本・長門本にほぼ同	7	P	P・W	
盛衰記にほぼ同	8	H①	H②・J	
盛衰記に近似（一部延慶本に近い）	3	イ	イ	
盛衰記に一致	2	Z・a・h・j	Z・h・j	12の十数行後。「津守社家 津守国冬」との裏書
内閣文庫蔵『頼政記』にほぼ一致	3	S	W	模写
盛衰記にほぼ同	5	Q・◆	Q・W	
盛衰記にほぼ同	5	I・Q・◆	I・J・Q	
盛衰記に近似	5	H①	G・H②・J	
延慶本に近いが一部盛衰記に共通	3		W	17に後接
盛衰記に近似（一部延・長に近い）	3	C	C・E・J	18に後接
盛衰記に近似	5	u	ハ	
盛衰記にほぼ同	7		E・J	
盛衰記に近似	6	I・Q・◆	I・J・Q	
盛衰記に近似	5	H①・Y	H②・J・Y	22に後接
盛衰記・長門本に一部似る	5	I・Q・◆	I・J・Q	巻17「祇王祇女」にも近い
諸本に一致せず	7		E・J	
盛衰記に近いが、一部独自	2	u	ハ	
盛衰記にほぼ同	3	I・Q・◆	I・J・Q	
盛衰記に近似	5	d	W・d	27の数行後
盛衰記にほぼ同	5	H①	H②・J	28の数行後
盛衰記（除ぬかご説話）に近似	8		E・J	
延慶本に近い	8	d・g	d・e・g	
前半は独自。後半は盛・延・長に近似	5	N	W	
諸本に一致せず	7	H①	H②・J	巻26相当箇所であることは佐々木孝浩が指摘（※2）
盛衰記・延慶本に近似	3		E・J	
諸本に一致せず	3	◆	n・q	「世尊寺殿行忠卿」「大倉好齋改之」との裏書あり。巻26「天智懐妊賜大織冠」の記事にも近く、巻26の可能性もある
延慶本に近似（一部盛衰記に一致）	5		W	
盛衰記・延慶本・長門本にほぼ同（長に最近）	6	R・m	R・W	
盛衰記・長門本に近い	6	U	W	
盛衰記にほぼ同（一文位置替）	6	H①	H②・J	
諸本に一致せず	1	ロ	ロ	41と42の間の可能性もある。あるいは巻15「宇治合戦」か
盛衰記に近い	6	d	K・W・d	
盛衰記に近似	5		J	41の数行後
盛衰記に一致（一部延慶本に一致）	5		K・W	42に後接
盛衰記に近い	3	d・g	d・e・g	
盛衰記にほぼ同	5	I・Q・◆	I・J・Q	
盛衰記に似るが一致度低し	3		q	
盛衰記に近似	5	H①	H②・J	
盛衰記（除周武王説話）に近似	6	I・Q・◆	I・J・Q	47に後接
一部盛・延・長・四・中に一致するが、独自	6	u	ハ	
延慶本（盛衰記）に近似	5	H①	G・H②・J	巻41「義経院参」の記事にも近く、巻41の可能性もある
一部盛衰記に一致するが、独自	5	ニ・◆	ニ	
盛衰記にほぼ同	6	I・Q・◆	I・J・Q	51の数行後
盛衰記にほぼ同	4	f・g・◆	f・g	52の数行後

長門切一覧

連番	冒頭	盛衰記の巻数	盛衰記の章段名（※１）	所蔵
1	丹波少将成	巻7	俊寛成経等移鬼界島	林原美術館蔵「古筆臨模聚成」
2	帰ふかく敬	巻11	静憲入道問答	徳川美術館蔵手鑑「蓬左」
3	此静憲法印	巻11	静憲入道問答	川崎市市民ﾐｭｰｼﾞｱﾑ蔵手鑑「披香殿」
4	余人して引	巻11	金剛力士兄弟	大垣博氏
5	とひかれけ	巻11	金剛力士兄弟	大垣博氏
6	は明俊にく	巻15	宇治合戦	西尾市岩瀬文庫蔵「芳翰模彙」
7	けれは弓を	巻15	宇治合戦	田中登氏
8	の渡をすへ	巻15	宇治合戦	佐々木孝浩氏蔵小手鑑
9	るに舟なけ	巻15	宇治合戦	高城弘一氏蔵手鑑
10	さむとて只	巻15	宇治合戦	日比野浩信氏
11	高名にあら	巻15	南都騒動始	個人蔵手鑑「もしの関」
12	たかりて有	巻16	満仲讒西宮殿	板橋区立美術館蔵手鑑「凰台」
13	親王をは二	巻16	仁寛流罪	池田和臣氏
14	やうと射た	巻16	三位入道芸等	國學院大學図書館
15◆	詔を致に今	巻16	三井僧綱被召	鶴見大学図書館
16◆	逃籠たりけ	巻17	始皇燕丹	鶴見大学図書館
17	なをして文	巻18	仙洞管絃	京都国立博物館蔵手鑑「藻塩草」
18	なくそ見へ	巻18	仙洞管絃	本願寺蔵手鑑「鳥跡鑑」
19	らく所は打	巻18	仙洞管絃	藤井隆氏
20	人々もおほ	巻18	文覚流罪	慶應義塾古筆家資料（斯道文庫保管）
21	ありさまみ	巻18	仙洞管絃	個人蔵手鑑
22◆	つかはさむ	巻18	同人（文覚）清水状・天神金	鶴見大学図書館
23	け返てけり	巻18	同人（文覚）清水状・天神金	根津美術館蔵一号手鑑
24◆	ありけれと	巻19か	文覚発心	鶴見大学図書館
25	貧道の類も	巻26	御所侍酒盛	個人蔵
26	帝王まて聞	巻26	入道非直人	慶應義塾古筆家資料（斯道文庫保管）
27◆	魂を消す無	巻26	祇園女御	鶴見大学図書館
28	取にせん事	巻26	祇園女御	林家旧蔵・国（文化庁）現保管
29	て今度ひか	巻26	祇園女御	林原美術館蔵手鑑「世々の友」
30	あり夜泣く	巻26	忠盛帰人	田中塊堂氏旧蔵
31	掌ニにきり	巻26	忠盛帰人・天智懐妊女賜大織冠	個人蔵五号手鑑
32	座皆無温恋	巻26	邦綱卿薨去	兼築信行氏
33	らん子安穏	巻26	不明	個人蔵手鑑「管城公」
34	国へ下りけ	巻27	墨俣河合戦	某寺蔵小屏風
35◆	去二月ニ兵	巻27か	墨俣河合戦か	鶴見大学図書館
36	諸人其数令	巻27	太神宮祭文	高城弘一氏蔵手鑑
37	振于東夷名	巻27	太神宮祭文	大垣博氏
38	治承三年の	巻27	天下餓死	思文閣古書資料目録掲載手鑑
39	して陸奥国	巻27	頼朝追討庁宣	東京国立博物館蔵一二号手鑑
40	信濃武者笠	巻27か	信の横田原軍	慶應義塾古筆家資料（斯道文庫保管）
41	見参ニ可奉	巻27	信の横田原軍	倉敷市宝島寺蔵手鑑
42	組やとそ申	巻27	信の横田原軍	琴平神社蔵手鑑「古今筆陳」
43	覚へたる高	巻27	信の横田原軍	個人蔵手鑑
44	輔にはあは	巻27	信の横田原軍	個人蔵五号手鑑
45◆	先立たるを	巻27	信の横田原軍	鶴見大学図書館
46	せハ三百余	巻27	信の横田原軍	國學院大學図書館
47	籠られては	巻27	信の横田原軍	ＭＯＡ美術館蔵手鑑「翰墨城」
48◆	れは木曾は	巻27	信の横田原軍・周武王誅紂王	鶴見大学図書館
49	又あるゆふ	巻27か	資永中風	慶應義塾古筆家資料（斯道文庫保管）
50	諸社の社司	巻27か	源氏追討祈	出光美術館蔵手鑑「見ぬ世の友」
51◆	三十騎には	巻35	粟津合戦（樋口次郎降人）	鶴見大学図書館
52◆	名乗て懸出	巻35	粟津合戦（樋口次郎降人）	鶴見大学図書館
53◆	ける是を粟	巻35	木曾頚被渡	鶴見大学図書館

盛衰記に近い	5	イ	イ	模写
盛衰記に一部近い	5	t・◆	t	
盛衰記に最近	3	H	H・J	55 に後接
盛衰記にほぼ同	6	H	H・J	
盛衰記に近いが人名に異同あり	4	d・◆	W・d	57 の数行後
盛衰記にほぼ同	5	H①	H②・J	
盛衰記に近似	10	H①・◆	H②・J	
盛衰記に最近	8		q	
盛衰記に最近	9		q	61 に後接
延慶本に最近（一部盛・長に一致）	18	V	W	
盛衰記に最近	4		W・X	63 に後接
盛衰記にほぼ同	7	H①	H②・J	64 に後接
盛衰記に近いが人名配列は独自	6	d・g	d・e・g	
盛衰記にほぼ同	2	H①	H②・J	
盛衰記にほぼ同	3	H①	H②・J	
盛衰記にほぼ同	8	H①	H②・J	68 の数行後
盛衰記に近い	3	d・g	d・e・g	極札「堯孝門弟周興」
盛衰記に近似	3	O	X	
盛衰記にほぼ同	4	H①	H②・J	71 に後接
盛衰記・延慶本に部分的に一致	22	F	G・J	72 の数行後
盛衰記・延慶本に近い	6	T	T・W	
盛衰記に近い	8	d・g	d・e・g	
諸本に一致せず	3		E・J	
盛衰記に一部近似	7	I・Q・◆	I・J・Q	
盛衰記に一部のみ近似	10	B・H①・r	G・H②・J	
一部盛衰記に一致するが、独自	3	d・g	d・e・g	
一部盛衰記・一部語り本系に近似	7	H①	H②・J	
一部盛衰記に一致するが、独自	7	A・b・l	b・l	
内容は語り本系に共通	8	I・Q・◆	I・J・Q	
延慶本にほぼ同	3	C	C・E・J	
一部独自だが盛衰記に近い	8	d・g・y	d・e・g・y	83 の数行前の可能性もあり
盛衰記にほぼ同	3	H①	H②・J	
諸本に一致せず	5	I・Q・◆	I・Q・J	
諸本に一致せず	1		m・q	
諸本に一致せず	7	イ	イ	

a　科研費による共同研究：基盤研究（B）「文化現象としての源平盛衰記」研究―文芸・絵画・言語・歴史を総合して―」（研究代表者松尾葦江）公開シンポジウム「1300 年代の平家物語―長門切をめぐって―」（於國學院大學、2012 年 8 月）池田和臣講演「長門切の加速器分析法による 14C 年代測定」資料
b　同 a シンポジウム橋本貴朗発表「「長門切」に見る世尊寺家の書法」資料
d　同 a シンポジウム平藤発表「新出長門切数葉の紹介」資料
e　拙稿「新出長門切の紹介」（松尾葦江編『「文化現象としての源平盛衰記」研究　第三集（平成二十四年度報告書）』國學院大學、2013 年 3 月）
f　科研費による共同研究：基盤研究（B）「文化現象としての源平盛衰記」研究―文芸・絵画・言語・歴史を総合して―」（研究代表者松尾葦江）公開研究発表会（於國學院大學、2013 年 10 月）平藤発表「長門切と伝貞敦親王筆平家切数葉の紹介」資料
g　拙稿「新出『平家物語』長門切―紹介と考察」（鶴見大学日本文学会編『国文学叢録―論考と資料』笠間書院、2014 年 3 月）
h　池田和臣『古筆資料の発掘と研究　残簡収録　散りぬるを』（青簡舎、2014 年 9 月）
i　『京都古書組合総合目録　第二七号』（京都府古書籍商業協同組合、2014 年 11 月）
j　池田和臣「長門切の加速器質量分析法による 14C 年代測定」（松尾葦江編『文化現象としての源平盛衰記』笠間書院、2015 年 5 月）
l　橋本貴朗「中世世尊寺家の書法とその周辺―「長門切」一葉の紹介を兼ねて―」（同 j 書）
m　松尾葦江「「長門切」問題―平家物語成立論の更新」（『リポート笠間』59、2015 年 11 月）
n　仁平道明「『平家物語』の維盛像―消える戦功―」（『解釈』61-11・12、2015 年 12 月）
q　松尾葦江「長門切からわかること―平家物語成立論・諸本論の新展開―」（『國學院雜誌』118-5、2017 年 5 月）
r　『国際稀覯本フェア 2020　日本の古書　世界の古書』目録（ABAJ 日本古書籍商協会、2020 年 2 月）
t　拙稿「平家切から分かること―新出断簡紹介を通して　付 長門切一覧―」（松尾葦江編『軍記物語講座　第二巻　無常の鐘声　平家物語』花鳥社、2020 年 7 月）
u　慶應義塾ミュージアム・コモンズ編『文字景―センチュリー赤尾コレクションの名品にみる文《ふみ》と象《かたち》』（慶應義塾ミュージアム・コモンズ、2021 年 4 月）
y　京都府京都文化博物館編『よみがえる承久の乱　後鳥羽上皇 vs 鎌倉北条氏』（京都府京都文化博物館、2021 年 4 月）
イ　拙稿「新出『平家物語』長門切について―紹介と考察―」（『国文鶴見』56、2022 年 3 月）
ロ　佐々木孝浩「斯道文庫蔵「〔古筆了佐像幷附属品〕」について」（『斯道文庫論集』57、2023 年 2 月）
ハ　拙稿「慶應義塾（センチュリー赤尾コレクション）古筆家資料（斯道文庫保管）『平家物語』長門切の考察」（『国文鶴見』57、2023 年 3 月）
ニ　拙稿「新出『平家物語』長門切の紹介と考察」（『国文鶴見』58、2024 年 3 月）
「◆」は本稿記載
※ 1　盛衰記の章段名は蓬左文庫本に拠る。
※ 2　佐々木『日本古典書誌学論』（笠間書院、2016 年 6 月）第四編第二章（初出は 2013 年 2 月）。25 ～ 32 の間の可能性もある。
※ 3　蓬左文庫本章段名欠。『源平盛衰記（古典研究会叢書）』（汲古書院、1973 ～ 74 年）凡例所引の蓬左文庫蔵『源平盛衰記』十二行附訓版本に拠る。

54	魂更身に不	巻 37	馬因縁	久保木秀夫氏蔵模写手鑑
55◆	倒す頭は水	巻 37	則綱討盛俊（※ 3）	鶴見大学図書館蔵手鑑
56	日来音に聞	巻 37	則綱討盛俊（※ 3）	個人蔵
57	は兼より御	巻 37	重衡卿生虜	不二文庫蔵手鑑
58◆	りけれとも	巻 37	重衡卿生虜	鶴見大学図書館
59	とも一所に	巻 37	重衡卿生虜・守長捨主	穂久邇文庫
60◆	刀には胸板	巻 37	平家公達亡	鶴見大学図書館
61	ハ熊替こそ	巻 38	経俊 敦盛 経正 師盛 亡	高城弘一氏
62	ハりける無	巻 38	経俊 敦盛 経正 師盛 亡	高城弘一氏
63	元暦元年十	巻 41	頼朝条々奏聞	思文閣古書資料目録掲載手鑑
64	源頼朝謹奏	巻 41	頼朝条々奏聞	イェール大学蔵手鑑
65	武具者自今	巻 41	頼朝条々奏聞	梅沢美術館蔵手鑑「あけぼの」
66	義成多々良	巻 41	同人（義経）西国発向	星名家蔵二号手鑑
67	足を引くへ	巻 41	平家人々歎（※ 3）	個人蔵手鑑
68	とはなにそ	巻 41	梶原逆櫓	宮内庁蔵手鑑
69	鹿やらんは	巻 41	梶原逆櫓	個人蔵手鑑「旧錦嚢」
70	て引すへた	巻 41	梶原逆櫓	奈良国立博物館蔵手鑑
71	かき陰り村	巻 42	義経解纜向西国	思文閣古書資料目録掲載手鑑「敬愛帖」
72	とく／＼船	巻 42	義経解纜向西国	個人蔵
73	判官の船を	巻 42	義経解纜向西国	三井文庫蔵手鑑「高松帖」
74	軍に勝つる	巻 42	勝浦合戦	ふくやま書道美術館
75	に馳集る此	巻 42	屋島合戦	奈良国立博物館蔵手鑑
76	儀せられけ	巻 42	玉虫立扇	久曾神昇氏
77◆	けり又舞前	巻 42	玉虫立扇・与一射扇	鶴見大学図書館
78	源氏誤と見	巻 42	玉虫立扇・与一射扇	個人蔵
79	からをあら	巻 42	与一射扇	個人蔵五号手鑑
80	や見まいら	巻 42	与一射扇	仁和寺蔵手鑑
81	こそ候へか	巻 42	与一射扇	不明。田中塊堂氏旧蔵か
82◆	ゑ仕候まし	巻 42	与一射扇	鶴見大学図書館
83	覚し給はさ	巻 42	継信孝養	藤井隆氏
84	鞍置て請し	巻 42	継信孝養	京都府蔵（京都文化博物館管理）
85	道の合戦諸	巻 43	平家亡生虜	根津美術館蔵三号手鑑
86◆	たるは時に	不明	不明	鶴見大学図書館
87	ハむするに	不明	不明	日比野浩信氏
88	して頼朝ニ	不明	不明	鈴木崇浩氏

〔記号〕

A 『かな研究』37（大阪かな研究会、1969 年 10 月）
B 『新・平家物語古美術展』（朝日新聞社、1972 年 4 月）
C 藤井隆・田中登『国文学古筆切入門』（和泉書院、1985 年 2 月）
D 『徳川黎明会叢書　古筆手鑑篇二　蓬左　霧のふり葉』（思文閣出版、1986 年 2 月）
E 藤井隆「平家物語異本「平家切」管見」（『松村博司先生喜寿記念　国語国文学論集』右文書院、1986 年 11 月）
F 三井文庫・日本古典文学会監修『高松帖』（貴重本刊行会、1990 年 8 月）
G 伊井春樹『古筆切資料集成　第六巻』（思文閣出版、1993 年 9 月）
H ①小松茂美『古筆学大成　第二四巻』（講談社、1993 年 11 月）、②小松『古筆学大成　第二八巻』（同左）
I 『古典籍と古筆切─鶴見大学蔵貴重書展解説図録』（鶴見大学、1994 年 10 月）
J 松尾葦江『軍記物語論究』（若草書房、1996 年 6 月）　＊「他本との関係」はこれに従うところが多い。
K 小島孝之「治承二年右大臣家百首の歌人、その他（稀覯の古筆切）について─古筆切拾塵抄（五）─」（『立教大学日本文学』七八、1997 年 7 月）
L 古谷稔監修『川崎市市民ミュージアム所蔵　古筆手鑑　披香殿』（淡交社、1999 年 3 月）
M 田中登『平成新修古筆資料集　第一集』（思文閣出版、2000 年 3 月）
N 『第 50 回　東西老舗大古書市出品目録抄』（2000 年 7 月）
O 『思文閣古書資料目録　第一七三号別冊』（思文閣出版、2001 年 7 月）
P 日比野浩信「『平家物語』長門切の一伝存形態」（『汲古』45、2004 年 6 月）
Q 『和歌と物語─鶴見大学図書館蔵貴重書 80 選』（鶴見大学、2004 年 10 月）
R 国文学研究資料館編『古筆への誘い』（三弥井書店、2005 年 3 月）
S 『阪急古書のまち古書目録』（中尾松泉堂書店、2005 年 6 月）
T 『ふくやま書道美術館所蔵品目録VI　古筆手鑑』（ふくやま書道美術館、2007 年 3 月）
U 『思文閣古書資料目録　第二〇五号』（思文閣出版、2007 年 12 月）
V 『思文閣古書資料目録　第二〇八号』（思文閣出版、2008 年 7 月）
W 松尾葦江「平家物語断簡「長門切」続考─『軍記物語論究』付載資料補遺─」（松尾編『國學院大學で中世文学を学ぶ　第二集』國學院大學文学部日本文学科、2009 年 3 月）
X 松尾葦江「平家物語断簡「長門切」続々考」（松尾・吉田永弘編『平成二十一年度　國學院大學文学部共同研究報告』國學院大學文学部日本文学科、2010 年 3 月）
Y 『観賞シリーズ 12　館蔵　古筆切』（根津美術館、2011 年 7 月）
Z 池田和臣・小田寛貴「続 古筆切の年代測定─加速器質量分析法による炭素 14 年代測定─」（『中央大学文学部紀要　言語・文学・文化』105、2010 年 3 月）

加藤弓枝 KATO Yumie

改竄された仮名遣い
――契沖筆『古今和歌集』とその模刻

鶴見大学が六十年をかけて収集した貴重書のなかには、契沖関連資料が少なからず含まれている。なかでも契沖によって書写された『古今和歌集』は留意すべき資料である。本書は文化九年（一八一二）に模刻本が刊行されたが、その際、定家仮名遣いがすべて契沖仮名遣いへと改められ、その事実は伏せられた。なぜ、仮名遣いは改竄され、それにも関わらず跋文では「ひとつのもじのたがへもなくうつし」などと記されたのか――

名古屋市立大学大学院人間文化研究科准教授。専門は日本近世文学・和歌文学・書誌学。論文に「六位の書肆吉田四郎右衛門――出版活動の実態と古学の伝播に果たした役割――」（『近世文藝』一〇二号、日本近世文学会、二〇一五年七月）、「正保版『二十一代集』の変遷――様式にみる書物の身分――（付）八尾助左衛門・勘兵衛・甚四郎出版略年表」（『雅俗』十九号、雅俗の会、二〇二〇年七月）、「蘆庵本歌合について」（『世界仏教文化研究論叢』五十九集、龍谷大学世界仏教文化研究センター、二〇二一年三月）などがある。

契沖資料の収集経緯

鶴見大学による古典籍蒐集の歴史は、昭和四十二年（一九六七）に始まる。昭和二十八年（一九五三）に開学した鶴見女子短期大学が、昭和三十八年（一九六三）に鶴見女子大学となり、日本文学科と英米学科で構成される文学部が開学した。その四年後に現在のキャンパスへ校舎とともに図書館が移転したが、その頃から古典籍収集は始まった。はじめは、初代文学部長の久松潜一《ひさまつせんいち》（一八九四～一九七六）らが中心となり、和歌や連歌の写本や、契沖・宣長などの国学者の自筆資料を徐々に集めたという(1)。

契沖《けいちゅう》（一六四〇～一七〇一）の自筆資料が収集対象となったのは、久松が『契沖全集』（全十六巻、岩波書店、一九七三～七六年）の監修者であったことが契機となったのだろう。鶴見大学図書館に所蔵される契沖高弟の海北若沖《かいほうじゃくちゅう》（一六七五～一七五二）宛『〔契沖書簡〕』（軸装一軸）は、『契沖全集』第十六巻に翻刻が掲載される。ただし、その解題には所蔵者不明と記されていることから、全集刊行後に図書館へ収められたと考えられる。その後も、歴代教職員による半世紀以上の古典籍蒐集の過程で、数々の契沖資料が集められてきた。

契沖筆『古今和歌集』とその模刻

さて、ここで取り上げるのは契沖によって筆写された『古今和歌集』（列帖装二帖）である。紺地に黄と白で唐草花菱を織り出した緞子《どんす》表紙（二四・九×一九・一糎）。見返しは金切箔・砂子《すなご》を蒔いた斐紙で、本文料紙も斐紙である。毎半葉十行和歌一行書で、詞書は三字下げとなっている。なお、本書が契沖真蹟であることを証明する清水了因による極札も附属する。図01はその上冊冒頭の仮名序である。

伝本系統を記した奥書がなく、具体的な底本が何であるかは分からないものの、流布本である貞応《じょうおう》本系の本文を有する。下冊末に図02のごとき鑑定識語があり、そこに賀茂季鷹《かものすえたか》（一七五二〜一八四一）が文化元年（一八〇四）三月に「此古今集全部二冊、契沖阿闍梨墨痕也、聊不捗議論者矣」と記したように、本書は契沖の筆跡とみて相違ない。なお、契沖の書写本として伝わるものは、簡素な料紙を使用し、袋綴《ふくろとじ》であることが多く、本書のように緞子表紙を付した列帖装の豪華本は珍しい。よって、贈答品としてなど、学術目的以外で作成された書冊と考えられる。(2)

本書に関して注目すべきは、契沖仮名遣いではなく、定家仮名遣いが用いられていることと、文化九年（一八一二）に本書の模刻本が京都の書肆吉田屋新兵衛《よしだやしんべえ》と吉田四郎右衛門《よしだしろうえもん》のもとから刊行されていることである。その模刻本には、清水浜臣《しみずはまおみ》門の川島蓮阿《かわしまれんあ》（一七六八〜一八三五）による次のような跋文が記載されている。

この古今集は円珠庵のひじりの筆なる事は、季たかのあがたぬしのおくがきにしるされしごとく、はた上田餘斎老人のきはめとてかいつけられしひとひらもありしを、そはひとのとりて今はなき物から、まがふべくもあらざるものぞかし、さるをこたび常葉居ぬしのもとめ出られて、かゝるめでたき物をしもひとりひめおかむが、あたらしく世にもひろくせまほしとて、おのれにあとらへのまゝ、ひとつのもじのたがへもなくうつし、にたるをかくすり、巻とはせられたるになむ。

百合園蓮阿

ここには、「常葉居」こと本居宣長《もとおりのりなが》門の林国雄《はやしくにお》（一七五八〜一八一九）が、模刻の底本である（現在鶴見大学の所蔵にかかる）契沖書写本を捜し出したこ

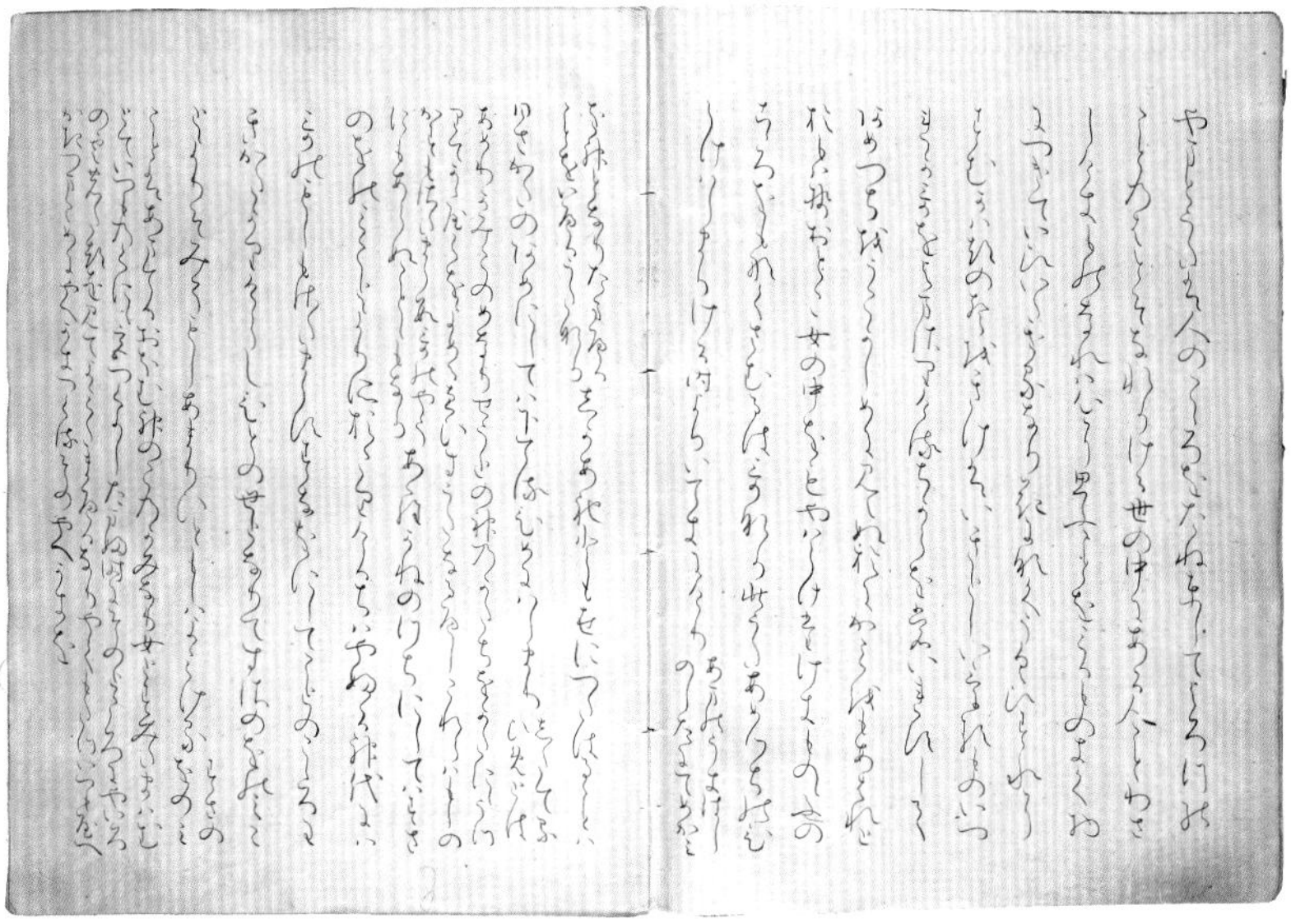

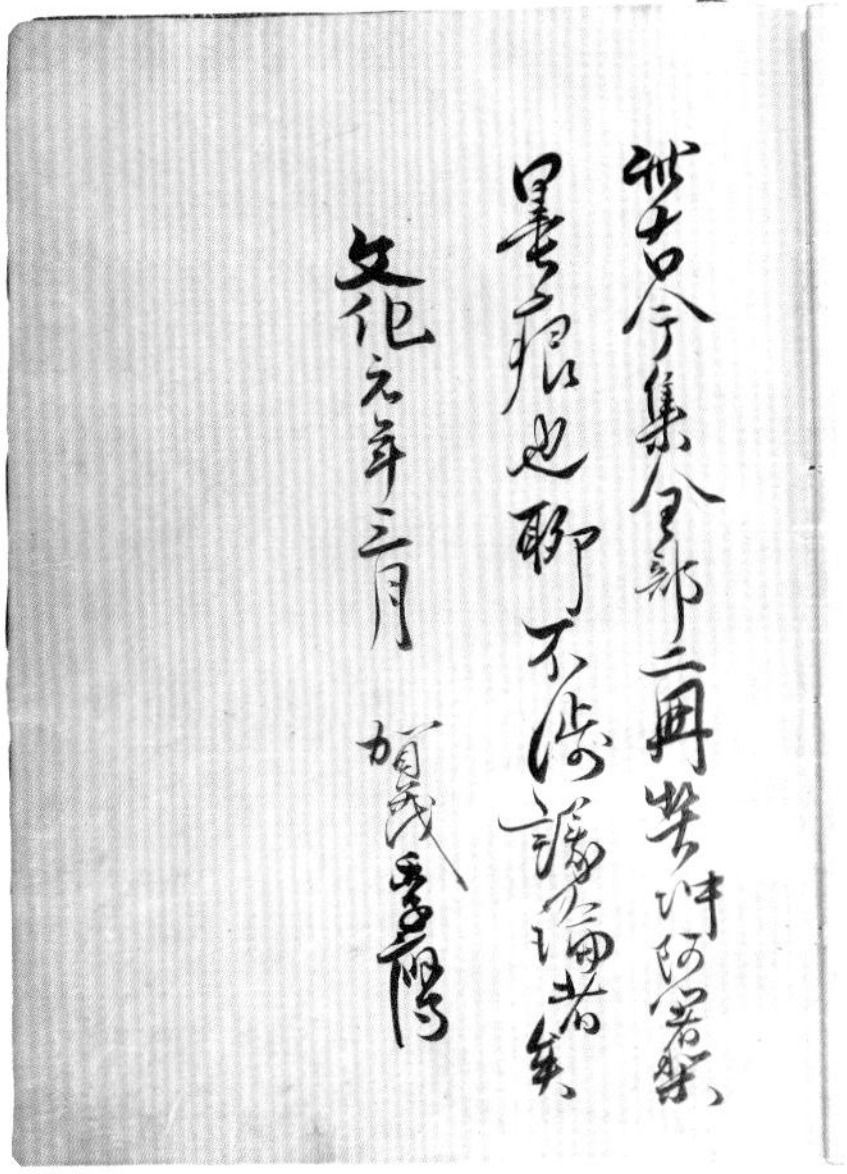

上から、
[図01]…写本　上冊冒頭
[図02]…写本　下冊巻末

と、そこにはかつて上田《うえだ》秋成《あきなり》による極めが付されていたが、それは失われてしまったことなどが記されている。秋成による極めの存在の真偽は判断できないものの、この跋文から刊記に記された「鳥籠磐居蔵板」とは、林国雄が版木を所有していたことを示していると推察される。

もっとも留意すべきことは、この跋文では模刻は契沖筆本を「ひとつのもじのたがへもなくうつし」たものだと蓮阿は記しているものの、そこに偽りがあることである。その底本である鶴見大学所蔵本と比較すると、模刻は契沖書写本をほぼ忠実に再現していることがわかる。しかしながら、底本にあった真名序を省略するのみならず、定家仮名遣いを契沖仮名遣いに契沖の筆跡に似せて改め、さらには**図03**の本文末にはない「契沖」の署名まで、**図04**のごとく入れているのである。

図04の署名の記される丁は、ここが本文の最後には当たらないうえ、自著ではない書写本に署名のみを施すのは異例なことであり、やはりその版面にも不自然さがある。模刻の底本となった契沖書写本には署名がないことから、筆跡の真贋を判断する材料は、季鷹による鑑定識語のみであり、契沖の筆跡を見たことがない者はそれを信用する他ない。よって、板下が契沖の筆跡であることわかりやすく示すために、編者あるいは版元が契沖の署名を付け加えたとすれば、この補入に悪意があるとまでは言えない。しかし、定家仮名遣いから契沖仮名遣いへの変更は、改竄と誹られても致し方あるまい。では、なぜ、このような行為がなされ、その事実は伏せられたのであろうか。

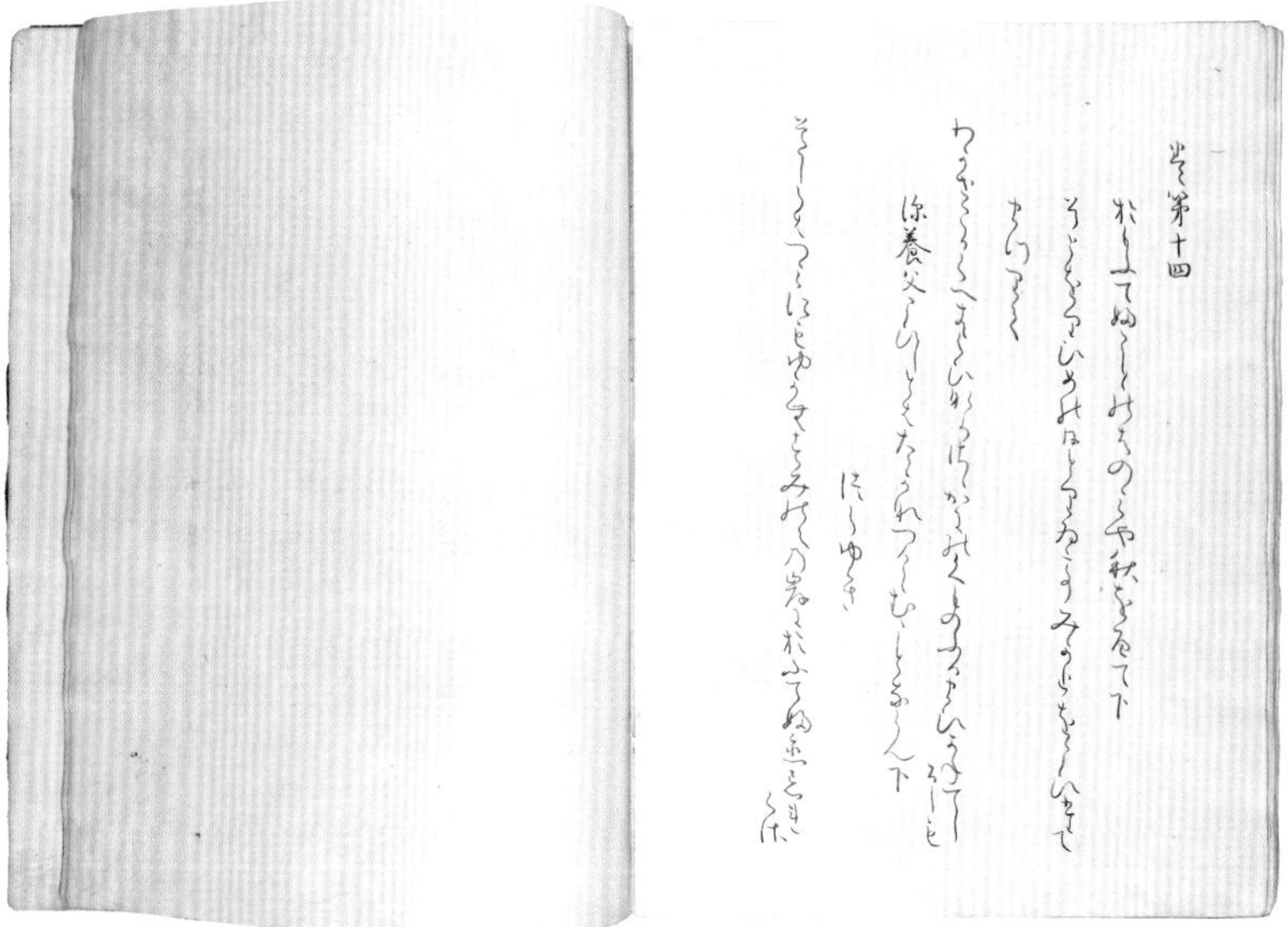

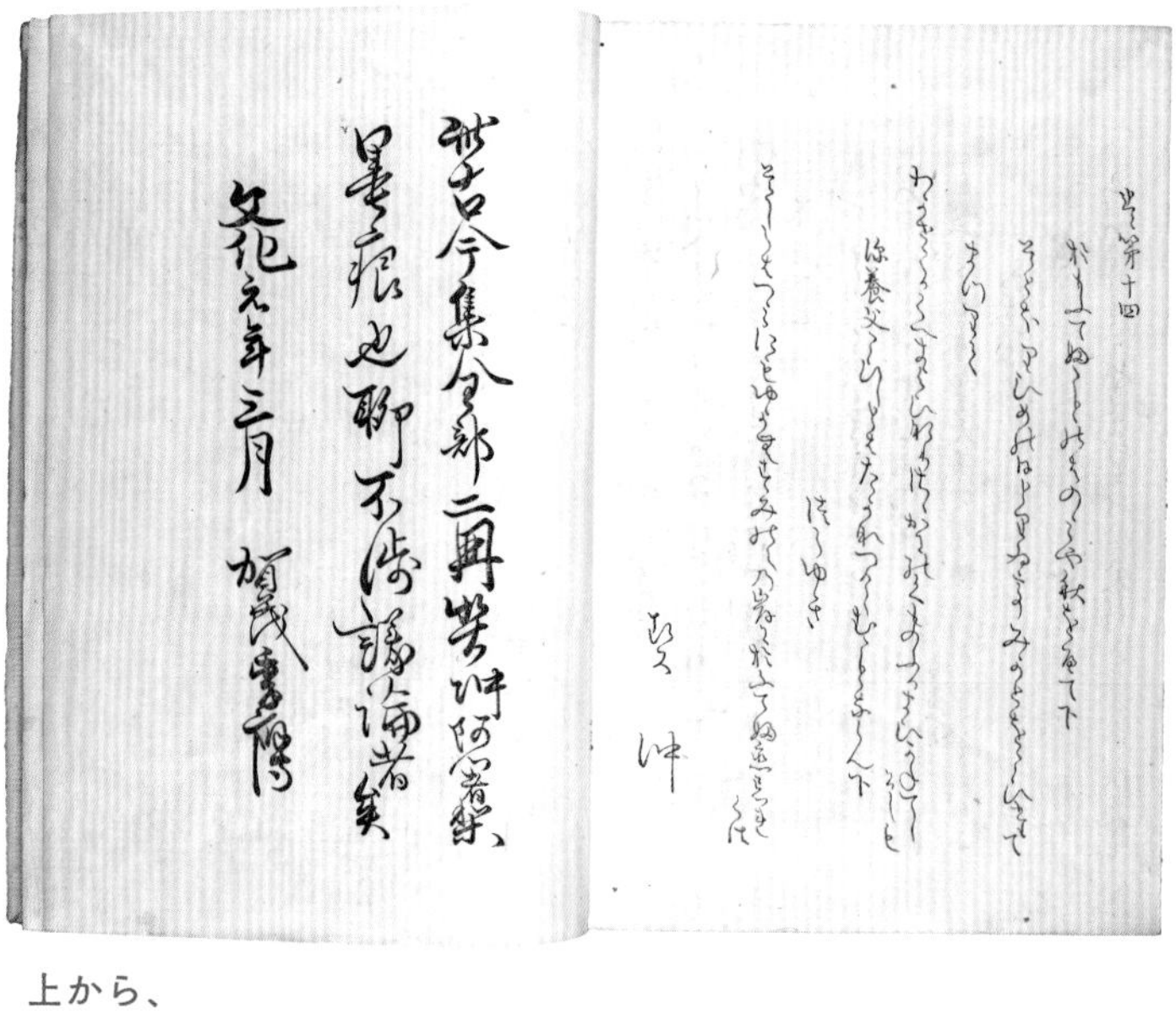

上から、
[図03]…写本　下冊本文末
[図04]…版本　下冊本文末

仮名遣いが改竄された背景

模刻を刊行した書肆のうち吉田四郎右衛門は、江戸時代前期から幕末にかけて、少なくとも八代にわたり京都で活躍した本屋として知られる。[3] そしてこの模刻本を刊行したのは、刊年により六代元長（一七七四～一八二四）であると考えられる。

近世後期の吉田四郎右衛門は、地下の知を社会へ広げる役割を担っていた書肆と位置付けられるが、例えば元長とその息子元豊（一八〇六～一八三六）は、次のような契沖関連書の出版に関与していた。

契沖注『古今六帖題苑』（寛政三年〈一七九一〉刊）
契沖著『河社』
（小沢蘆庵序、寛政九年〈一七九七〉刊）
契沖注『勢語臆断』
（伴蒿蹊・田山敬儀序　享和三年〈一八〇三〉刊）
契沖板下『古今和歌集』
（賀茂季鷹識語　文化九年〈一八一二〉刊）
契沖著『和歌拾遺六帖』
（本居大平序　文政三年〈一八二〇〉刊）
契沖注『源註拾遺』（天保五年〈一八三四〉刊）

江戸では明和二年（一七六五）に加藤枝直《かとうえなお》によって、契沖仮名遣いを用いた『謡曲二百拾番』が出版されていたが、京都ではこの仮名遣いに対する反撥が根強かった。よって、その刊行から十年を経て、ようやく小沢蘆庵《おざわろあん》（一七二三～一八〇一）により契沖仮名遣いに依拠することを宣言する『千首部類』（安永四年刊）が、京都書肆の出雲寺文《いずもじぶん》次郎《じろう》のもとから出版されるに至る。そして、本書の出版後から、堂上派勢力の強かった京都においても、徐々に契沖仮名遣いは広がっていったと考えられる。(4)

そういった時期に、吉田四郎右衛門は先掲した六点の契沖関係書を出版したが、これは偶然の一致ではあるまい。そこには、六代元長が契沖歌学を顕彰していた小沢蘆庵の門弟であったことが影響を与えたと考えられる。例えば、『古今六帖題苑』は、蘆庵へ入門した頃に刊行されたものであるが、実は契沖作ではなく、林諸鳥《はやしもろとり》によって編纂された『六帖題苑』から、諸鳥の序文署名と荷《か》田蒼生子《だたみこ》の跋文を削り、巻末に「契沖師著」という奥書を足したものであることが明らかにされている。(5) 林諸鳥の編著を契沖作と偽って刊行することは、現代の感覚からすれば咎められるべき行為である。しかし、それは契沖著作が当時の人々に求められていた証左でもある。実際、寛政期には、地下二条派の人々にとっても、契沖学は見過ごすことのできない存在となっていた。例えば、寛政九年に澄月《ちょうげつ》によって、契沖著作を歌道の魔性として貶める『和歌為隣鈔』が出版されるが、このような反論書が出版されること自体が、契沖学の京都における普及を意味する。

契沖筆『古今和歌集』の模刻本が出版された文化九年頃は、上方でも江戸でも契沖仮名遣いが浸透していた。つまり、契沖歌学の顕彰につとめるためには、契沖自筆資料は契沖仮名遣いでなければならなかったのでる。ゆえに、模刻本は定家仮名遣いから契沖仮名遣いに修正され、その事実は伏せられたのであろう。

その他の契沖資料

このほか、鶴見大学図書館には、名誉教授池《いけ》田利夫《だとしお》より寄贈されたもので、円珠庵《えんじゅあん》本の前段階の本文を有する**図05**の『万葉代匠《まんようだいしょう》記序文《きじょぶん》』（巻子一軸）や、**図06**の『万葉代匠記』巻二の断簡、契沖自筆の勘考紙片が糸で縫い付けられた川瀬一《かわせかず》馬《ま》旧蔵の『土佐日記』（寛永二十年〈一六四三〉、京・風月宗智《ふうげつそうち》刊）などが所蔵される。(6) なお、『万葉代匠記序文』も、完全な契沖仮名遣いとは言えない仮名遣いが用いられている。さらに、岩波書店製の原稿用紙に書かれた久松潜一自筆の契沖全集書簡の凡例草稿などもあり、そこには岩波の編集者による改訂の跡も留める。(7)

以上のように、鶴見大学図書館には大部ではないものの、契沖研究において等閑視できない資料が所蔵されている。和洋漢にわたって一万冊以上に及ぶ鶴見大学の貴重書は、限られた予算を活用して一から蒐集されたものであり、その過程には相当な苦労があったはずである。この六十年弱で集められた蔵書を眺めるに、蒐集にかける歴代教職員の熱意と、その確かな選書眼に畏敬の念を禁じ得ない。

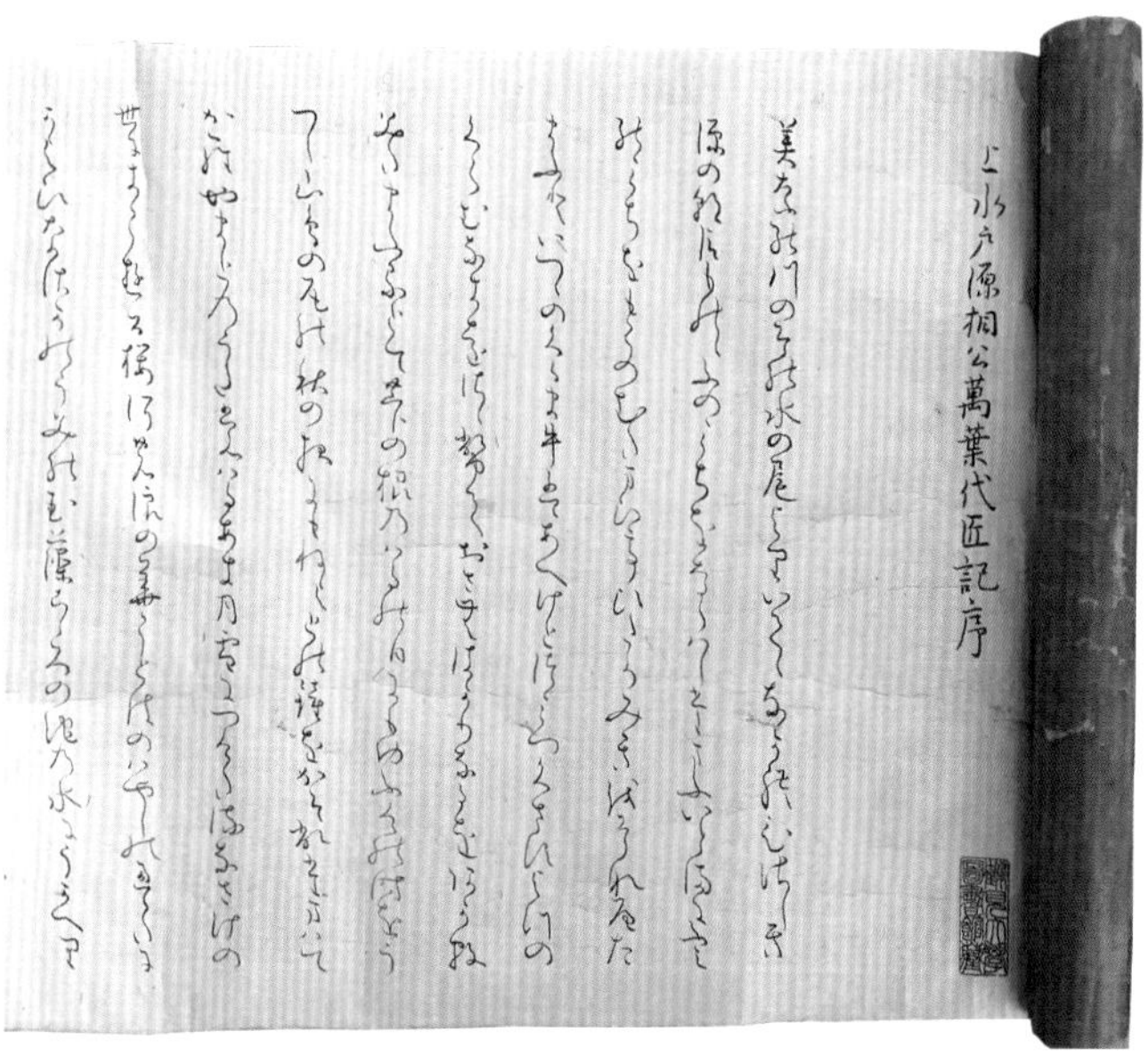

上から、
[図05]…『万葉代匠記序文』
[図06]…『万葉代匠記』

注

（1）池田利夫「鶴見大学図書館蔵和漢古典籍の蒐集と展観」（鶴見大学蔵貴重書展解説図録『古典籍と古筆切』鶴見大学、一九九四年）、高田信敬「古典籍展示略縁起」（『学校法人総持学園創立八〇周年記念　和歌と物語――鶴見大学図書館蔵貴重書八〇選』（鶴見大学、二〇〇四年）。

（2）鶴見大学文学部日本文学科研究室編『契沖筆　古今和歌集』（鶴見大学、一九八六年）。

（3）吉田四郎右衛門の出版活動とその意義については、拙稿「六位の書肆吉田四郎右衛門――出版活動の実態と古学の伝播に果たした役割」（『近世文藝』一〇二号、二〇一五年七月）を参照されたい。

（4）鈴木淳「小沢蘆庵と契沖歌学」（『江戸和学論考』ひつじ書房、一九九七年）。

（5）上田由紀美「ネットで愉しむ和本の魅力（一八）」（『日本古書通信』一〇二三号、二〇一四年十月）。

（6）田口暢之・新沢典子『第一五七回貴重書展（日本文学科共催）源氏物語の古注釈』（展示図録、鶴見大学図書館、二〇二三年）。

（7）加藤弓枝・神林尚子・田口暢之・松本文子『第一五二回貴重書展　江戸の出版と写本の文化』（日本近世文学会大会開催記念展示図録、鶴見大学図書館、二〇一九年）。

新古今和歌集
——鎌倉期写の残欠本

田口暢之
TAGUCHI Nobuyuki

鶴見大学文学部准教授。専門は院政期から新古今時代の和歌、とくに物語との関係性。論文に「二十八品歌の詠法——本歌取り作を中心に」（中世文学63、中世文学会、二〇一八年六月）、「歌合における物語摂取——後鳥羽院歌壇を中心に」（日本文学研究ジャーナル12 平安・鎌倉の歌合、古典ライブラリー、二〇一九年十二月）、「特殊な沓冠歌——源俊頼と順徳院を中心に」（和歌文学研究126、和歌文学会、二〇二三年六月）などがある。

鶴見大学図書館には八代集の写本や版本が多数所蔵されているが、とくに『新古今集』は写本三十本、版本五本、断簡五十以上を数え、コレクションとして充実している。主要なものは過去の図録類で紹介されたので、ここでは近年収蔵されたものの中から、古写本二種（伝源実朝筆本と伝後京極良経筆本）を取り上げる。(1)

はじめに

『新古今集』は後鳥羽院の命により、源通具、藤原有家・定家・家隆・雅経、寂蓮（完成前に没）が撰者となった八番目の勅撰集である。編纂の過程を確認しておく。(2) 各撰者による撰歌の後、院による精撰は三度にも及び、その部類を経て、元久二年（一二〇五）に竟宴が開かれた。しかし、その後も「切継」と呼ばれる改訂作業が承元三〜四年（一二〇九〜一〇）まで続いた。現存諸本のほとんどはこの時期の本文を伝えており、切継の段階に応じて所収歌が相違する。また、伝本によっては各歌頭に撰者名注記（その歌を撰んだ撰者の名の注記）があり、これのない歌は後鳥羽院撰と見られる。さらに承久の変の後、後鳥羽院は隠岐で約四百首を切り出した。冷泉家には隠岐本の上巻が伝わっている。(3) 一方、切継時代の本の中にも隠岐で削除された歌または削除されなかった歌に合点などが付されているものがあり、隠岐本の全容を窺い得る。

『新古今集』は他の勅撰集に比べて古写本に恵まれている。もっとも残欠本の場合も多いが、たとえば「奥書などによって書写年が明らかにできる」「伝本のうち最古の写本」(4)である冷泉家時雨亭文庫蔵の文永本は文永十一〜二年（一二七四〜五）の書写で、竟宴からわずか七十年しか経っていない。しかし、『新古今集』の複雑な成立過程を反映してか、鎌倉期まで遡る古写本同士でさえ、本文・撰者名注記・隠岐本符号などに少なからぬ異同があり、諸本の位置付けは容易でない。ここに取り上げる二本も、それぞれ独自の特徴を持つ。

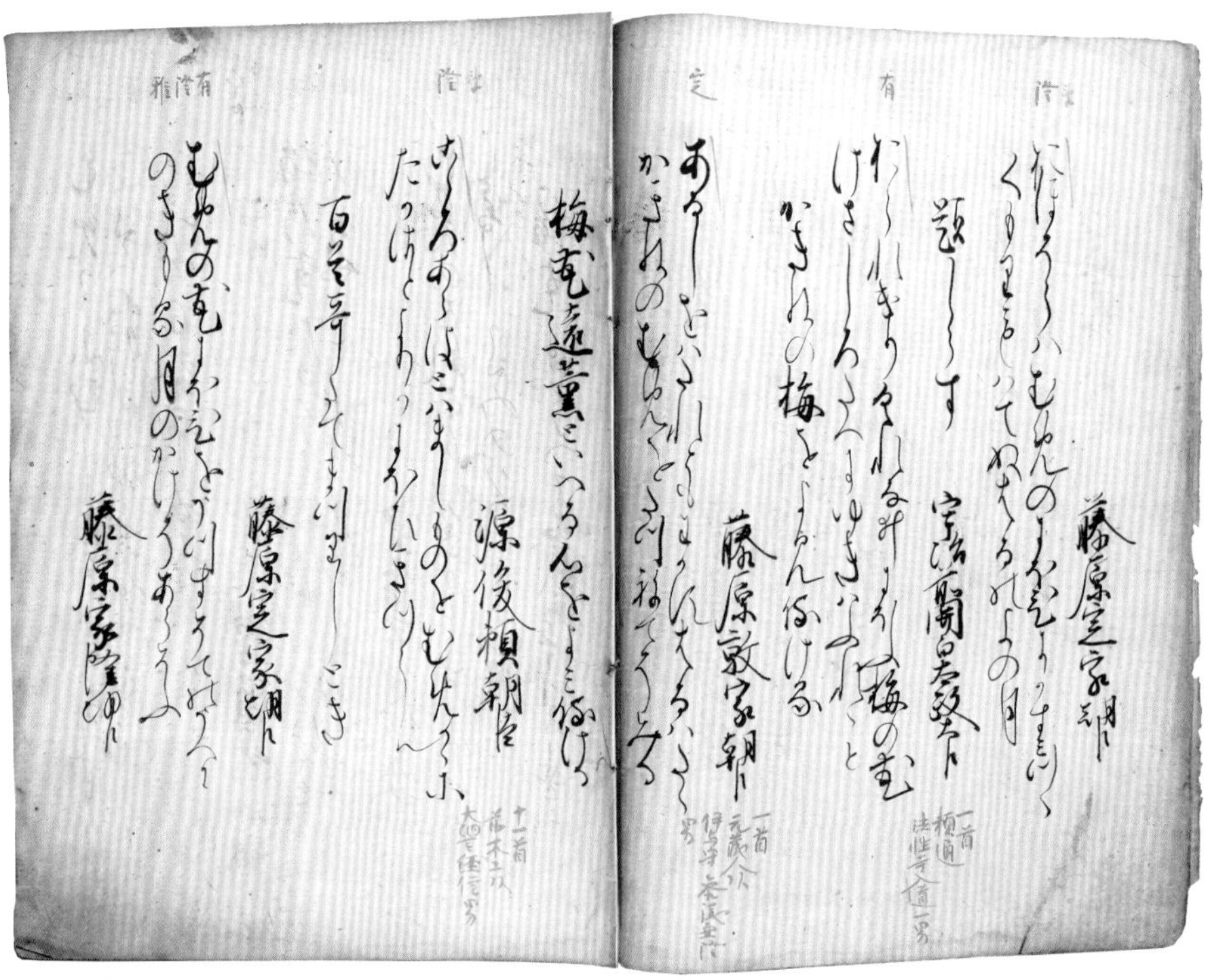

[図01]…『新古今集』伝源実朝筆本

一、伝源実朝筆本

二重箱の内箱の蓋の表に「鎌倉右大臣實朝真跡／新古今集／西邨（印）」と墨書され、源実朝が伝称筆者となっている。実際には鎌倉中期の書写か。表紙や外題はなく、綴葉装の十一括分（真名序・仮名序・本文の順に書写された巻上のみ）が伝存する。(5)所収歌は『新編国歌大観』（底本は京都女子大学図書館蔵寿本）と同じで、(6)切継完了後の最終的な本文と見られる。全体にわたり、本文別筆の撰者名注記・隠岐本符号・作者に関する勘物が朱で記される。

まず本文に関する特徴を述べる。巻七賀部の末尾は諸本間で配列や詞書が大きく異なっている。該本では七五五・七五四の歌順で、七五五詞書「建久九年大嘗会悠紀歌」を「元暦元年大嘗会主基歌」、七五四詞書「寿永元年」を「同」（前歌の「元暦元年」を受ける）と誤る。しかし、これらは國學院大學図書館蔵の伝源親行筆本と共通しており、(7)単なる誤謬とは言いがたい。(8)というのも、國學院本は貞応二年（一二二三）に親行が『新古今集』八本を対校して「相違」を書き出し、撰者の一人であった定家に是非を判断してもらった旨の奥書を持つからである。つまり、奥書のとおりならば右の歌順と詞書を定家が是としたことになり、該本も『新古今集』成立時に近い本文を伝えている可能性が生じる。

次に撰者名注記を検討する。該本には一枚の紙片が挟まれており、「〽躬恒／〈衛〉〽なみの《被出之》うへにほのにみえつゝゆく舟はうら吹風のしるべなりけり」（羇旅・一九八九）と本文別筆（朱の書入れと同筆か）で墨書されている。これは切り出された歌で、撰者名注記を持つ伝本の中では後藤重郎氏蔵本（後乙）にしか見えず、撰者名ナシ（後鳥羽院撰を思わせる注）であった。(9)しかし、この紙片により「衛」すなわち通具撰の可能性も浮上したわけである。

そもそも通具の撰者名注記には問題が多い。最大の不審は撰者全員の注記をもつ伝本群（A）と通具の注記のみをほとんど欠く伝本群（B）に大別される点であろう。これは通具が撰者の中で唯一の公卿であったために特別扱いされ、その注記だけが後から書き足された結果と推測されている。(10)一方、転写の過程で増補される場合もあったようで、該本では通常の注記が歌の一行目の真上から書かれるのに対し、「衛」のみはやや右にずれている（画像参照。右から一首目と四首目に「衛」

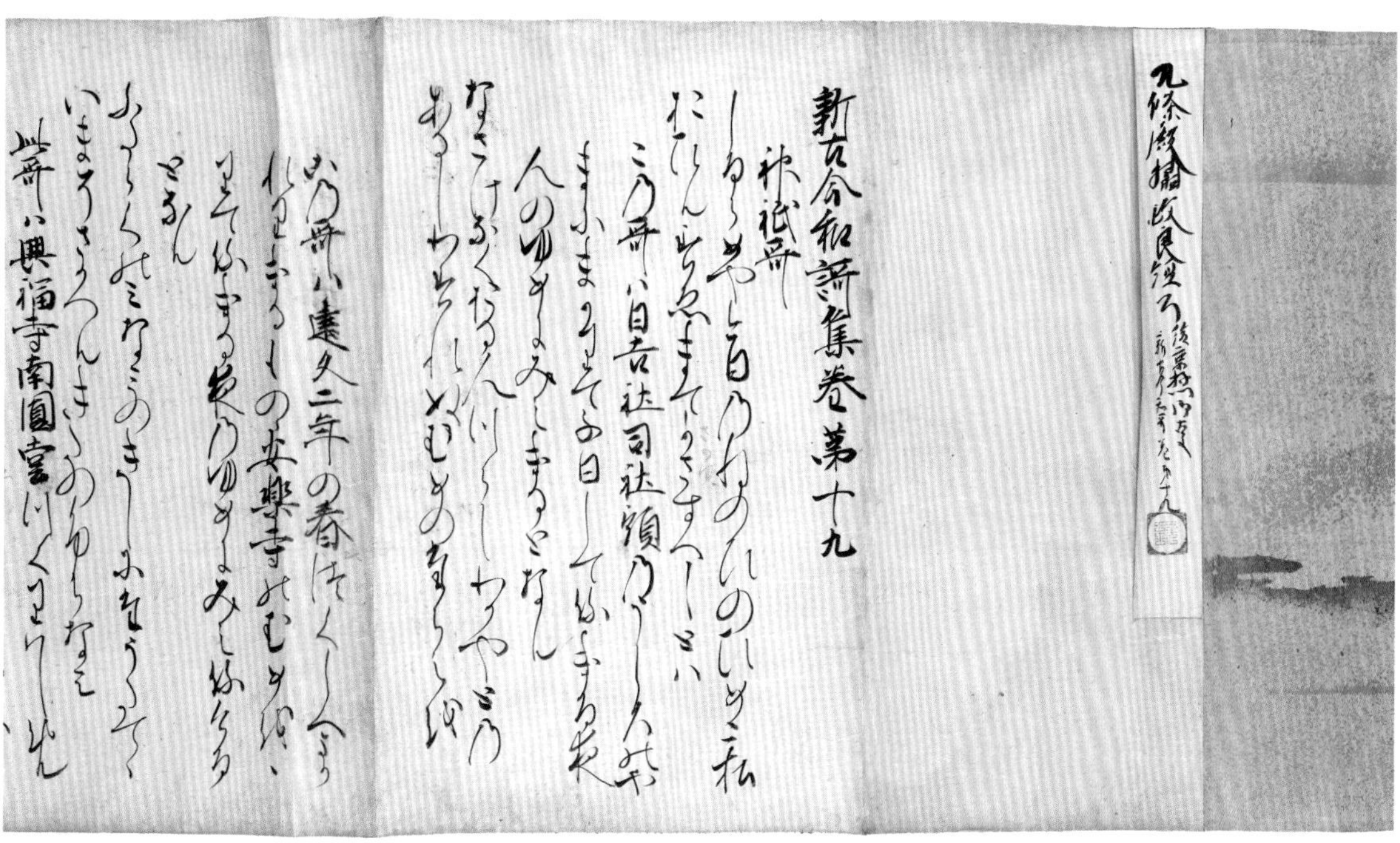

［図02］…『新古今集』伝後京極良経筆本

の撰者名注記が付されている)。これは「衛」を記す際、すでに歌の真上に他の撰者名が記されていたからであろう。また「衛」の朱の色だけが他より薄い点も後補を思わせる。したがって、該本は元来B群に属すと思われ、現にその本文や注記とよく一致する。しかし、独自の異同もいくつか見られる。たとえば「誰かまた花橘に思ひ出でん我も昔の人となりなば」(夏・二三八・俊成)の著名歌の撰者名注記はA群が通具のみ、B群がナシで安定しているが、該本は五人全員の名を記している。直前の撰者名注記は四人、直後は三人でほぼ安定しているため、目移りによる誤写とも考えにくいであろう。

最後に隠岐本符号を見る。該本では隠岐本の所収歌に朱合点が付けられているが、これは文永本などと同様の方式であり、除棄歌に合点を付けるよりも古い形態と見られる。該本の隠岐本符号と完全に一致する伝本は見出せない。[11] 独自の特徴としては、合点のある歌の一部に「院御本、此歌被レ出レ之」、合点のない歌の一部に「院御本、此歌不レ被レ出レ之」と記されている点が挙げられる。「院御本」と校合した結果、所収歌に相違があったという注であるが、「院御本」は未詳で、その合点の付載状況と完全に一致する伝本も見当たらない。

二、伝後京極良経筆本

一九四一年に『新古今集』巻十六(雑上)の古写本が古筆了信により後京極良経筆と極められ、「桂切」と命名されて分割された。実際には鎌倉中期の書写と見られるが、[12] 特異な本文が散見する。『古筆学大成10』に紹介される九葉のうち、図版98・99の各一葉、および図版102に続く同書未収の一葉が本学図書館に所蔵されている。[13] また、切断された巻十六とは別に、宮内庁書陵部蔵(五〇三・二三〇)の巻十八(雑下)、[14] 本学図書館蔵の巻十九(神祇)が一巻ずつ現存する。ここでは神祇部全体が把握できる巻十九を取り上げる。[15]

所収歌は国立歴史民俗博物館蔵伝藤原為相筆本と同じである。これは承元三年(一二〇九)の定家書写本をつぶさに書写・校合した旨の奥書をもつ。一九九四番の切出歌を含み、伝為相筆本には切出を示す庵点があるが、該本にはない。

本文はやはり特異な場合がある。たとえば巻頭歌「知るらめや今日の子の日の姫小松おひむ末までかざす《さかゆ（朱）》べしとは」(一八五二)の五句は傍記「さかゆべしとは」が一般的である。[16] また「榊葉にそのゆふかひはなけれども神に心をかくるとをしれ《けぬまぞなき(朱)》」（一八八七）の五句も傍記「かけぬまぞなき」が通行の本文である。いずれも字形の類似による誤写とは想定しにくく、鎌倉中期における異文として注意される。一方、「君をいのる心の色を人とはばただすの宮《かみ(朱)》の苔《あけ(朱)》の玉垣」（一八九二）は、三句は本行本文の「宮」が、五句は傍記の「あけ」が通行の本文であり、本行本文が常に特異とは限らない例である。したがって、桂切の本文だけでなく、桂切が校合に用いた本文の性格もあわせて精査する必要があろう。

　また、延喜六年（九〇六）日本紀竟宴和歌三首（一八六五〜七）は歌題・作者・和歌の組み合わせに異同があることで知られている。該本は神武天皇を題とする一首目に玉依姫を詠み、玉依姫を題とする三首目に神武天皇を詠む。古写本の中にも同様の誤謬は多く見られ、従来から編纂時の錯誤かと疑われていた。特殊な異文が目立つ桂切も、この部分は他の古写本と同様であることが確認できる。

＊断らない限り和歌の引用と歌番号は『新編国歌大観』により、表記は私に改めた。

注

（1）第一五八回貴重書展「中世の歌業——勅撰集、実朝、百人一首」解題（田口担当）と一部重複する。

（2）以下、後藤重郎『新古今和歌集の基礎的研究』（塙書房、一九六八年）、同『新古今和歌集研究』（風間書房、二〇〇四年）等参照。

（3）『冷泉家時雨亭叢書12』に影印が収められ、宮内庁書陵部に転写本（一五四・一二二）がある。

（4）『冷泉家時雨亭叢書5』解題（島津忠夫・赤瀬信吾氏担当）参照。

（5）書誌を記す。登録番号、1410820。縦二三・〇糎×横一五・五糎。見返し（後のみ存）、銀泥で山を描き銀切箔や野毛を散らした布目金紙。内題、「新古今和詞集序（〜巻第九）」（巻十は内題の部分が欠）。料紙、斐紙。毎半葉、両序は七行、本文は十一〜十四行。和歌二行（上句末で改行。詞書は約二字下げ）。字高、両序は約一六・三糎、本文は約一六・五糎。奥書なし。蔵書印なし。

（6）落丁により、一詞書〜十一作者、一二九九詞書〜三〇五上句、五三五詞書〜五四五詞書、八二九詞書〜八三五下句、八九五上句〜九八四作者を欠く。

（7）同館デジタルライブラリー（https://opac.kokugakuin.ac.jp/digital/menus/index04.html）に画像と解説が公開されている。

（8）前掲『新古今和歌集の基礎的研究』第六章第二節参照。

（9）以下、撰者名注記は前掲『新古今和歌集研究』所収「撰者名注記一覧表」参照。

（10）前掲『新古今和歌集研究』第一章第四節参照。

（11）以下、前掲『新古今和歌集研究』所収「隠岐本符号一覧表」参照。

（12）以上、『古筆学大成10』解説参照。

（13）順に登録番号1437511（第九十回貴重書ミニ展示「新古今和歌集の古筆切」解題（田口担当）参照）、1434857・1339529（前掲第一五八回貴重書展解題参照）。

（14）第一三八回貴重書展「収書の真髄——勅撰集に関する古典籍・古筆切を中心に」解題（久保木秀夫氏担当）参照。

（15）書誌を記す。登録番号、1370854。縦二四・五糎×横四七四糎。綴葉装（半葉の横は約一五・〇糎）から改装した巻子装。三十一葉が継がれる。浮線綾散らし裂表紙。見返し、金霞引き。外題なし。内題、「新古今和詞集巻第十九」、改行二字下げで「神祇哥」。料紙、斐紙。毎半葉九行、和歌二行（上句末で改行。詞書・左注ともに二字下げ）。字高、約二一・三糎。良経筆とする朝倉道順による極札が本文冒頭の余白に糊付けされる。

（16）以下、久保田淳『新古今和歌集全注釈』（角川学芸出版、二〇一一〜一二年）参照。前掲伝為相筆本を底本とし、主要八本（二本は巻十九を欠き、実質的には六本）の校異を示す。

石澤一志……ISHIZAWA Kazushi

十三代集とその周辺
——「写字台」旧蔵本と尊円筆『風雅和歌集』

『古今集』から『新古今集』までの『八代集』に続く『十三代集』。『新勅撰集』から『新続古今集』までの十三の勅撰和歌集は、あまり知られてはいないだろう。しかしこれらの作品にも、その伝来にまつわる様々なドラマがある。鶴見大学図書館の蔵書から、「写字台」旧蔵の『十三代集』と、『風雅和歌集』に関する資料の、いくつかを紹介する。

一、「われても末にあはむ」集たち

「十三代集」とは、全部で「二十一」を数える勅撰和歌集（天皇および上皇〈法皇〉の命令である「勅」によって行われた和歌の撰集）の中で、第一番目の『古今和歌集』から八番目に成立した『新古今和歌集』までの、いわゆる「八代集」に続くもので、九番目に成立した『新勅撰和歌集』から二十一番目に成立の『新続古今和歌集』までの勅撰和歌集を指して言う。以下、列挙すると、

⑨新勅撰和歌集
⑩続後撰和歌集
⑪続古今和歌集
⑫続拾遺和歌集
⑬新後撰和歌集
⑭玉葉和歌集
⑮続千載和歌集
⑯続後拾遺和歌集（以上、鎌倉時代成立）
⑰風雅和歌集
⑱新千載和歌集
⑲新拾遺和歌集
⑳新後拾遺和歌集（以上、南北朝期成立）
㉑新続古今和歌集（室町時代成立）

の十三集が知られている。

また文学史的にはこの他に、第六番目の勅撰集『詞花和歌集』の後に編まれたものの、勅を下す予定であった二条天皇が急逝したことにより幻の勅撰集となった『続詞花和歌集』（藤原清輔撰）や「准勅撰」と呼ばれる『新葉和歌集』（宗良親王撰、南朝・吉野で成立）があり、和歌ではなく連

鶴見大学・明治大学他、非常勤講師。専門は中世文学・和歌文学。主な著書に『京極為兼』（笠間書院、二〇一二年）、『風雅和歌集　校本と研究』（勉誠出版、二〇一五年）、『新後撰和歌集』（久保田淳・小山順子と共著、明治書院、二〇二三年）などがある。

『新古今集』表紙

歌の撰集ではあるが、同じく「准勅撰」とされる『菟玖波集』（二条良基撰）などもある。

これらには、それぞれの作品単独の伝本もあるが、本来は『二十一代集』（「十三代集」を含む）のまとまりとして写されたものが室町時代後期以降、江戸時代には多数見られる。鶴見大学の蔵書中にも『二十一代集』として書写され、それが纏まって伝来しているものもあれば、残念ながら纏まっていたものが欠脱し、そのいくつかのみが伝来しているものもある。さらにそれらが後に離ればなれになって、個々に伝来したとおぼしき事例も少なくない。

『新続古今集』表紙

そんな中、一度は散り散りになってしまったものが鶴見で再び相見え、少しづつ集まってきて、ある程度の纏まりを見せるという、『南総里見八犬伝』を彷彿とさせるようなものがある。

「写字台」印影

『二十一代集』の掉尾を飾る『新続古今和歌集』の一本が、最初に鶴見に所蔵されることになった時、稿者は大学院生であったが、某古典籍下見の会場で本をあれこれ見ていたところ、捺された蔵書印を見るやいなや、高田信敬氏が発した「『写字台』だ。これ、すごい本ですよ」という言葉の真意がつかめなかった。すぐにこれが西本願寺の旧蔵であることを教わったが、この時すでに、この『二十一代集』は散佚の憂き目に遭っていた。この時『新拾遺和歌集』を始め、いくつかの本が同時に陳列されていたことを記憶している。

それらはすべて、丁子吹に金銀泥で縦に直線を数本引いた装飾料紙の表紙に、藍の雲紙に金泥で草木下絵を描いた料紙を用いた題簽を左肩に押し、飛鳥井雅章（一六一一〜一六七九）と思われる筆跡で書名を墨書するという体裁であり、個々の見返しに「写字台／之蔵書」の朱陽刻小判印を捺し、さらに「楽以軒／珍襲」の朱陽刻長方印と朱陽刻の丸印が見られた。これは本来、一具の『十三代集』あるいは『二十一代集』の写本群であり、それがまさに散佚しようとしているのを目の当たりにしたのである。それらをすべて購入できればそれに越したことはないが、それは難しく、それでも飛鳥井雅世が撰者となった『新続古今和歌集』を、その子孫である飛鳥井雅章が関わって書写したと思われる一本が、首尾よく鶴見に所蔵されることになったのは、実に喜ばしいことであった。

　ところがその後、この一度は散佚した『十三代集』は、一本、一本また一本と、鶴見に集まってくることになり、現時点で『新勅撰集』『続古今集』『続拾遺集』『新後撰集』『玉葉集』『続後拾遺集』『新千載集』『新続古今集』の八集が、鶴見大学図書館に所蔵されている。逆に言うと『続後撰集』『続千載集』『風雅集』『新拾遺集』『新後拾遺集』の五集が未所蔵であるのだが、実は『風雅和歌集』は久保田淳氏から譲られて稿者の手許にあり、もう一点所蔵が判明している集もあって、そのほとんどが再び鶴見に集うことになるかもしれない。さらに、鶴見には同一の装訂かつ書誌的な特徴も共通する『新古今和歌集』も所蔵され、これでこれらの写本は『二十一代集』であったことも判明した。また、この『二十一代集』と、装訂および内容的にほぼ同一の『二十一代集』が宮内庁書陵部に所蔵されていることが明らかとなっている。さらに、より簡素な装訂ながら同じように『二十一代集』を書写したものの残巻が明治大学図書館蔵毛利家旧蔵本の中に見出される。

　一度散佚したこれら「写字台」旧蔵の『二十一代集』すべてが、鶴見において再び一堂に会することまでは、さすがに困難ではあろうが、それでも心にかけ続けていれば「資料は向こうから歩いてくる」との先人の言もある。密かにその奇跡を期待せずにはいられない。

二、尊円が書写した『風雅和歌集』

　鶴見大学図書館には、これら『十三代集』およびそれに関連する資料が多数所蔵されている。蔵書検索システム（OPAC）により調べるとそれらは列挙されるが、個別に見ると『新勅撰和歌集』の伝本は十点近く見出される。古くは鎌倉時代後期から南北朝・室町時代の後期に書写された写本の数々は、これまでにも貴重書展でたびたび紹介されてきたものであるが、酒井茂幸氏に「『新勅撰和歌集』伝本考――撰進過程と諸本の本文」（『国語国文』八二―二、二〇一三年二月）があり、これらの中で紹介・検討されている。

　続く十番目の『続後撰和歌集』や十一番目の『続古今和歌集』についても、室町時代後半から江戸時代前期にかけて書写された伝本が複数所蔵され、十二番目の『続拾遺和歌集』や十三番目の『新後撰和歌集』に関してもかなりの数の伝本が所蔵されている。特に『新後撰和歌集』については、久保田淳・小山順子氏と共に稿者も校注者に名を連ねた明治書院の『新後撰和歌集』（和歌文学大系八・明治書院、二〇二三年）の中で、諸本解説を執筆する際に改めて図書館の蔵本を調査した際、こんなにも多くの伝本が所蔵されているということに、少しく驚かされた。『玉葉和歌集』や『続千載和歌集』も、断簡・残巻ではあるが、室町時代中期に遡るものが所蔵されているし、『新千載和歌集』の貴重な一伝本が蔵されていたりもする。その他の『十三代集』それぞれの古筆切についても、かなりの分量が、軸装・手鑑・台紙貼・マクリ（未表装）で所蔵されている。

　これらの中で、特筆されるべきものとしては、第十七番目に成立した『風雅和歌集』の竟宴本（完成披露の会に供された本）が挙げられるであろう。現在、鶴見大学には、古筆切三葉（台紙貼二葉・手鑑所収一葉）、真名序の一巻、春上の残巻一巻の、計五点が所蔵されている。これは『風雅和歌集』の清書を行った青蓮院門跡・尊円入道親王（以下、尊円と略称）の筆跡によるものと考えてよく、春上の残巻には、竟宴が貞和三年十一月九日に行われた旨を記す尊円自筆の識語も付されていて、これらがどのような事情で書写されたものであるのかが判明し、『風雅和歌集』の成立過程の、特に竟宴最終段階の一端を示す貴重な資料となってい

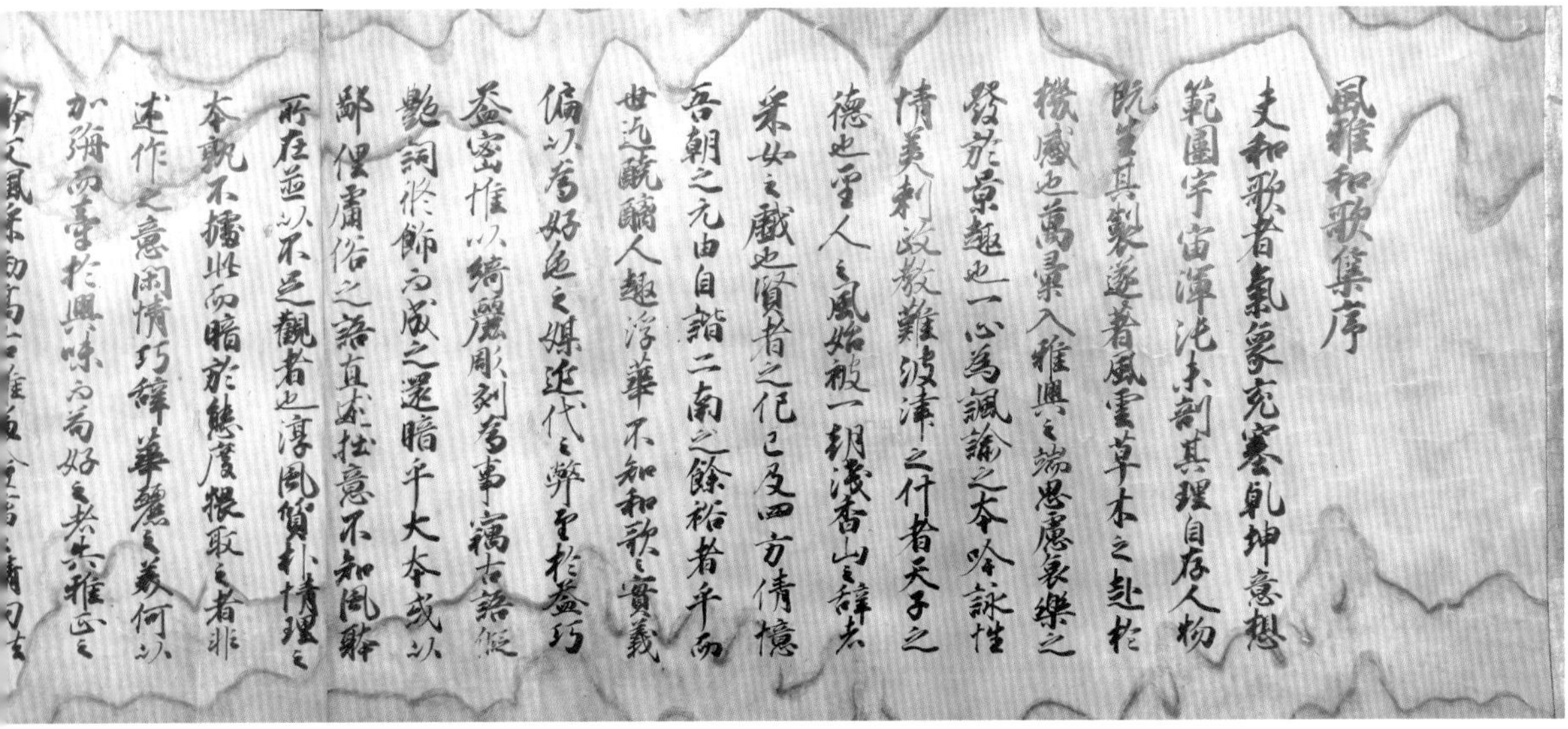

る。また、これらの装訂は巻子装で、勅撰和歌集の完成形態を今に示す。その意味でも非常に重要なものであると言えよう。

なお、真名序および春上の残巻の二点は、久曾神昇氏の旧蔵として夙に知られたものである。それが巷間に出た時、京極派和歌研究で知られる岩佐美代子氏が鶴見に在職中であり、図書館へ購入を希望されたが果たせず、一時期、他の所蔵先を経て、コロナ禍の直前に、縁あって鶴見の所蔵となったものである。

しかし岩佐氏はそのころ既に病床にあり、ついに実物を目にされることなくお亡くなりになった。写真は次田香澄氏により撮影されたものや貴重本刊行会『日本古典文学影印叢刊』に久保田淳氏の解説で全体が影印になっており御覧になったことはあった訳であるが、見事な藍の打曇の料紙に揮毫された尊円の筆跡を御覧になったら、いかにお喜びで、何と仰有ったであろうか。その機会を逸してしまったのは返す返すも無念であった。

『風雅和歌集』の真名序は、その完成までに幾度も尊円が書写していることが知られており、途中で書き損じてしまったものを書き継いで、いつも墨擦りをしてくれる「瑚子丸」なる者（稚児であろう）に与えた旨の識語が記されている、秋田三春家旧蔵・東北大学附属図書館蔵の一本があり、またそれとは別種の古筆切が、二葉存在している事実もある。この古筆切が一体どのような素性の

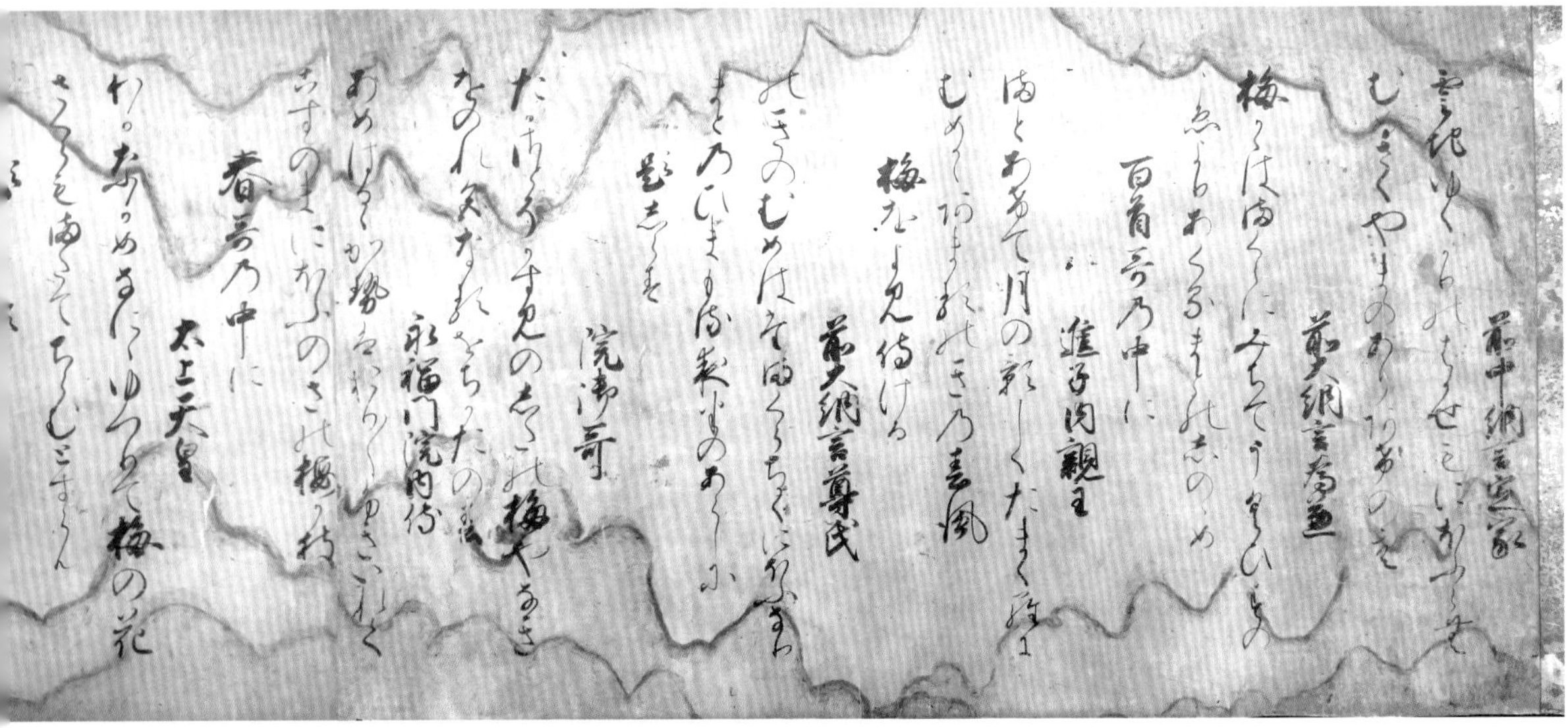

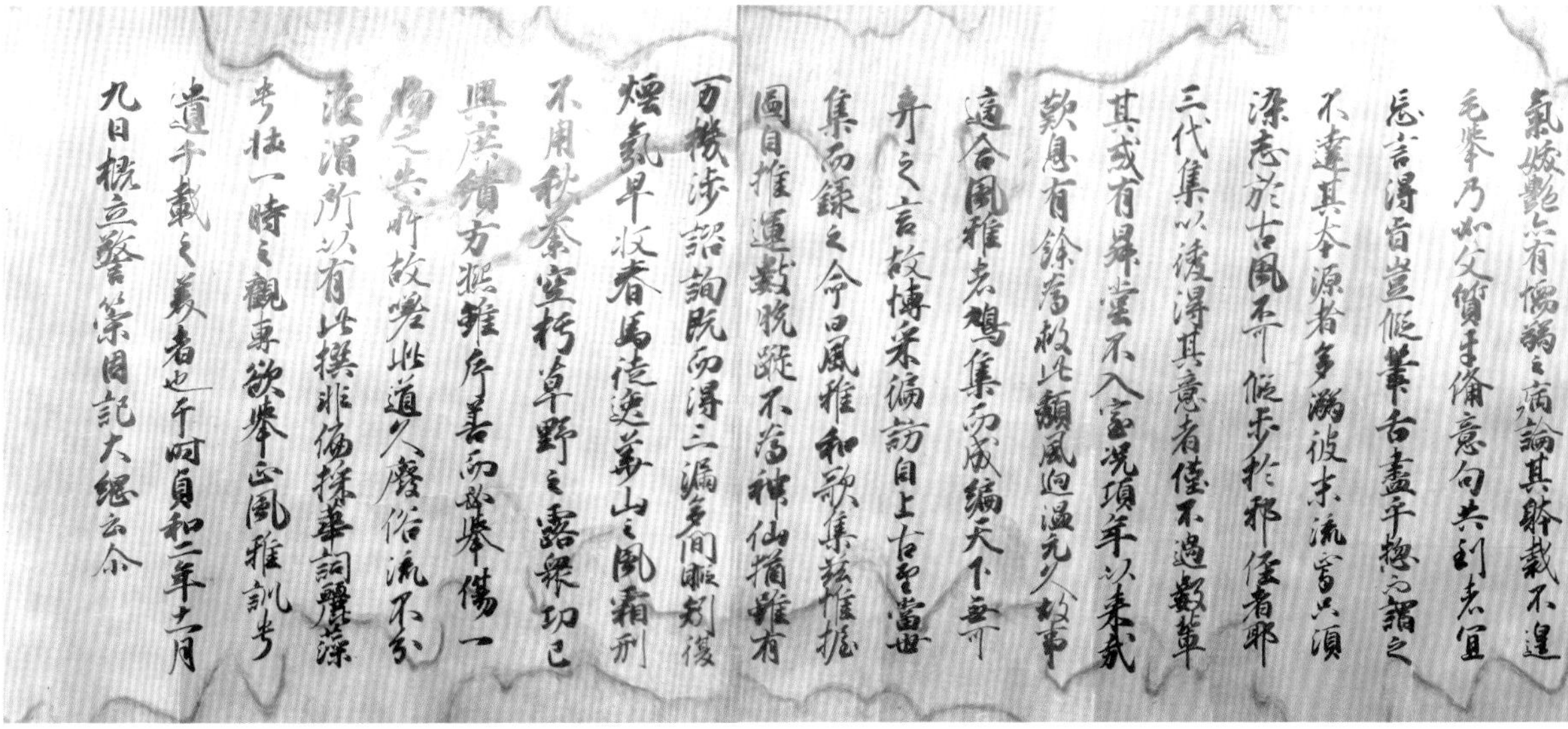

ものであるのかについては、別稿で考えたことがあったのだが、近時、この古筆切となった『風雅和歌集』真名序の原態を示す資料が出現し、幸いにも鶴見大学の所蔵するところとなった。

それは江戸時代に出版された模刻で、紙縒綴の袋綴。楮紙の共紙表紙に「風雅和歌集　全」と外題を刷りで記す。そしてその内容は、一面四行に「真名序」と「仮名序」の全文があり、最後に尊円の識語が記されている。筆跡を比較すると、先に示した古筆切と同一であり、あまつさえ補入がある部分があり、これが完全に一致するので、この古筆切が断簡化される以前の、おそらくは巻子本として存在していた時に行われた模刻であることが判明する。そしてそこには「此集者　上皇御自撰也此序者／法皇之宸草也清書事依當／其撰愁染愚筆仍為書定字様」所令成此草也貞和二年十一月／一日記之／(花押)」の識語があり、これも尊円のものと認められる。

これによると『風雅和歌集』は上皇御自撰・光厳院の撰であり、その序文は法皇・花園院が草したものであることを記した上で、清書の撰に当たったため染筆したこと、その「字様」を書き定めるためにこの草を為したとある。つまりこれは、清書をするに際して行われた、下書きの草稿であったと判断される。

そして、先に示した巻一の竟宴本に付された識語の日付けと比すれば、その清書は貞和二年十

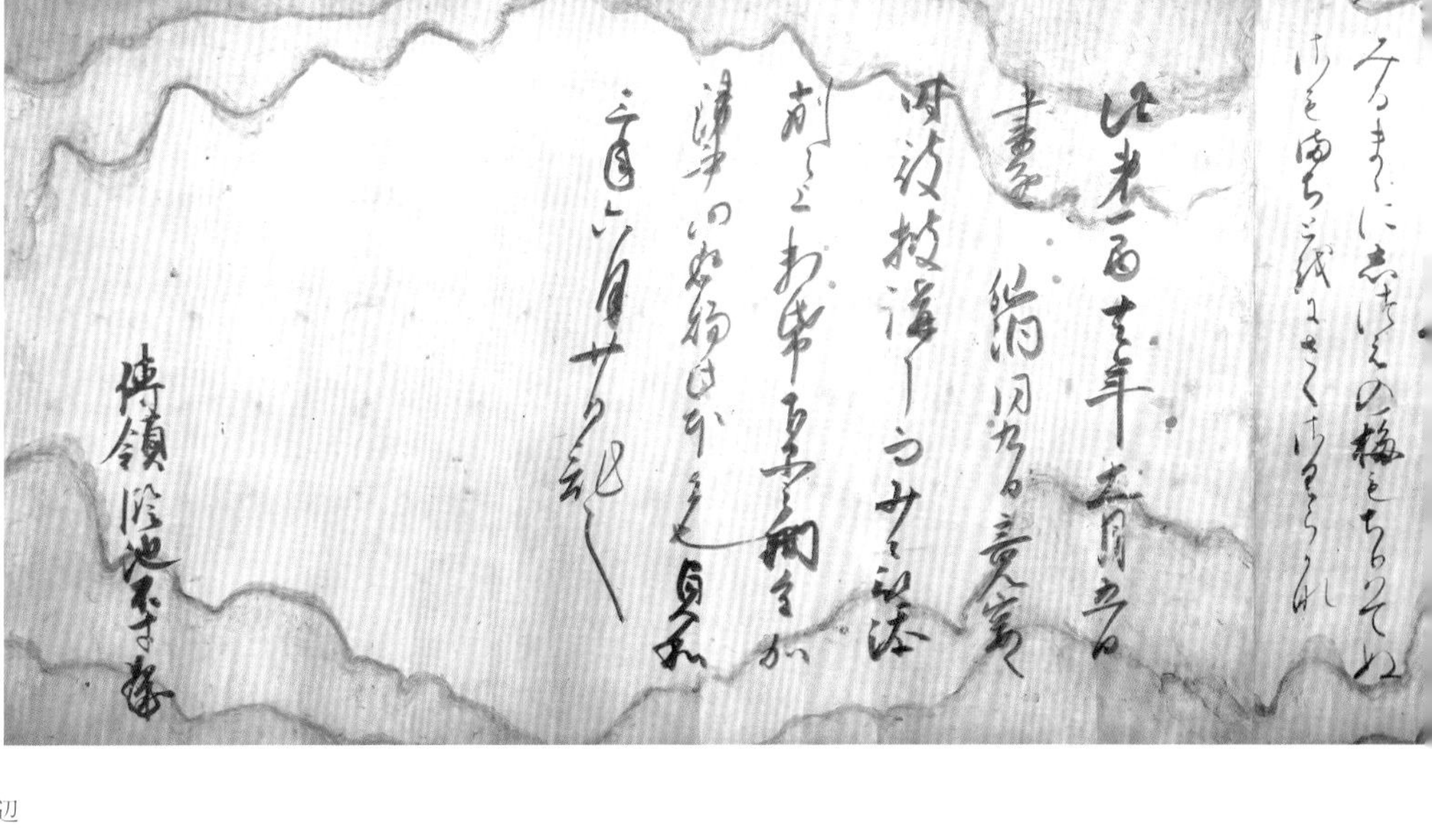

上段…尊円筆『風雅和歌集』真名序
下段…尊円筆『風雅和歌集』春上　識語

風雅和哥集　全

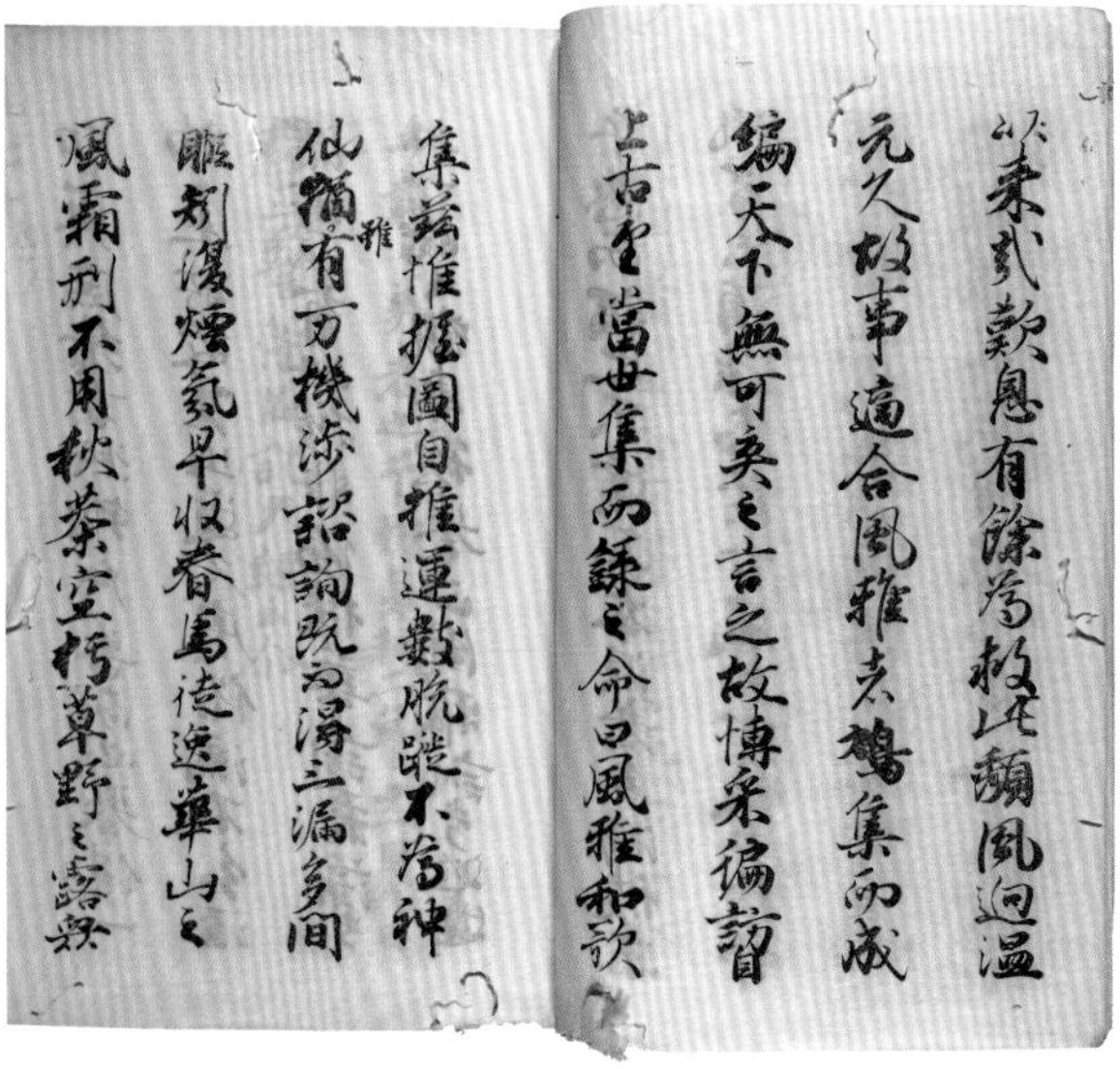

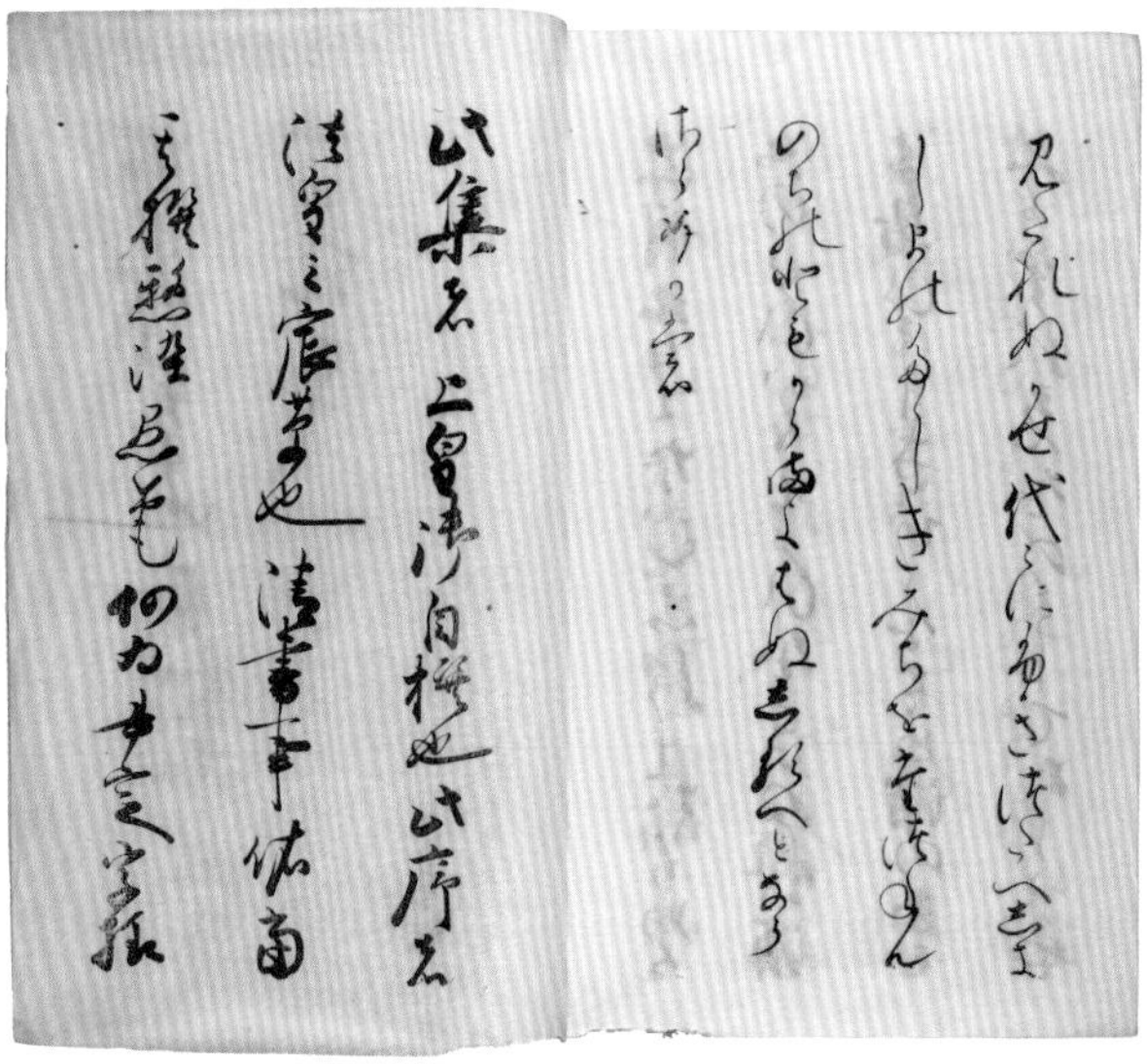

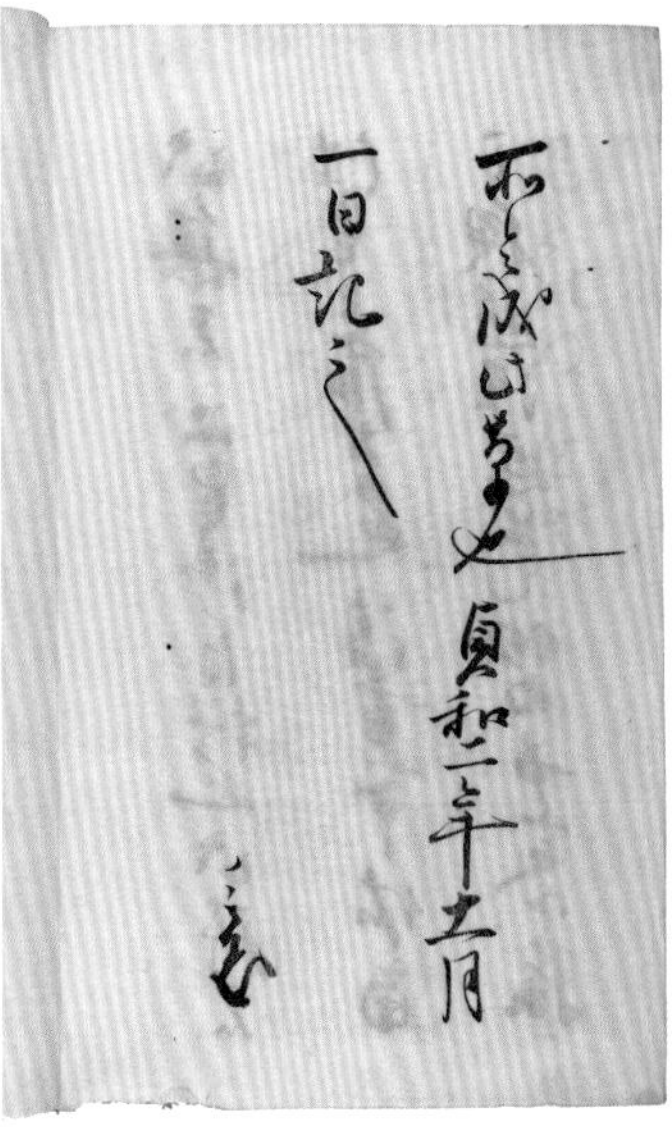

右上…『風雅集模刻』表紙
左上…『風雅集模刻』真名序
右下…『風雅集模刻』仮名序・識語
左下…『風雅集模刻』識語

一月一日から九日の間、実際には巻一が五日に進上されていることからすれば、そこまでに行われたであろうことが判明するのである。

この識語自体は、宮内庁書陵部蔵・吉田兼右筆『二十一代集』中の『風雅和歌集』の上冊末に記されており既に知られていた。しかし、尊円の自筆を模刻したと判断されるものに付されていることから、この識語の信頼度は各段に高まったと言える。

同時に、この「真名序」については知られていたものの、「仮名序」については、古筆切も含めて、尊円筆のそれはこれまで全く知られてこなかった。模刻とは言え、尊円筆の「仮名序」が姿を現したことは極めて重要なことと言わねばならない。

もしこれを岩佐美代子先生にお目にかけられたならば、どれほどお喜びになっただろうか。心よりその御冥福をお祈りすると共に、鶴見大学とその図書館が、いつまでも変わらず、学問上の重要かつ貴重な資料が集まり、新たな研究が発信される「場」として存在し、機能し続けることを、鶴見大学大学院文学研究科出身の人間として、強く祈念したい。

田口暢之……TAGUCHI Nobuyuki

御室撰歌合と千五百番歌合

鶴見大学図書館に所蔵されている歌合のうち、近年、収められた『御室撰歌合』一種と『千五百番歌合』三種を紹介する。『御室撰歌合』は平安末期の仁和寺や守覚法親王（一一五〇～一二〇二）の和歌活動を知るための重要資料である。『千五百番歌合』は後鳥羽院（一一八〇～一二三九）歌壇や新古今時代を代表する大規模な歌合である。

一、『御室撰歌合』

建久八年（一一九七）末に仁和寺の守覚法親王が藤原俊成・定家・家隆・有家、顕昭ら十七人に『御室五十首』を召し、正治二年（一二〇〇）からはそれに基づいた『御室撰歌合』の披講・評定が始まった。評定は六条家歌人が主導したが、判者俊成による合点をもつ伝本もあり、彼個人の評価も窺える。伝本は田村柳壹氏により十九本が調査された。[1] 熊本大学寄託永青文庫蔵本（一〇七・三六・七）は慶長五年（一六〇〇）に細川幽斎が禁裏本を書写したもので、『新編国歌大観』の底本となっている。

さて、本学図書館蔵本（「鶴見本」と略称）は冷泉為広（一四五〇～一五二六）を伝称筆者とする。[2] 真筆か断定しがたいが、室町後期の書写と見られ、永青文庫本より古い伝本と思われる。ただし、二十七番から三十番の左歌まで、四十九番から五十三番左の作者名までを欠く。伝為広筆本と言えば、神宮文庫本（三・九四三。「神内本」と略称）と刈谷市立中央図書館本（村上文庫・一六七一。「刈本」と略称）の奥書「右之一冊者、冷泉大納言為広卿以二真翰一令二書写・校合一畢／于レ時正保四（一六四七）〈丁／亥〉年仲秋日」との関連が注目されよう。この二本は田村氏が「他本とはやや異質の本文を有している」と指摘する。なお、青山歴史村本（三五五。「青本」と略称）も同じ奥書をもち、本文や合点は神内本に近いようであるが、独自の誤脱がやや目立つ。

では鶴見本はどうか。まず合点を比較する。合点の数には異同があり、刈本二十九首、神内本二十六首、青本二十五首に対し、鶴見本は三十四

御室撰歌合

、春枕冬雖

題　夏枕冬雖

御作

権中納言藤原隆房

右衛門権中将藤原兼宗

嚴宮司禰藤原季経

右京権大夫藤原隆信

権中将雅清

左近衛権少将藤原宣家

阿闍梨頼賢

阿闍梨東禅性

阿闍梨寛延

沙弥生蓮

入道尼大上藤原朝臣

中宮権大夫藤原光継

入道皇太后宮大夫藤原俊成

権中将天臨藤原有家

上総介藤原豪隆

沙弥寂蓮

判者

　入道自知右京大夫俊成
　　後日付進判詞

（右半）
左近衛権少将藤原宣家

上総介藤原豪隆

阿闍梨頼賢

阿闍梨東禅性

阿闍梨寛延

沙弥生蓮

判者

　入道自知右京大夫俊成
　　後日付進判詞

一番　春

左　　　　尼　勝

　御作

右

　　　入道尼大上

二番

左

右　勝

　　中宮権大夫藤原光継

三番

左

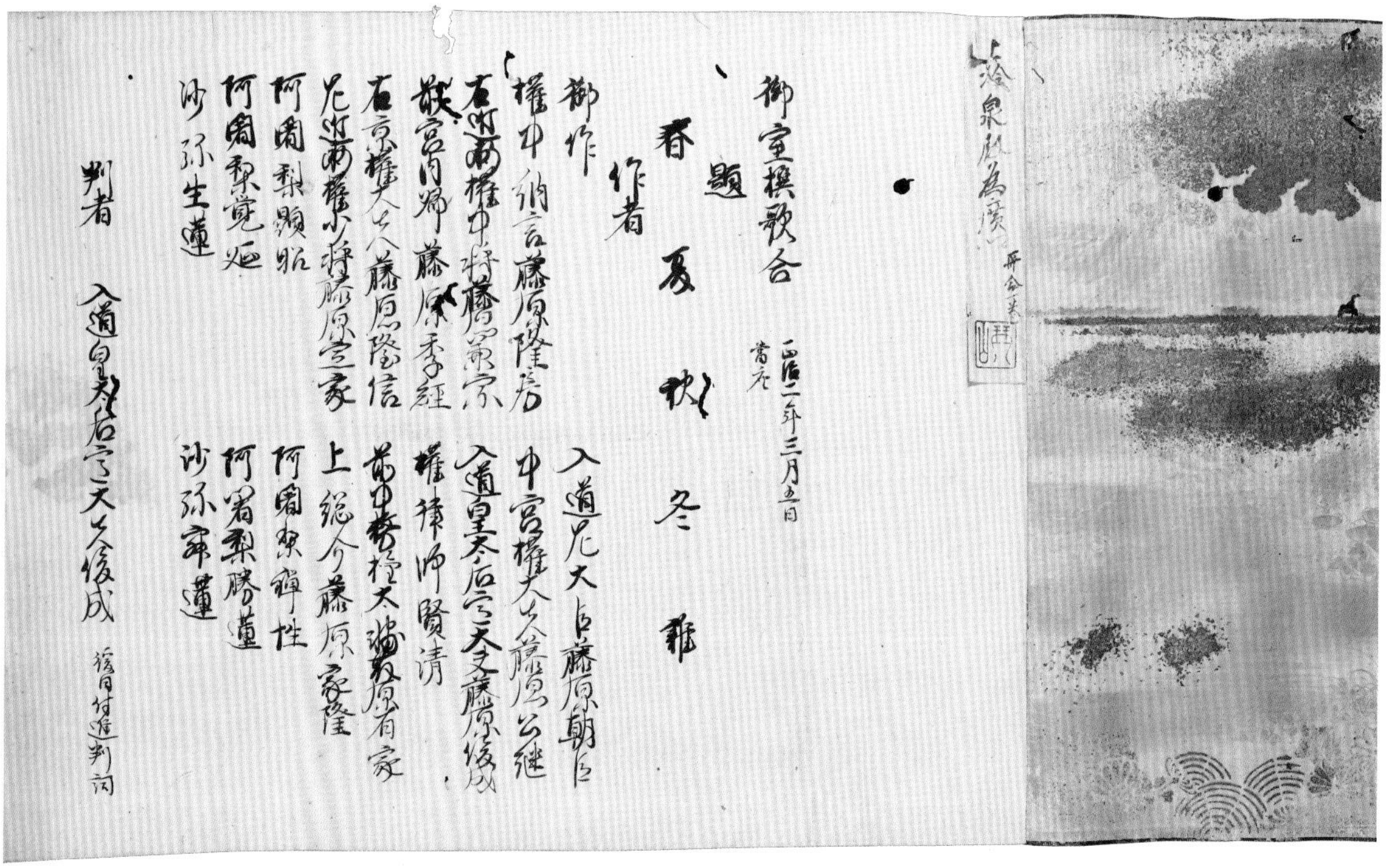

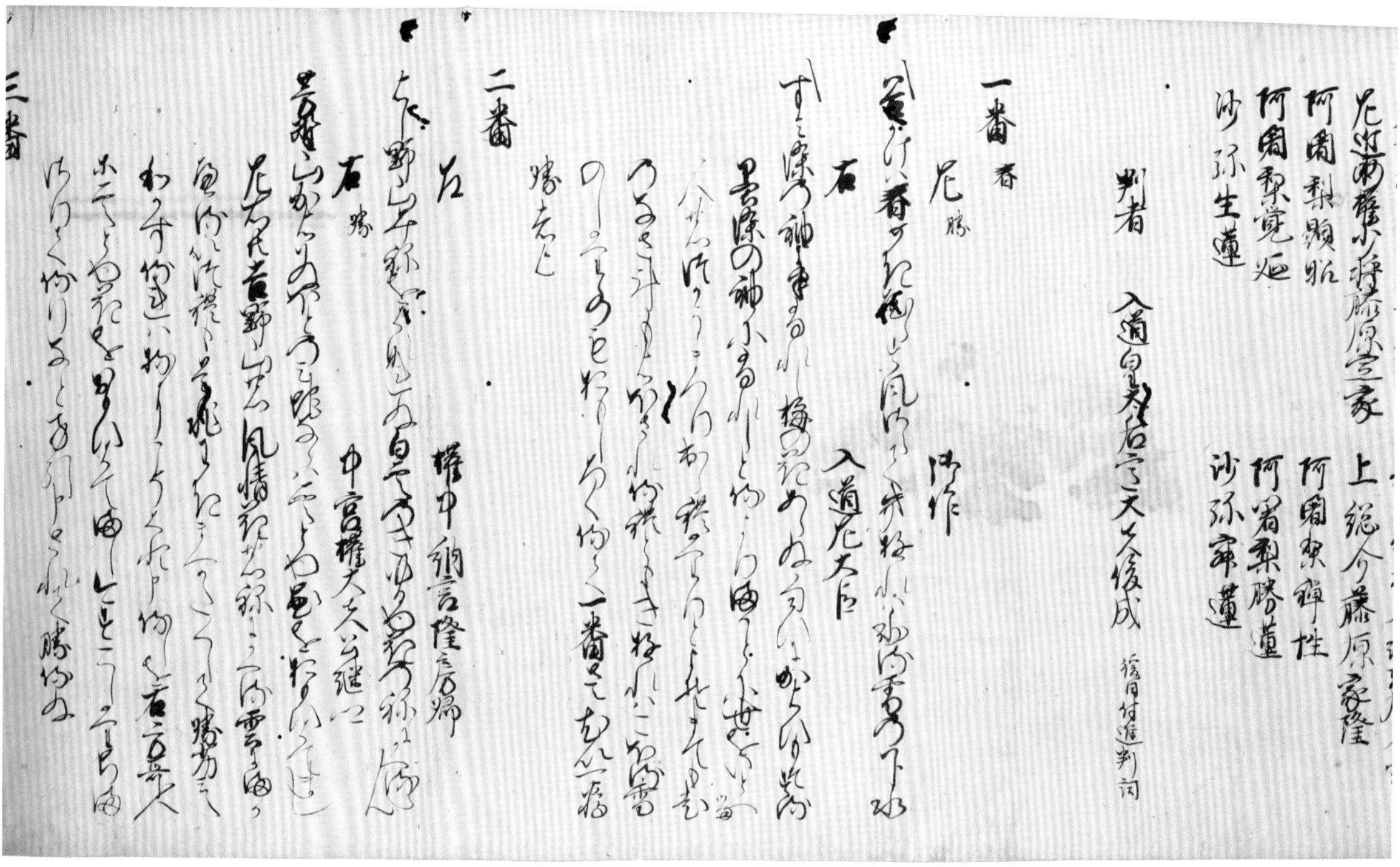

首と多い。鶴見本の脱落歌七首にも合点があった場合、俊成が巻末に記した「愚点四十六首　沙弥釈阿」にさらに近づくことになる。

次に本文について田村氏の挙げる主要な異同九つを調査すると、神内本と青本が（青本独自の誤写を無視すると）一致し、刈本は一箇所のみ相違する。一方、鶴見本は脱落を除いた全七つの異同のうち三つまでもが相違する。これはむしろ宝暦五年（一七五五）に「森氏之蔵書」を「本ノマ、ニ」写したという神宮文庫丁本（三・五三三三）にもっとも近い。

このように、鶴見本は神内本などとあまり密接な関係にはなく、為広にまつわる新たな伝本として今後精査していくべきであろう。

二、『千五百番歌合』

『千五百番歌合』は後鳥羽院の召した第三度百首に基づく歌合である。歌人は院自身をはじめ、御子左家、六条藤家、権門、桑門、女流など三十人に及び、判者も院以下十人が四季・祝・恋・雑の二十巻を二巻ずつ担当した。最終的な成立は建仁三年（一二〇三）ごろと見られる。伝本は有吉保『千五百番歌合の校本とその研究』（風間書房、一九六八年。『校本』と略称）によって整理された。南北朝期写の国立歴史民俗博物館（高松宮旧蔵）本が現存最古写本で、室町期に遡る完本としては東京大学国文学研究室本や京都大学附属図書館本がある。ほかに残欠本や古筆切も多数伝存するが、殊に本能寺切は後鳥羽院に奏覧された「原本」とも推測されている。[3]

ここでは本学図書館に所蔵される写本のうち完本三種を取り上げる。[4]一つ目は祐什すなわち中山宣親（一四五八〜一五一七）の本奥書をもつ。[5]各冊末尾に永正十年（一五一三）に曼殊院本を写し、禁裏本で校合した旨が記される。もっとも祐什真筆と見られる本も『校本』に紹介されているが、[6]残欠本である。該本は改行位置、漢字・仮名の別、仮名の字母、書風なども含め、真筆本を忠実に書写しているようで、その欠巻を補うのに適していよう。

本文にも優れた面がある。たとえば、春一、六十六番右の定家詠は「消《きえ》なくに又や都をうづむらん若菜つむ野にあは雪ぞふる」と記される（画像参照）。[7]しかし、自筆本『拾遺愚草』は二句「又やみ山を」[8]である。実際、「み山には松の雪だに消えなくに都は野辺の若菜つみけり」（古今集・春上・一九・読人不知）を本歌とし、春めいた都とまだ冬のような深山を

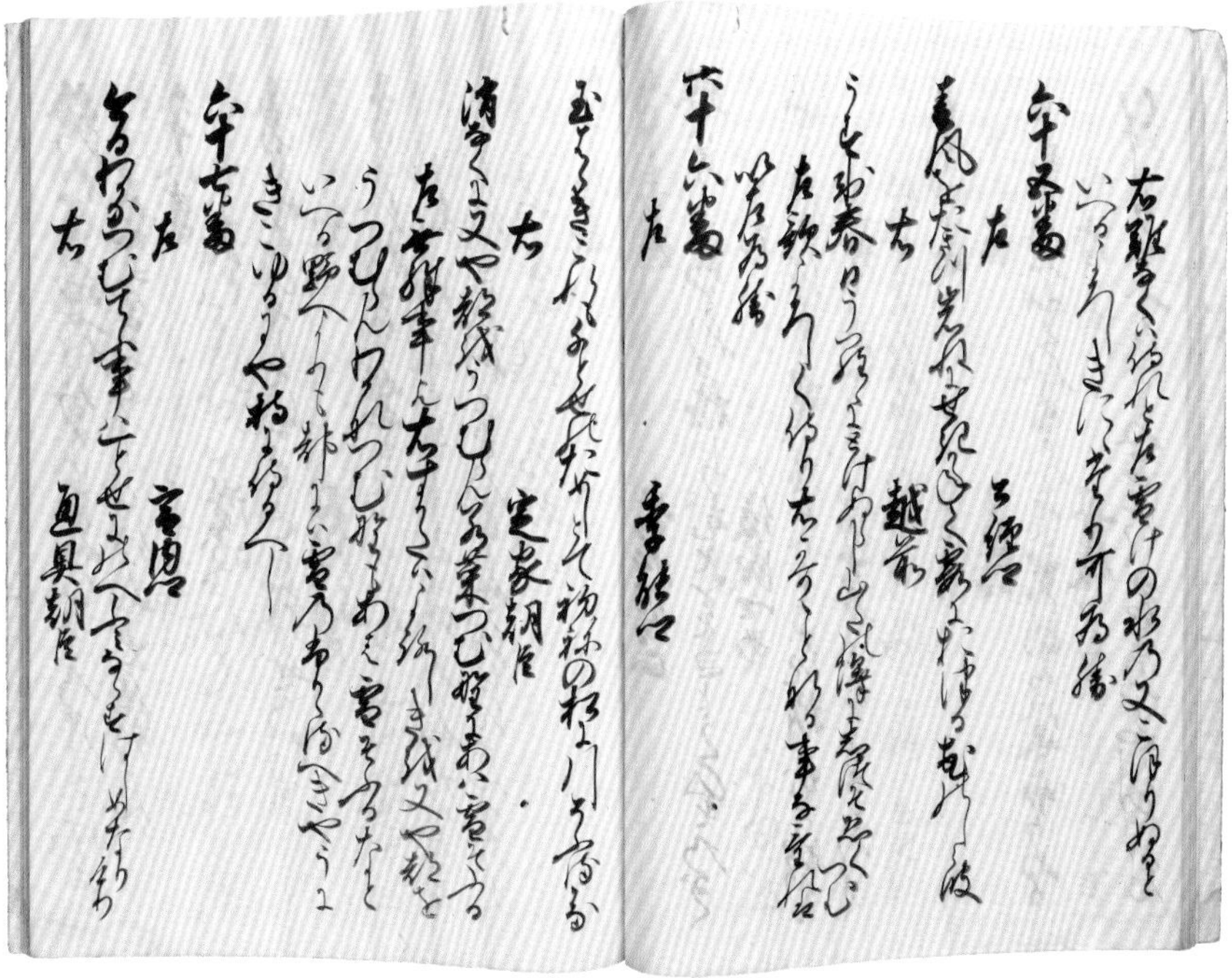

【図02】…『千五百番歌合』

対比するので、「都」が誤写であることは確実であろう。ところが、判詞では「又や都をうづむらんわかなつむ野もあは雪ぞふるなどいへる、野べよりも都には雪のふかかるべきやうにきこゆるにや」と記され、「都」と詠む点が難じられているのである。つまり、「都」の誤写は加判の時点で早くも生じていたことになる。ところが、ほとんどの伝本では歌または判詞所引の「都」が「深山」と意改されている。両方を「都」とするのは祐什筆本、その転写本である該本、そして名古屋大学附属図書館蔵伝里村玄俊筆本（911.18/G/1）しか見当たらない。

二つ目は『校本』に「久曾神昇氏蔵本（久b）」として紹介される伝本であるが、[9]校合本に選ばれなかったため、全貌は知られていない。該本は本能寺切との関連が注目される。定家判の秋四、八百十六番の該当箇所を本能寺切によって示す。

右　　家長

こゐたつるしかもいまはのときはやま
をのれなきてや秋をしむらん（一六三二）
をのれなきてや秋おしむらん
も又いくはくかはらすや侍らん[10]

『拾遺集』（秋・一九〇・大中臣能宣）などに見える「紅葉せぬときはの山にすむ鹿はおのれ鳴きてや秋を知るらん」という初秋の景を、家長は晩秋に転じるが、定家は変わり映えしないと難じる。歌と判詞の「秋惜しむらん」に異同があり、歌の方は「秋を知るらん」（東大本ほか）、「秋は暮るらん」（書陵部本ほか）、判詞の方は「秋を知るらん」（書陵部本ほか）とする伝本が多い。調査できた伝本のうち、本行本文が本能寺切と完全に一致するのは該本のみである。

三つ目はいわゆる調度本である。[11]これもたとえば「湊川なみの枕にわきかぬる時雨は苫の雫にぞ知る」（冬一・八百七十八番左・一七五四・讃岐）という歌が本能寺切に一致する。現存最古の歴博本などでは下句が「雫は苫の時雨にぞ知る」となっている。しかし、「木の葉ちる宿は聞きわくことぞなき時雨する夜も時雨せぬ夜も」（後拾遺集・冬・落葉如雨・三八二・源頼実）などの著名歌を念頭に置けば、「雫を知る」より「時雨を知る」の方が自然であろう。ここで注意されるのが、久b本も該本もおおよそ版本の本文に近いことである。『校本』は版本そのもののほかに「版本系」と分類する写本（完本）八種を示すが、校合本に採用したのは一本に過ぎない。しかし、本能寺切との一致率は版本が全体的に高いようであり、[12]今後は「版本系」と一括された諸本の精査も必要になろう。

＊断らない限り、和歌の引用と歌番号は『新編国歌大観』により、表記を改めた。

注

（1）田村柳壹『後鳥羽院とその周辺』（笠間書院、一九九八年）Ⅲ一（初出一九七五年三月）参照。

（2）書誌を記す。登録番号、1436067。巻子装（冊子改装）。一軸。四十葉（半葉の横、約一八・六糎）を継ぐ。紺地菱繋菊花文様金襴表紙。縦二五・五糎×横三〇・九糎。外題なし。内題「御室撰歌合〈正治二年三月五日／当座〉」。見返し、金銀雲霞引、金銀泥で秋草を描く。料紙、斐紙。毎半葉十二行。和歌一行（判詞二字下げ）。字高、約二二・六糎。奥書なし。蔵書印なし。桐箱入。蓋の表に「御室撰歌合　為廣卿筆」と墨書。極札、「上冷泉殿為廣卿〈哥合一巻〉（琴／山）」（本文冒頭に糊付けされ、裏は見えない）。

（3）久曾神昇『仮名古筆の内容的研究』（ひたく書房、一九八〇年）、『古筆学大成22』等参照。一方、『和歌文学大辞典』（古典ライブラリー、二〇一四年）「本能寺切」（別府節子氏担当）は「歌合催行時よりは下る時期に、調度本として調整された写本」と見る。

（4）ほかに室町末期写の残欠本（登録番号、1252176。七五〇～八七七番歌、存）と無刊記の版本十冊（登録番号、1176097～106）も所蔵される。

（5）書誌を記す。登録番号、1253281～90。袋綴。十冊。〔江戸中期〕写。渋引表紙。縦二三・五糎×横一六・九糎。外題、表紙左肩の斐紙題簽（縦一六・六糎×横三・三糎）に「千五百番歌合　巻之一二（～十九二十）」と

本文別筆で墨書。目録題、「百首歌合　建仁元年」。巻首題、「千五百番歌合巻第一　判者忠良卿」。料紙、薄手の斐楮交漉。見返しも同。毎半葉、十一行。和歌一行（判詞二字下げ）。字高、約二〇・七糎。蔵書印なし。第一二三回貴重書展「見る・読む・比べるⅢ――ドキュメンテーション学科による古典籍へのアプローチ」（伊倉史人・堀川貴司氏担当）で紹介された。

（6）ほかに国立歴史民俗博物館蔵「水木家資料」（H1242-4-116）の二帖（巻一・二、巻七・八）と一括分五枚（巻九冒頭）も追加できる。国文学研究資料館蔵「阿波国徳島賀嶋家文書」の「千五百番歌合中山宣親卿真筆之折紙并極札・添状」は真筆本に附属していたか。

（7）（注6）前掲の真筆本は四句「若菜つむ野も」で、判詞および自筆本『拾遺愚草』と一致する。

（8）引用は『冷泉家時雨亭叢書8』による。

（9）書誌を記す。登録番号、1425388〜97。袋綴。十冊。〔江戸中期〕写。渋引表紙。縦二三・〇糎×横一六・八糎。外題、表紙左肩に「千五百番哥合　巻一〈春一／春二〉（〜巻十〈雑一／雑二〉）」と本文別筆で打付書。目録題、「百首詞合　建仁元年　土御門院御宇」。巻首題、「千五百番哥合巻第一　判者忠良　春一」。料紙、楮紙。見返しも同。毎半葉十一行。和歌一行（判詞二字下げ）。字高、約一九・三糎。奥書なし。蔵書印、各冊とも一オ右下に「久曽神／藏書」の朱方印。桐箱入、覆紙に「千五百番歌合」と墨書。

（10）引用は『古筆学大成22』図版66による。

（11）書誌を記す。登録番号、1421902〜13。綴葉装。十二帖。〔江戸前期〕写。金茶色地蝶唐花唐草紋裂表紙。押八双あり。縦二三・四糎×横一六・八糎。表紙中央の金泥霞引金砂子題簽（縦一四・三糎×横三・二糎）に「千五百番歌合　春上（〜雑）」と本文同筆で墨書。目録題、「百首詞合　建仁元年　土御門院御宇」。巻首題、「千五百番歌合巻第一　判者忠良　春一」。見返し、布目金紙。料紙、斐紙。毎半葉十行。和歌一行（判詞二字下げ）。字高、約一九・〇糎。奥書なし。蔵書印なし。赤茶色漆箱入（蓋の右肩に金字で「千五百番歌合　十二冊入」）。

（12）詳細は拙稿「『千五百番歌合』の伝本と本能寺切」（国文鶴見58、二〇二四年三月）参照。

付記　本稿はＪＳＰＳ科研費22K00303（研究代表者：加藤弓枝）による成果の一部である。

文化財の本

日本の表装と修理
岩﨑奈緒子・中野慎之・森道彦・横内裕人［編］

本体7,000円

装い、繕い、伝える――

絵画や書、古文書など、紙や絹を用いた文化財は、表装によって、より美しく、より長くその存在を守られ続ける。

そして、これらの歴史的遺産を修理・保存し、伝えていくことは、そこに込められた人々の思い・願いをも共有していく営みである。

表装や修理は、どのような価値観や思想のもとに行われてきたものなのか。

文化財の修理・保存の第一線にあり、その困難な作業の中で、技術者たちはどのような試行錯誤を重ねてきたのか。

残し伝えられてきた「モノ」との真摯な対話の中から、表装と修理にまつわる文化史を描き出し、今日の我々にとっての文化財保護の意義と意味を照射する。

訂正新版 図説　書誌学
古典籍を学ぶ

慶應義塾大学附属研究所斯道文庫［編］

本体3,500円

昭和35年の開設以来、書誌学の専門研究所として学界をリードしてきた斯道文庫所蔵の豊富な古典籍の中から、特に書誌学的観点から重要なものを選出。豊富なカラー図版・解説を通覧することで、書誌学の理念・プロセス・技術を学ぶことが出来る。巻末には「書誌学用語索引」を附し、レファレンスツールとしても充実。古典籍を知る資料集として必備の一冊。好評を博した『図説 書誌学』が、装いも新たにここに刊行！掲載図版270点以上！

書誌学入門
古典籍を見る・知る・読む

堀川貴司［著］

本体1,800円

豊穣な「知」のネットワークの海へ――

「書誌学」とは、「書物」という人間の文化的活動において重要な位置を占めるものを総体的に捉えること、すなわち、その書物の成立と伝来を跡づけて、人間の歴史と時間という空間の中に位置づけることを目的とする学問である。

この書物はどのように作られたのか。どのように読まれ、どのように伝えられ、今ここに存在しているのか―。

「モノ」としての書物に目を向けることで、人々の織り成してきた豊穣な「知」のネットワークが浮かびあがってくる。

紙の日本史
古典と絵巻物が伝える文化遺産

池田寿［著］

本体2,400円

書く、包む、飾る、補う…

古来、日本人の生活のなかに紙は常に存在していた。

時代の美意識や技術を反映しながら、さまざまな用途に合わせ、紙は作られ、選ばれ、利用されていた。

長年文化財を取り扱ってきた最先端の現場での知見を活かし、さまざまな古典作品や絵巻物をひもときながら、文化の源泉としての紙の実像、そして、それに向き合ってきた人びとの営みを探る。

古建築調査ハンドブック
山岸常人・岸泰子・登谷伸宏［著］

本体1,400円

私たちの身のまわりには多数の古建築がある。過去に建てられた建物は、歴史的・文化的に価値があるだけでなく、我々の生活環境を形成する重要な要素として存在している。

古い建物を文化財として保存してゆくにせよ、改修して使い続けるにせよ、その建物の歴史的・文化的な価値を認識しておくことは不可欠である。

それでは、そのための調査はどのように行うのか。

寺社・民家など、古建築の歴史的・文化的価値や特質を調査する際の、調査項目・方法の要点を簡潔に解説。文化財調査において、常に座右に置いておきたい待望の一冊。

古文書料紙論叢
湯山賢一［編］

本体17,000円

古文書は歴史学における基本史料として、連綿と研究が積み重ねられてきた。

しかし、その基底材たる料紙については、あまり顧みられることがなく、その研究・調査は等閑に付されてきたといっても過言ではない。

近年の研究の進展により料紙の持つ情報が、当該史料の位置付けを左右するほどに重要であることが明らかになってきている。

歴史学・文化財学の最前線に立つ43名の執筆者の知見から、現存資料の歴史的・科学的分析や料紙に残された痕跡、諸史料にみえる表現との対話により、古代から近世における古文書料紙とその機能の変遷を明らかにし、日本史学・文化財学の基盤となる新たな史料学を提示する。

巻末には料紙研究の展開を一望できる文献一覧を附した。

鳥獣戯画 修理から見えてきた世界
国宝　鳥獣人物戯画修理報告書

高山寺［監修］／京都国立博物館［編］

本体10,000円

マンガ・アニメのルーツとしても名高い日本屈指の国宝『鳥獣人物戯画』。

近時完了した足掛け四年にわたる大修理では、同絵巻に関する新知見がさまざまに見出されることとなった。『鳥獣人物戯画』の謎を修理の足跡をたどることで明らかにする画期的成果。

文化財をつなぐ ひと・もの・わざ
香雪美術館書画コレクションを支える装潢修理の世界〔書物学 第23巻〕

編集部［編］

本体1,800円

日本には紙や絹を基底材とする多くの文化財が伝存している。環境や利活用に影響を受けやすい脆弱な文化財を守り、伝えていく。この特筆すべき日本の文化は、どのように支えられてきたのか。

そこには、文化財と真摯に対峙した「ひと」、そして試行錯誤のなかで磨きあげられた修理保存に関わる「もの」「わざ」があった。文化財を次世代へとつなぐために、研究者、装潢師の人びとは、何を考え、どのように行動してきたのか。

100年を越えてコレクションを今に伝えてきた香雪美術館の修理事業を紐解くことで、文化財を考えるための新たな視点を提示する。

山本まり子……YAMAMOTO Mariko

鶴見大学図書館蔵 伝後京極良経筆 和漢朗詠集について

後京極良経を伝称筆者とする写本の数は多く、また、内容も多岐に亘る。そこからいわゆる「後京極流」とされる書風が当時、流行していたことが窺われる。その中の一つに鶴見大学図書館所蔵の『和漢朗詠集』の写本がある。巻上・下（二軸）から成る完本であることから多くの事例を集め得る。その書き振りの中に見られる特異ともとれる要素に注目し、「後京極流」及び本作品の書風の一端について概説する。

鶴見大学准教授。専門は平安時代の書。著書に『平安時代書写 和漢朗詠集 校異と研究［研究篇］』（お茶の水女子大学附属図書館〈E-bookサービス〉、令和三年）、論文に「『和漢朗詠集』粘葉本と近衛本との関係――文字の崩し方・書に関する考察――」（佐々木孝浩・佐藤道生・高田信敬・中川博夫編『古典文学研究の対象と方法』〈花鳥社、令和六年〉所収）などがある。

一

『和漢朗詠集』は朗詠にふさわしい中国・日本の詩文、和歌（以下、「詩歌句」と略記する）などが載録されたアンソロジーである。藤原公任（九六六～一〇四一）の撰とされる『和漢朗詠集』が当時を代表する作品の一つであることに疑いの余地はない。いわゆる完本、零本、切（断簡）を合わせると平安時代の書写と推定されている写本（以下、「平安時代書写本」と略記する）だけでもその現存数は三十余種に上る。鎌倉時代に至ってはさらに多くの写本が現存しており、本作品の需要の高さを窺い知ることができる。

鶴見大学図書館には鎌倉時代の書写と推定されている伝後京極良経筆 和漢朗詠集（以下、「鶴見本」と略記する）が所蔵されている。

本作品（鶴見本）は巻上・下（二軸）から成る巻子本である。見返し（縦三〇・二、横二三・〇糎）には金銀切箔・霞引きが施されており、その次に斐楮交漉紙（三八紙〈巻上〉、三六紙〈巻下〉）が継がれ、詩歌句などが書写されている。その料紙の横幅は、巻下の末尾（一紙）のみ一三・三糎であり、その他については、巻上は四二・三～四八・四糎程、巻下は四五・八～五一・三糎程である。料紙の天地には薄墨による界がある。

内題については以下の通りである。巻上の巻頭には見られないが、巻下の巻頭には「和漢朗詠集下 雑」が存する。その一方、巻上の巻末には「和漢朗詠集上」、巻下の巻末には「和漢朗詠集下」と書されている。外題・奥書、なし。

鑑定家である古筆家初代の了佐（一五七二～一六六二）による折紙(1)が添えられている。その古筆了佐の手による折紙は紙幅の都合上、末尾に掲載した【図10】（右側）の通りである。【図10】の左側は本作品が蒔絵箱に収められている姿であり、【図11】には巻上・巻下の巻頭部を掲載した。

　本作品は、平成三年十一月、横浜市指定有形文化財に指定された。

二

後京極良経（一一六九～一二〇六）を伝称筆者とする『和漢朗詠集』写本には、鶴見本の他、常知切・内侍切・嵯峨切などが現存している。佐竹本三十六歌仙切・紫式部日記絵詞、豆色紙なども伝後京極良経筆とされる作品である。写本の数のことに加え、書写内容も様々であり、当時流行の書風であったことが窺える(2)。

　しかしながら、いわゆる「後京極流」とされる書にはどのような特徴があるのか、事例とともに具体的に示された先行研究が見当たらず、不明確な点が多い。現存する資料の多くが切（断簡）であり、調査範囲が限られていることがその要因の一つであると思われるが、鶴見本は完本であるため多くの事例を集め得る。

　本章では、図版（【図1】～【図9】）に基づき、鶴見本及び『古筆学大成』所収の伝後京極良経筆とされる『和漢朗詠集』の写本(3)の書に見られる共通要素の一部について概説する。それらのうち、鶴見本はとりわけ常知切に似ていると考えられることから、その点についても指摘する。同書から引用した写本は紙幅の都合上、三本のみとする。当該文字の上、下に位置する文字と続けて書されている場合はその文字も掲出した。ただし、当該文字を含めて三文字が繋がっている場合は、当該文字の下に位置する文字の方を優先し、それを含む二文字を掲出した。図版には適宜、矢印を付すが、矢印の数は極力減らす。また、当該箇所のことを「矢印」と呼称することがある。

■四本のおおざとの最終画の書き振りに見られる特徴について述べる。【図1】の矢印①のごとく僅かながら反っており、また、上下に位置する文字と重なったり、接近したりすることが多い。

■【図2】のごとく、「中」の二画目と三画目（横画）によって生じる余白が狭く、またその横画からは左右へと張る力が感じられる。最終画（縦画）については矢印②のように反ることがある。なお、鶴見本・常知切・内侍切の起筆(4)の位置について、一画目（矢印③）の方が二画目よりも上方であることが多い。

■【図3】に挙げた四文字の左払いのごとく、起筆部分（矢印④）が高いところに位置しており、また、当該画と横画との交差の後、長目に書されていることがわかる。鶴見本・常知切の当該画には矢印⑤のごとき反り方が看取される。

　前述した縦画・斜画（左払い）に見られる特徴はその他の文字の中にも確認できる。それぞれの当該画からは強さや鋭さだけではなく、のびやかさも感じられる。それらの作品の書風には威風堂々たるものが感じられるが、そこには前述した特徴が深く関与していると思われる。

　次に、鶴見本と常知切の書に見られる類似点について、それが顕著に認められる事例をいくつか取り上げて概説する（内侍切・嵯峨切の図版はその比較のために掲載した）。

◆【図4】の「月」の一画目（左払い）の運筆について、当該画の起筆（矢印①）の後、矢印②のごとく、稍々左下方へと向かい、その後、矢印③の

【図1】

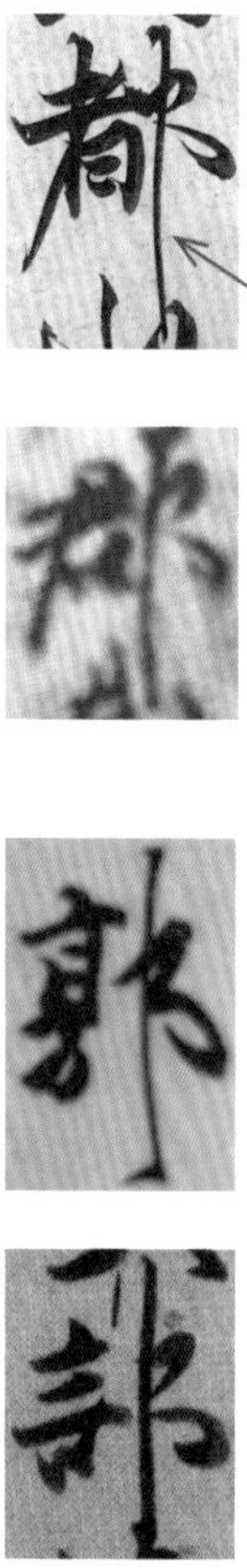

鶴見本　①

常知切

内侍切

嵯峨切

【図2】

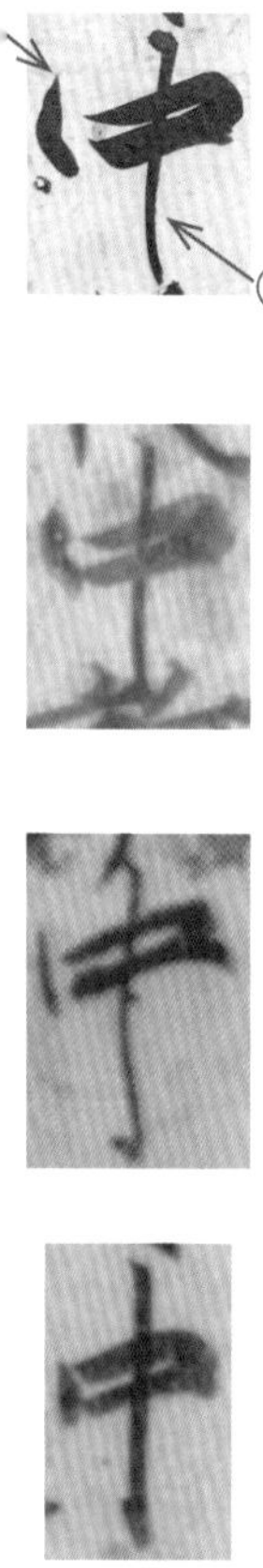

鶴見本　②

常知切

内侍切

嵯峨切

ごとく、稍々右下方へと向かうことがある。

なお、鶴見本・常知切・内侍切では、一画目の起筆（矢印①）が二画目の起筆（矢印④）よりも上方に出ることが多い。そのような画の接し方は前項「中」について指摘した特徴に通じるように思われる。

◆［図5］に挙げた「口」の転折（矢印⑤）における筆遣いが特異である。また、それ以降（矢印⑥）、長目に書されており、矢印⑦の辺りに空間が生じている。そのような特徴は、両本の「石」・「谷」・「君」・「落」・「苔」・「枯」・「苦」・「吾」・「碧」などに存する「口」にも確認できる。

◆［図6］に挙げた「夏」の最終画（右払い）に注目すると、内侍切・嵯峨切の終筆[5]（矢印⑧）では僅かながら筆圧がかけられており、止められているように見えるが、鶴見本・常知切の当該箇所（矢印⑨）は右下方へとのびやかに表現されており、また、そこに筆圧の変化はあまり感じられない。そのような特徴は両本の「又」・「波」・「變」・「激」・「更」などにも看取される。

次に仮名について述べる（以下取り上げる「可」・「春」はいわゆる変体仮名である）。

◆［図7］に挙げた鶴見本・常知切の「可」（変体仮名）の中には、起筆（矢印⑩）の後、筆圧がかけられ、その後、左下方へと運筆（矢印⑪）されているものがある。

◆［図8］に挙げた図版のごとき字形の「春」（変体仮名）が鶴見本では散見される。内侍切も鶴見本・常知切に類似しているように見えるが、矢印⑫・⑬のごとき反り方は本調査範囲内では内侍切の当該文字の中、見当たらなかった。

◆［図9］に挙げた図版の通り、鶴見本・常知切では、「く」とその下に位置する文字とが続けて書される場合、矢印⑭の辺りが他本に比して高いところに位置する傾向にあり、また、その辺りが太めであることも特徴的であると言える。

以上指摘した文字にとどまらず、両本（鶴見本・常知切）の書に見られる類似性はその他の文字にも存する。[6]

かつて、小松茂美氏は、常知切の書写年代について言及され、「十三世紀半ば」[7]であると推定されたことがある。本考察結果から、鶴見本もその頃に書写された可能性があると考えられる。以上述べた鶴見本の書き振りは特異にも感じられるが、作品全体の統一感とともに視覚的変化を与え得る表現手法として効果的であったという見方も可能かと思われる。

三

前章中、指摘した鶴見本の書の特徴は調査し

［図7］鶴見本　常知切　内侍切　嵯峨切

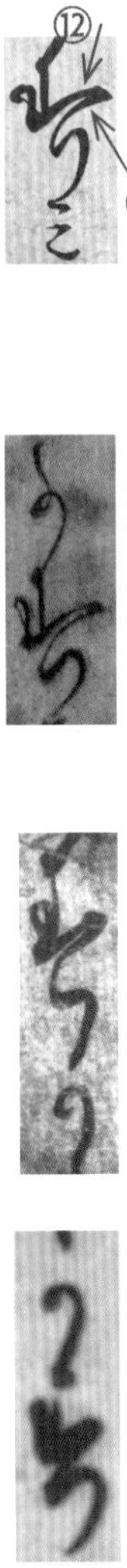

［図8］鶴見本　常知切　内侍切　嵯峨切

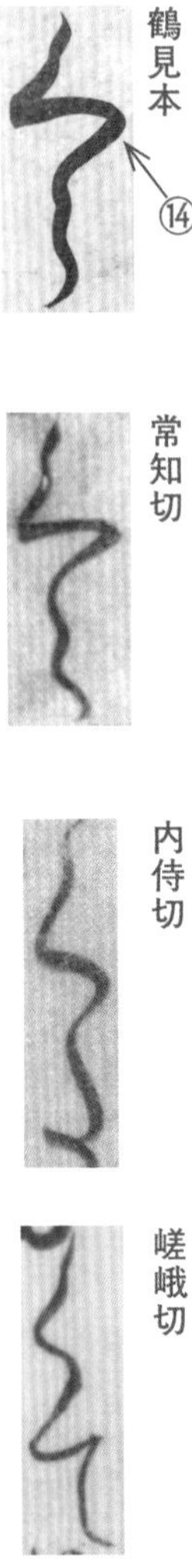

［図9］鶴見本　常知切　内侍切　嵯峨切

得た平安時代書写本の中には見当たらない。個々の本文についても、平安時代書写本の中には見出し得ない、鎌倉時代書写本との同文箇所を鶴見本はいくつか有している。

　また、原本（公任の撰とされる）に存していたと思しき詩歌句の全てが確認される写本は現存する平安時代書写本の中には見出し得ない。しかし、鶴見本はそれらの全てを有している。

　本作品が書き継がれ、享受されていく中で、後人による加筆が行われたであろうことが先学の研究によって指摘されている。[8] 鶴見本の中にもそれが一部、確認できるが、そのうちの三句は、現存する平安時代書写本には見られないものである。なお、その中の「家夾江河南北岸」句（巻下「遊女」）について、本作品が他の詩歌句と同様に配されている写本は、鎌倉時代書写本の中では鶴見本のみであり、他では確認できない。[9]

　その一方、鶴見本は平安時代書写本の要素をも有している。鶴見本・戊辰切には「はるかすみ」歌（巻上「霞」）が巻上「立春」の末尾にも書されており、また、鶴見本・安宅切・巻子本・藤原定信筆大字切では、巻下「庚申」の末尾に「後人による加筆」とされている「いかにわれ」歌が（写本間に本文異同はあるものの）存する。

　個々の本文においてもそれらの写本[10]と鶴見本との同文箇所がいくつも確認される。

　他本では各詩歌句の末尾に注記が小字にて書き込まれているが、鶴見本においてはその殆どが省略されている。その点は惜しまれるものの、前述した通り、鶴見本の詩歌句数は多く、集成的であり、またその書風からも由緒ある作品であると考えられる。

　鶴見本を通して、時代の流れとともに変わりゆく『和漢朗詠集』写本の書及び書写内容に見られるその様相の一端について窺い知ることができる。その実態を探る上でも鶴見本は資料的価値の高い作品であると考える。

注

（1）折紙に書されている内容は以下の通りである（左記「／」は改行の位置を示す。「古筆」の下には「琴山」という黒印があり、「了佐」の下には花押がある）。

　已上／這和漢朗詠集上下者／後京極殿良経公卿真跡／無紛者也応御所望／証之而已／承応二暦／三月上旬　古筆／了佐／打它十右衛門殿

　「打它十右衛門」について、かつて、高田信敬氏により、「おそらく糸屋と号した江戸時代初期、京の豪商打它公軌のこと」であるとして、本作品の旧蔵者について言及されたことがある（『古典籍と古筆切　鶴見大学蔵貴重書展解説図録』〔鶴見大学、平成六年〕一二七頁など）。

（2）鶴見本を含めて、本稿に載せた伝後京極良経筆とされる作品はいずれも後京極良経の真筆ではないと思われる（小松茂美編『日本書蹟大鑑』第三巻〔講談社、昭和五十三年〕、古谷稔「後京極良経と法性寺流書法の展開――三井文庫本詩懐紙を中心として――」『MUSEUM』

［図10］

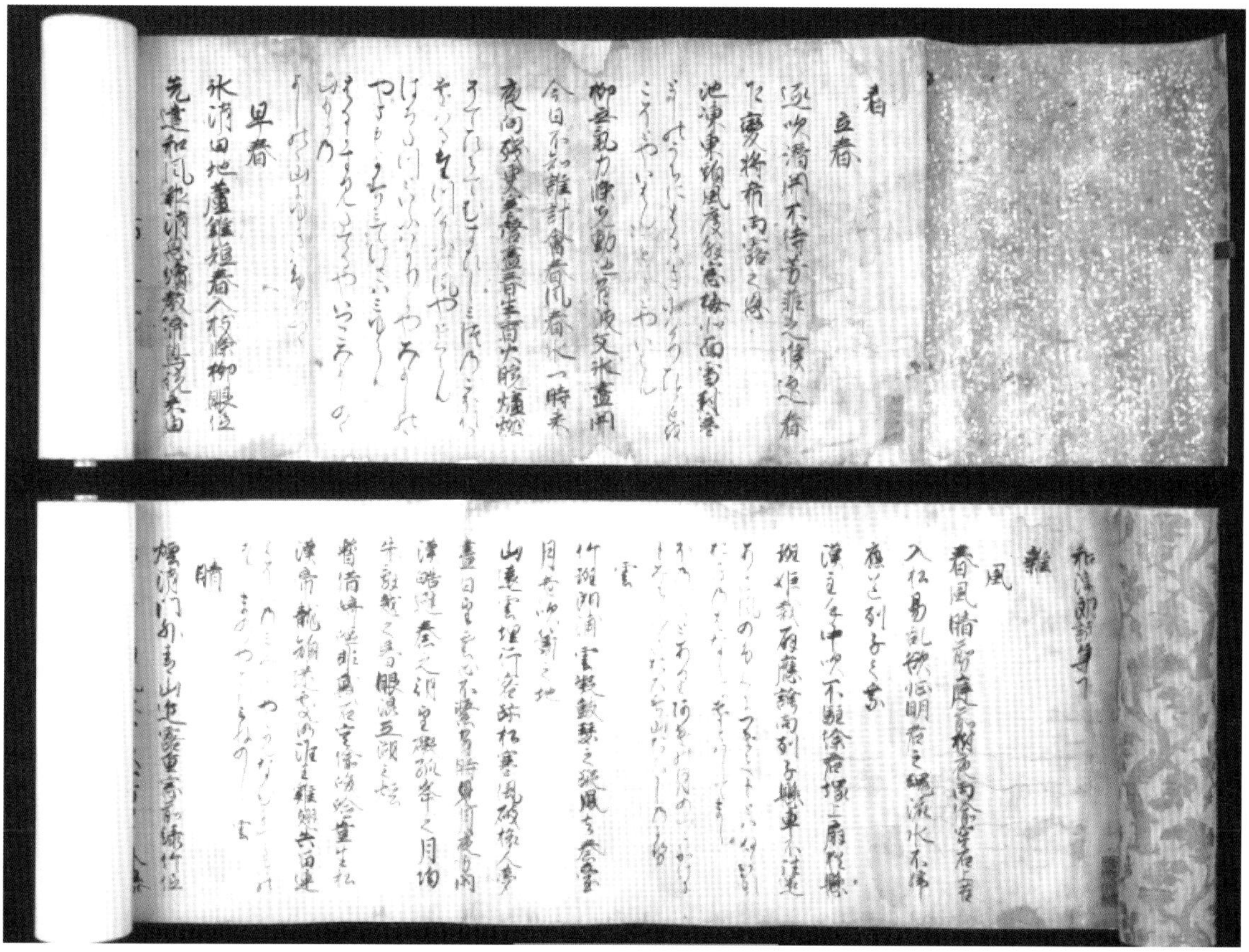

［図11］

No.498［平成四年］などを参照した）。

（3）小松茂美著『古筆学大成』第一五巻［講談社、平成二年］二〇二〜二五九頁。

（4）起筆とは「書き始めの部分」を指す（藤原宏ほか編『書写書道用語辞典』［第一法規、平成二年］一三三頁）。

（5）終筆とは「一つ一つの点画の終りの部分」を指す（前掲書〈注4〉に同。一四〇頁）。

（6）「春」・「花」・「謂」・「心」・「人」・「初」・「座」・「舞」・「先」・「粧」・「紙」・「駐」、「あ」・「き」・「と」・「な」・「ひ」・「ゆ」・「ろ」・「堂」（変体仮名）・「万」（変体仮名）など多数、確認される。

（7）前掲書（注3）に同。三八二頁。

（8）山田孝雄校訂『岩波文庫676倭漢朗詠集』［岩波書店、昭和十四年］一三〜一五頁。

（9）当該句は貞和本和漢朗詠集（天理図書館蔵）にも存するが、それは行間に小字にて書き込まれたものである。

（10）戊辰切・安宅切・巻子本・藤原定信筆大字切は平安時代書写本である。いずれもいわゆる書の家である藤原行成（九七二〜一〇二七）を始祖とする世尊寺家及びその一派の流れを汲む作品であると推測する。

［謝辞］

本稿中、掲載した常知切・内侍切・嵯峨切の図版は講談社刊行『古筆学大成』第一五巻による。同社には掲載のお許しを頂き、御礼申し上げます。

特集◉古典籍の文献学
第一部◎物語と歌書

古筆切・古筆手鑑

久保木秀夫……KUBOKI Hideo

今や研究資料として不可欠なものとなっている古筆切に関しても、鶴見大学ではいち早く重要性を認識し、発掘・収蔵し続けて、さまざまな研究成果を世に問うてきた。現有する古筆切は質量ともに、学術機関として全国一、二を争うレベルと言ってよい。これぞと見極めた古筆切のツレを集めていく徹底ぶりにも定評がある。近年は古筆手鑑をも複数点収蔵している。これまであまり言及されてこなかった分を中心に、特徴的で有益な書写内容を持つ古筆切いくつかを取り上げていく。

まさしき宝庫

古筆切とは、ほぼ中世末期か近世初期頃までの古写本を分割した断簡を指す。主に古美術品として扱われてきた歴史が長いが、元々は書物であり、かつ古典文学作品を書写内容とするものが多い。しかもその元々の書物が今日においては稀覯の古写本・稀覯の本文となっている場合も多く、よってとりわけ近代以降今日に至るまで、貴重な書写内容を持った古筆切が発掘紹介されてきた。古筆切が古典文学研究に際しての極めて重要な本文資料たり得ることは、もはや常識の類になっている。

鶴見大学図書館は、それら古筆切の博捜と収蔵にも早くから取り組み続け、今や全国でも屈指の収蔵点数を誇っており、まさに「宝庫」と呼ぶに相応しい。とりわけ池田利夫・髙田信敬によって見出されてきた古筆切群の質の高さには、瞠目させられることしきりである。

その筆頭として挙げられるべきは、やはりこれしかないだろう、曹洞宗大本山總持寺の高祖たる道元禅師が著した『大対己五夏闍梨法』の、ほかならぬ道元自筆原本の断簡、いわゆる道正庵切二葉である。詳しくは本書九五頁をご参照願いたいが、出光美術館蔵の古筆手鑑『見ぬ世の友』に書写奥書部分が貼付されている、この道正庵切という貴重で稀少な名物切が、実に二葉も存するのである。これぞという古筆切に関しては、徹底的にそのツレを集め続けていくという、ここに本学図書館における古筆切収蔵の真髄がある。

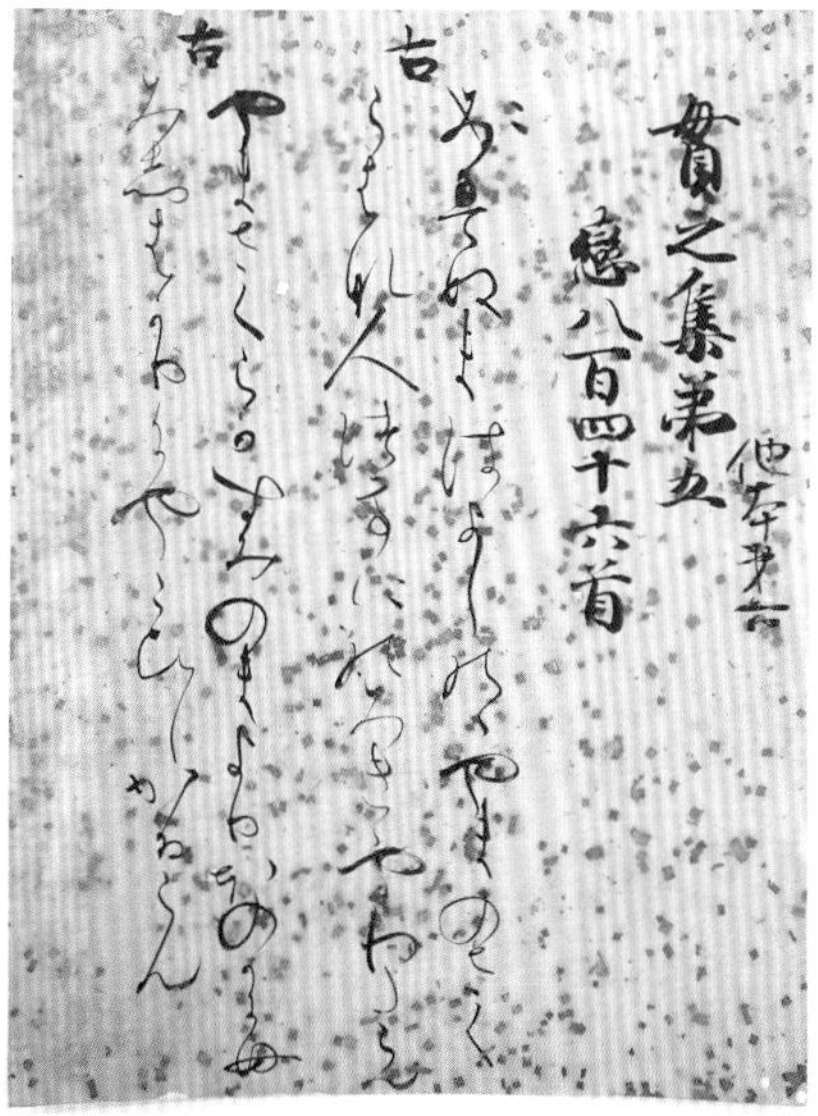

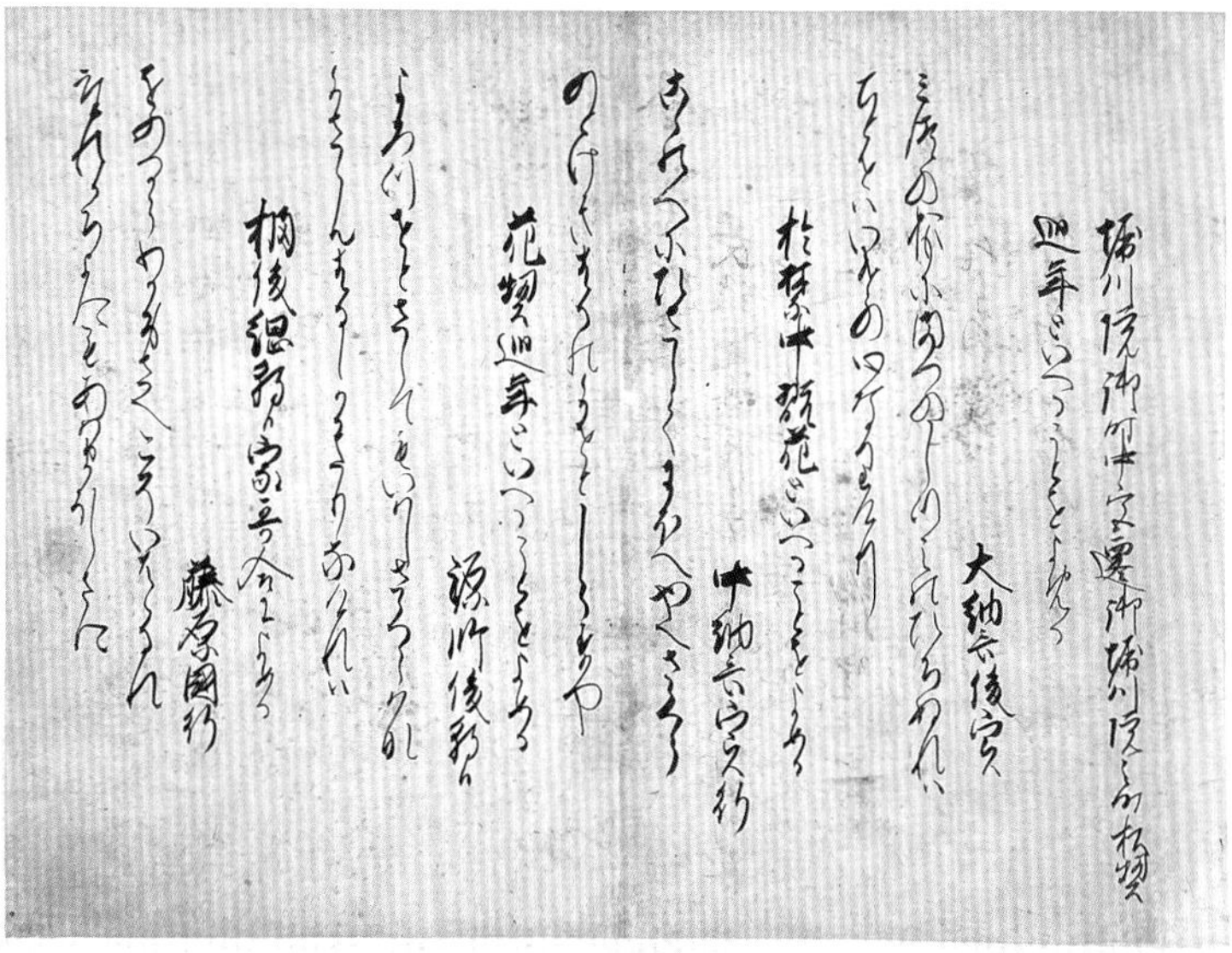

上右［図01］…伝寂然筆・藤原定家加筆　貫之集　村雲切
上左［図02］…伝後鳥羽天皇筆　金葉集　玉藻切
下　［図03］…伝寿暁筆　顕註密勘　断簡

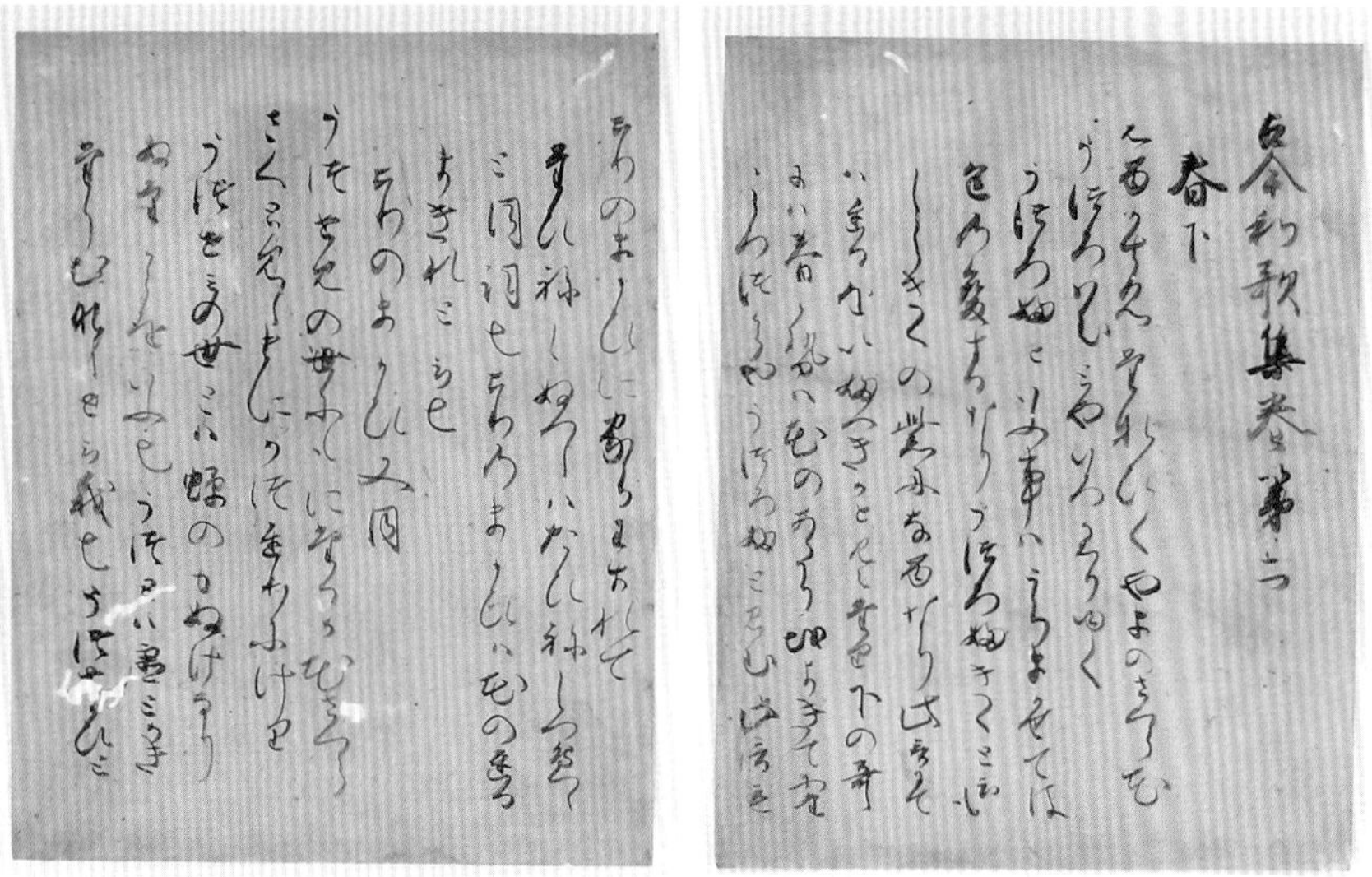

徹底的なツレの収集

最も顕著な事例としては、『平家物語』の古写資料にして、独自異文を多く有する名物切、長門切を挙げたいところ。現時点で合計十七葉、他の現存分を合わせた集成及び考察については、本書一五～二五頁にあるように、主に平藤幸の諸論によって更新され続けている。また伝寂然筆・藤原定家加筆の『貫之集』村雲切［図01］が八葉も存する。切り出し元の残欠本を現有する冷泉家時雨亭文庫を除くならば、他に例を見ない最大のまとまりである。加えて本文錯綜すること甚だしい第五勅撰集たる『金葉集』を書写内容とした、伝後鳥羽天皇筆の玉藻切［図02］に至っては、現有四十四葉分にも及ぶのである。これだけあれば、散佚もしくは未発見部分を除いても、完本時の本文の特質をかなり的確に指摘することが可能となろう。実際すでに伊倉史人によって、他本と比較し撰者たる俊頼自身の歌がかなり多い、といったことなどが明らかにされている（いずれ公表予定である）。さらにこれまでさほど注目されてこなかったかとおぼしいが、本文資料として注目すべき、伝寿暁筆の『顕註密勘』断簡が、同断簡のために誂えられた折帖［図03］に十一葉、別の古筆手鑑の中に一葉の、都合十二葉もあったり、伝称筆者や書写年代等を異にする『新古今集』の多種多様な断簡も多数あったりしていて、それぞれ詳細な検討が加えられている最中である。

また学内に源氏物語研究所を設置している結実として、ひと言なりとも触れておきたいのが、伝藤原為家筆『源氏物語』「薄雲」巻断簡である。河内本原本の可能性もあるかという点で近年多大な注目を集めている、縦三〇cmを超える大型本のこの断簡を、いち早く三葉も収蔵していた先見性は、どれだけ強調してもし過ぎることはないだろう。

ほか時代やジャンルや作品を問わず、名物か否かをも問わず、本館・本学ならではとしか言いようのない逸品珍品は数知れず。紙数の都合上ここではとても挙げきれないのが残念である。

古筆手鑑

ところでこうした古筆切をたくさん集めて大きな折帖に貼り込んだ、古筆切の言わばアルバムが古筆手鑑と呼ばれるもので、室町時代末期頃から制作されるようになった。その総数はどれくらいであったか想像も付かず、かつ関東大震災や第二次世界大戦を始めとする天災戦災人災等により、これも数え切れない点数が失われてしまったが、それでも現在なお数百に及ぶであろうか。そして本学図書館にはこの古筆手鑑が五点も収蔵されている。

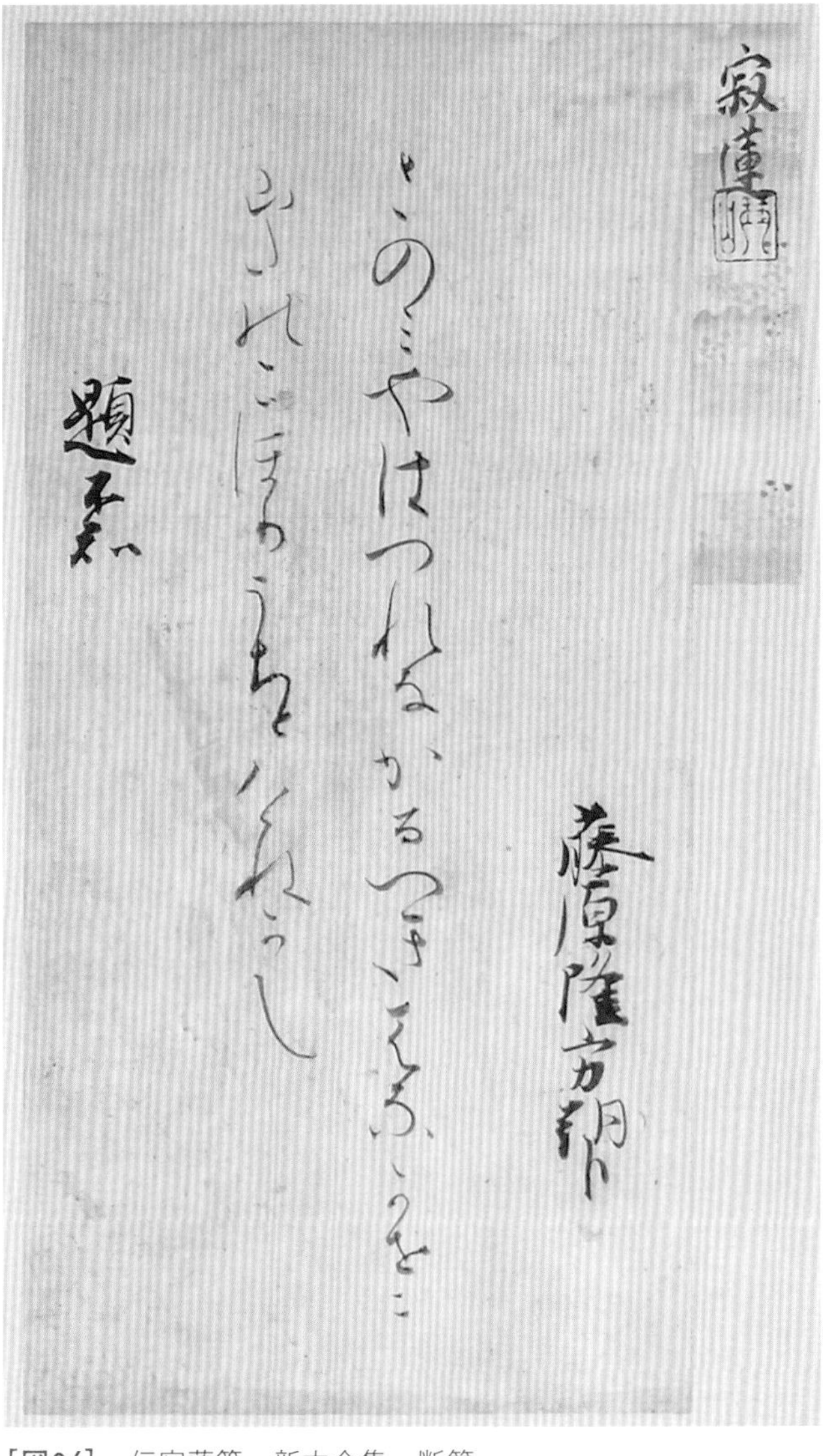
[図04]…伝寂蓮筆　新古今集　断簡

各々を区別する整理書名は付けられていないが、うち登録番号1327011の一点は、名物切多数を有し、と同時に折帖そのものにも装飾を施し、かつ極札（伝称筆者などを示した江戸時代の鑑定家による鑑定札）も特別誂えのものを添えているという、手鑑として第一級、指定文化財レベルと言い得るものである。かつ同手鑑中から『新古今集』の未知の歌一首を書写した伝寂蓮筆断簡一葉［図04］が見出された。これは全国に散在するツレを含めて、元久二年（一二〇五）三月二十六日開催の、『新古今集』の言わば完成お披露目会に出された「竟宴本」そのものの断簡であると推定されるものだった。発見時には全国的に報道もされたため、ご記憶の方もおられるだろうか。詳しくは同手鑑中の他の重要断簡十一点の紹介をも兼ねつつまとめた、中川博夫・久保木『新古今和歌集の新しい歌が見つかった！』（笠間書院、二〇一四年十月）をご参照願いたいが、さてそれでは収蔵される他の手鑑はどうかというと、美術品としての価値とは別に、研究資料としては今後も大いに活用できると確信される古筆切が、それぞれに相当数貼付されてい

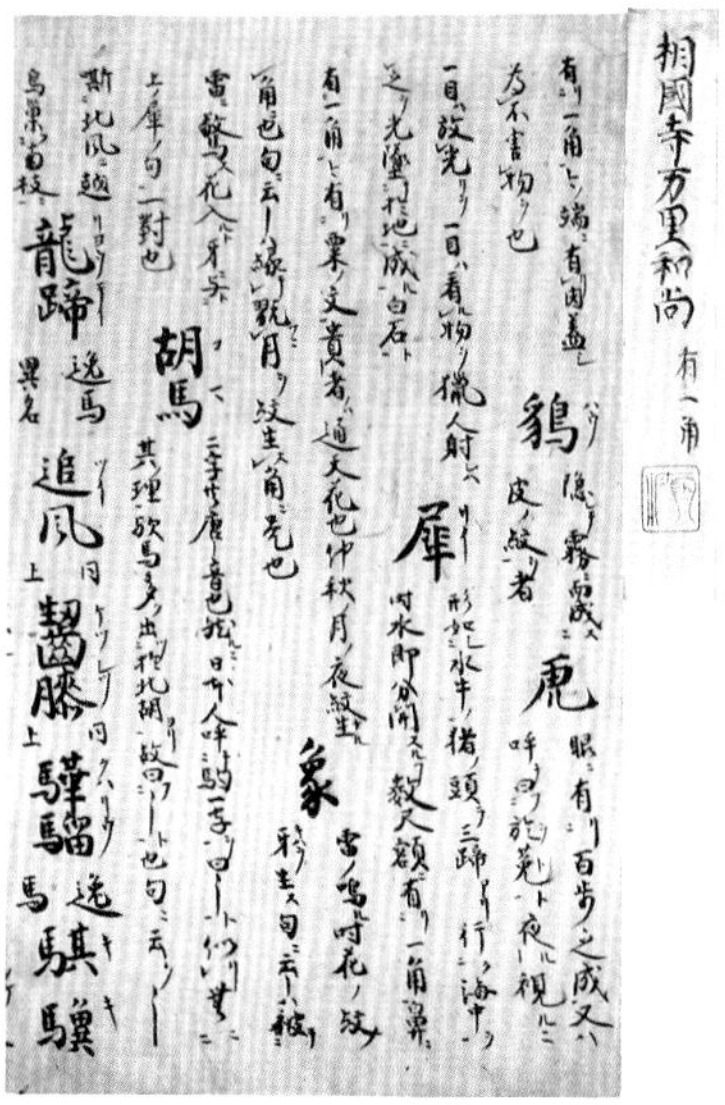

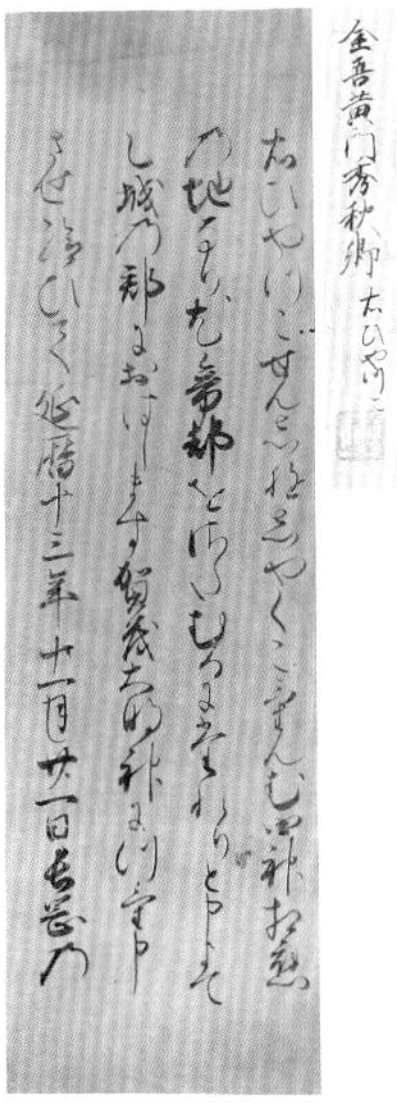

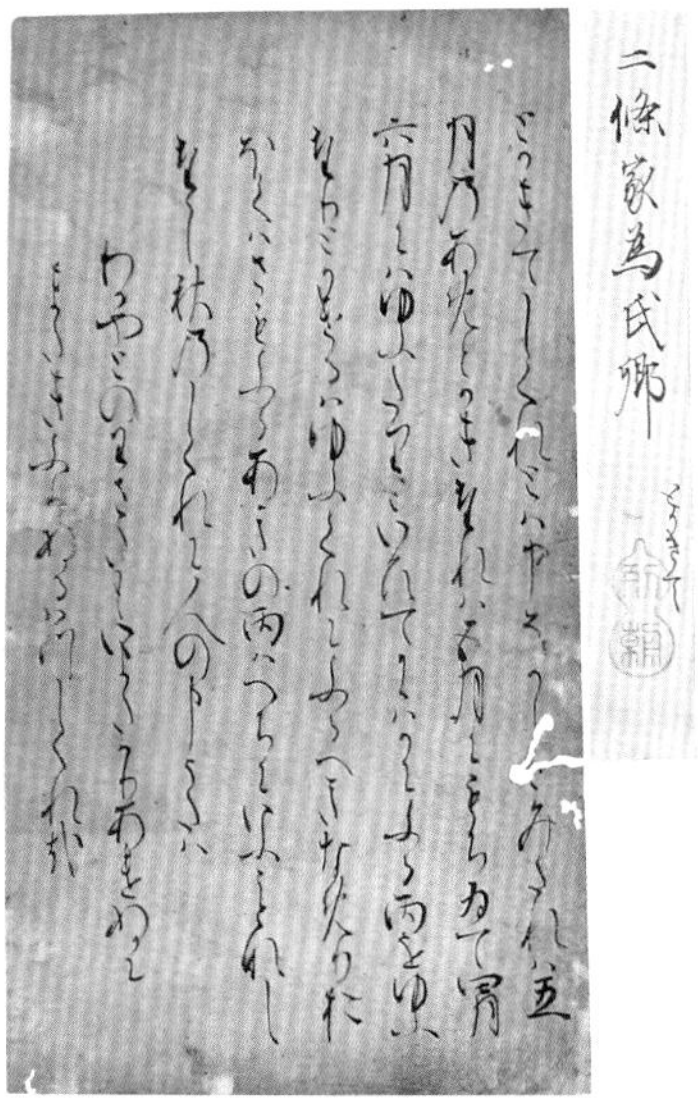

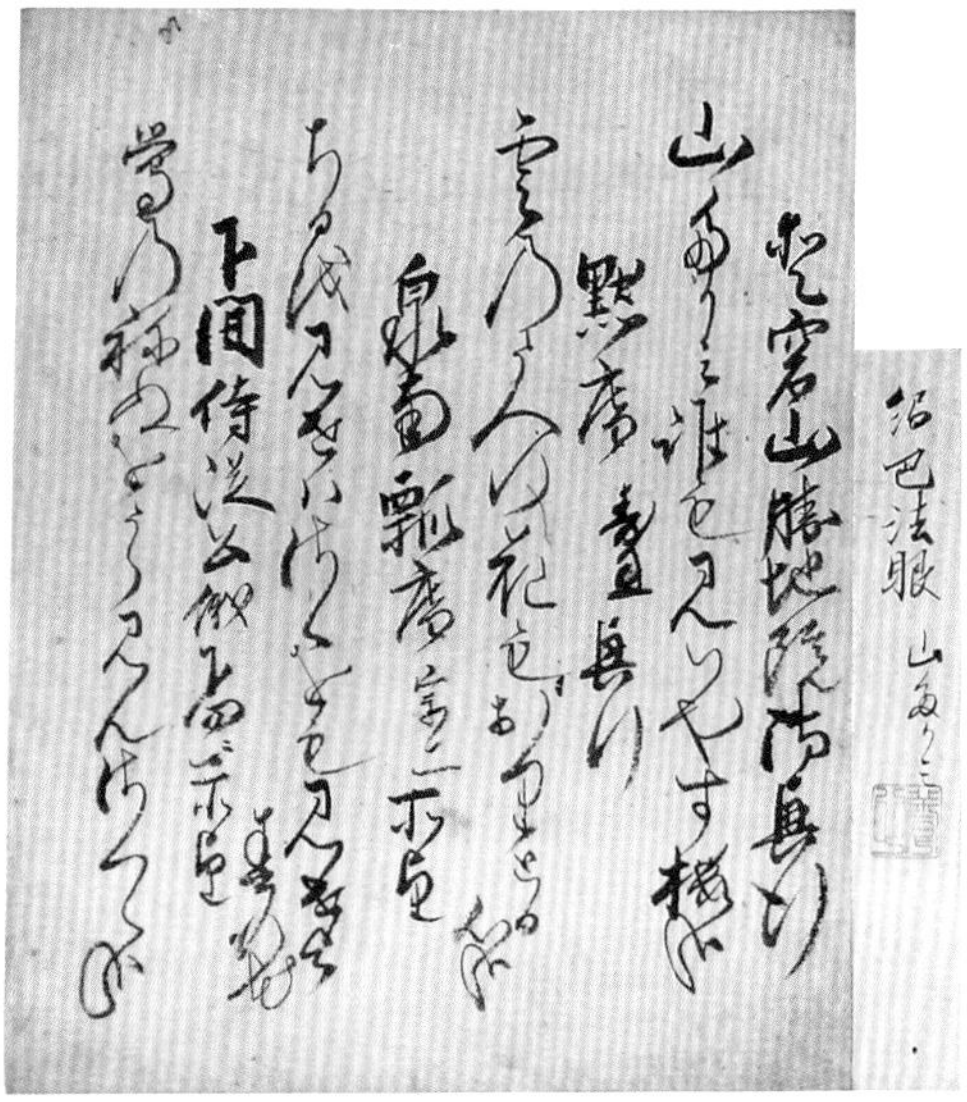

上右［図05］…伝万里集九筆　下学集　断簡
上中［図06］…伝小早川秀秋筆　平家物語　断簡
上左［図07］…伝二条為氏筆　俊頼髄脳　断簡
下　［図08］…伝里村紹巴筆　紹巴句集　断簡

るのである。

ここでは数点しか取り上げることができないが、例えば登録番号1360370の手鑑には、伝万里集九筆の『下学集』断簡（縦二四・三cm×横一四・四cm、字高二二・〇cm前後）［図05］がある。中田祝夫ほか『古本下学集七種　研究並びに総合索引』（一九七一年一月、風間書房）に拠る限り、「榊原本　下学集」と呼ばれている一本に最も近いようである。

また伝小早川秀秋筆の『平家物語』断簡（縦三一・五cm×横九・四cm、字高二五・〇cm前後）［図06］がある。記載本文の評価は専門諸氏に委ねたいが、縦寸法の長さなどからは元巻子本だったとおぼしい。本文のみか、あるいは絵巻の詞書部分などでもあったのか。料紙も一見漉き返しの宿紙のようだが、やや退色した具引き加工が施されていて、いずれにしても、元は上質にして大部な写本だったのかもしれない。

また伝二条為氏筆の『俊頼髄脳』断簡（縦二二・八cm×横一二・八cm、字高一九・〇cm前後）［図07］がある。定家本と比較して少々の異同があることに加えて、二箇所に出てくる「夕立（ゆふたち）」のいずれをも「ゆふたり」としていて、単なる誤写誤認の範囲内なのか否かと興味を惹かれる。また伝里村紹巴筆の句集断簡（縦二〇・八cm×横一六・八cm、字高一七・五cm）［図08］がある。記載の句には『紹巴発句帳』や『大発句帳』の紹巴のそれと一致するものがあるので、紹巴自身の発句集と認定され、しかし『紹巴発句帳』『大発句帳』のいずれにもない具体的な詞書を伴っている点で、資料的価値が高いと判断される。ちなみにかつて拙論「連歌研究のインフラ整備」（『文学』十二―四、二〇一一年七～八月）で取り上げた「紹巴句集」断簡のツレとみられるものでもある。

もうひとつ、登録番号1364657の手鑑には、伝足利義輝筆の承久元年（一二一九）内裏百番歌合の断簡（縦二五・〇cm×横一六・〇cm、字高二三・〇cm前後）［図09］がある。この歌合、現存伝本は万治

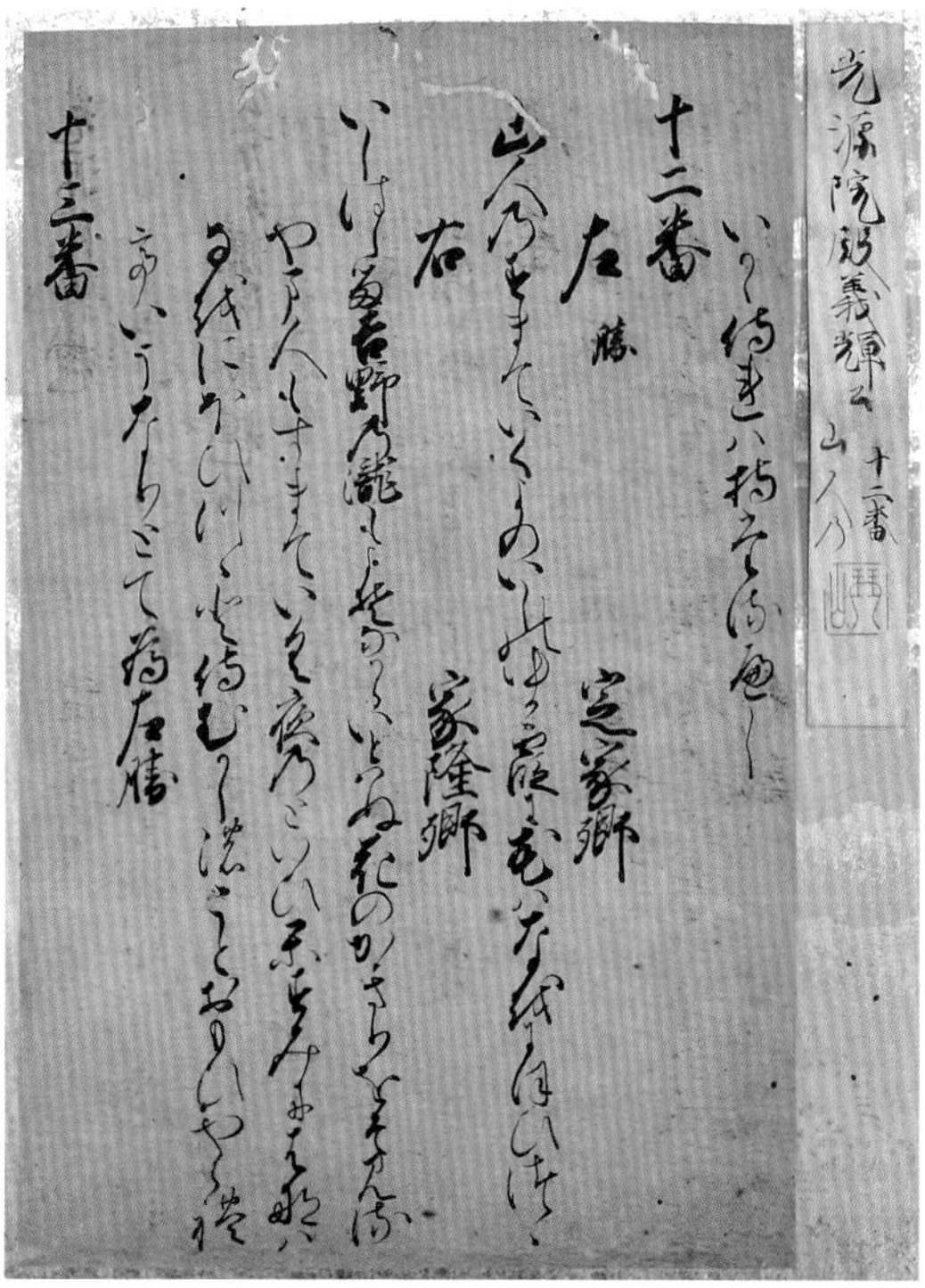

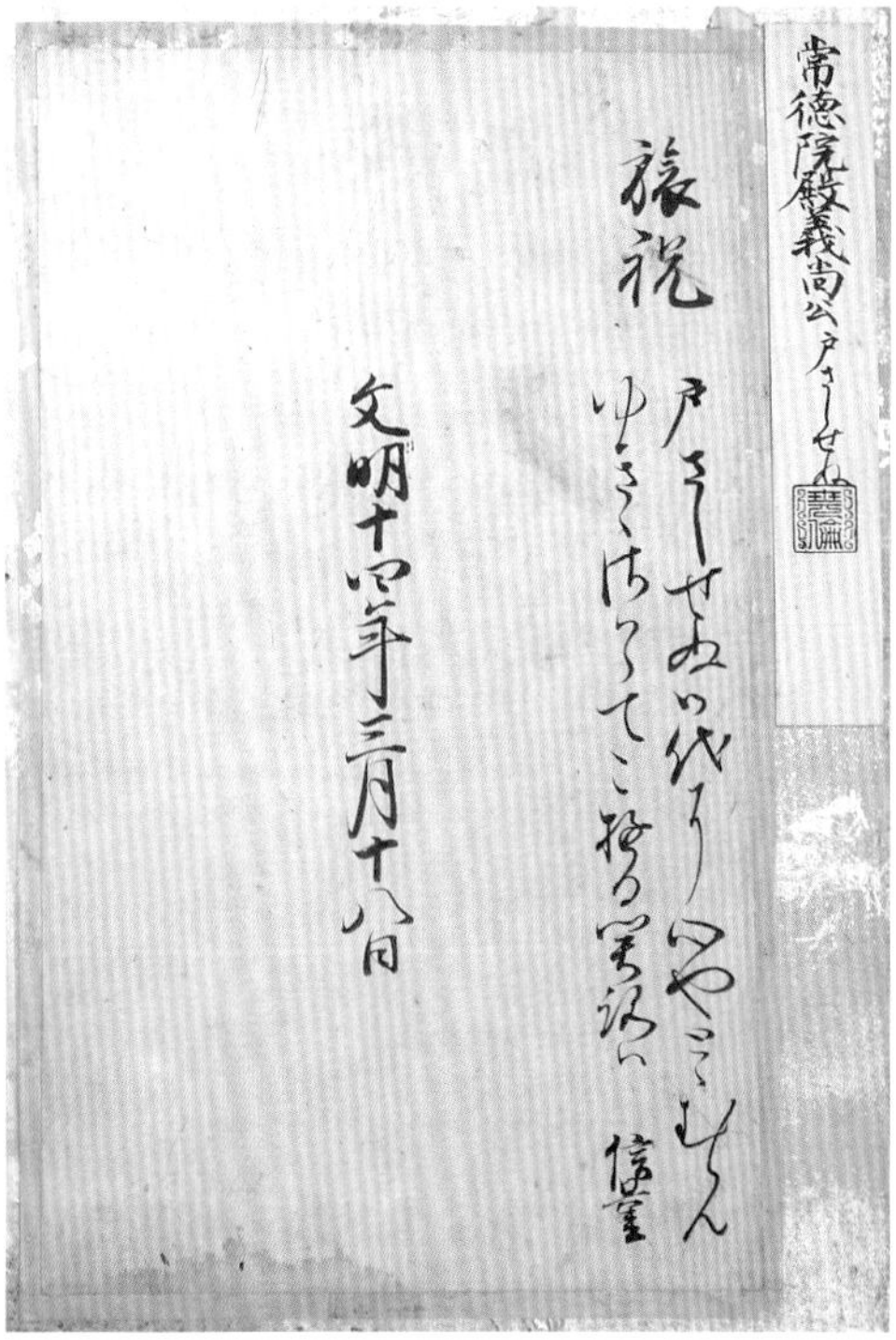

右［図09］…伝足利義輝筆　承久元年内裏百番歌合　断簡
左［図10］…伝足利義尚筆　文明十四年三月十八日・禁裏月次歌会　断簡

二年（一六五九）奥書を持つ一本、及びそれと同種の、宝暦七年（一七五七）奥書等を持つ一本という、時代の下る転写本二点のみだった。対して今回の断簡は、室町時代後期頃の書写とみられるのみならず、何より右二本に対して相応の異同が確認される。ツレの有無は未確認ながら、たった一葉でも古写断簡が見出された意義は大きい。

さらに伝足利義尚筆の歌会記録の末尾部分の断簡（縦二五・〇cm×横一四・八cm、字高一七・二cm前後）［図10］がある。紙面余白中央の「文明十四年三月十八日」とあり、実際『公宴続歌』（和泉書院、二〇〇〇年二月）所収「［文明十四年三月十八日　勅題］」の最後の一首たる「信量」詠が一致している。委細省略、当時における禁裏月次歌会の様相を考える上で、当該歌会は重要な位置を占めているという。その開催時に極めて近い書写とみられる貴重な一葉と言えそうである。

以上、これまでに確立された古筆切研究の方法に基づくだけでも、きっと今後も豊かな成果が得られるだろうが、さらに膨大な量の原本資料が驚くべき勢いで画像公開され続けている今日的な研究状況、研究環境をも活用していくことにより、よりいっそうの成果に繋がるのではないかと期待が高まる。もちろんそのためにはまた、本館蔵の豊富な古筆切のWeb公開が現実的に求められてもくるのだろう。外様的立場の者が軽々に申してよいことではないものの、今後不可欠の取り組みであること自体はそうだろうから、贅言してみた次第である。

新沢典子……SHINZAWA Noriko

無訓の金沢文庫切

鶴見大学文学部教授。専門は上代文学、古代和歌。主な著書・論文に『万葉歌に映る古代和歌史——大伴家持・表現と編纂の交点』(笠間書院、二〇一七年)、「「つくまの紫」と「つくまえのみくり」」(久保朝孝編『源氏物語を開く 専門を異にする国文学研究者による論考54編』武蔵野書院、二〇二一年)、「万葉集の文字を考える——修辞との関わりをめぐって」(『上代文学』第一三〇号、二〇二三年)などがある。

金沢文庫本は仙覚校訂本系統の万葉集の古写本であり、巻十九は石川武美記念図書館に完本で伝わる。すなわち、金沢文庫本巻十九の断簡(金沢文庫切)は一葉も存在しないはずなのだが、現時点ですでに五葉が確認でき、うち三葉は無訓である。金沢文庫本の臨写と見なされ『校本万葉集』に校異の取られることのなかったこれらの断簡の由来を、本学所蔵の無訓の一葉を通じて、考察してみたい。

掲出の断簡[図02]について

金沢文庫切。鎌倉後期写。縦三二・六cm×横八・九cm。天地に金界を引く。界高二七・六cm一行十七字。極札「青蓮院殿尊円親王〔印〕」を添える。

万葉集巻十九・四一六九番歌の末尾三十七字と、本文末の訓注八字を小書きで記した三行から成る断簡である。

金沢文庫本万葉集は仙覚校訂本系統の写本であり、本文の傍らに片仮名で訓が記してあるのだが、本断簡は無訓である。加えて、石川武美記念図書館には、金沢文庫本巻十九が全歌欠落なく伝わっており、掲出の断簡に該当する歌もその中に存在する。

同じく完存する巻一の断簡一葉が存することから、同時期に同じような万葉集が二部作られたとの説もあるが、定かではない。果たして、当該断簡をどのように定位・評価すべきだろうか。

金沢文庫本万葉集

金沢文庫本と呼ばれてはいるが、金沢文庫に伝来したという確実な証はない。『古筆名葉集』の「青蓮院尊円法親王」の項目に「金沢文庫切

大四半 万葉中字行書　四方金界アリ」と記されることを承けて、「金沢文庫本」また「金沢文庫切」と称されている。

金沢文庫本万葉集は、巻一・九・十二・十九が巻子本で、[1] 巻十八が列帖装で現存する（巻十一は関東大震災で焼失）。巻子本の四巻（巻十九は四二〇八番歌と四二〇九番歌の間で二軸に分けられているので実際は五巻）は、列帖装の冊子を改装したものであり、列帖装で残る冷泉家時雨亭文庫蔵の巻十八が元の姿を留めると考えられている。縦三三・五cm、横二五・六cmの大型本であり、改装された他の三巻も縦三三cmほどの大きな巻子本となっている。

時雨亭文庫蔵の巻十八を見ると、列帖装半葉に十七字・八行を楷書で記し、本文の傍らには片仮名で訓が付されている。この巻を含め、巻一を除く五巻、すなわち巻九・十一（焼失）・十二・十八・十九はいずれも訓が墨・朱・青で色分けされていて、仙覚文永本の特徴を伝える。

文永本と異なるのは、題詞が本文より二、三文字分低く書かれているという点である。仙覚本のうち題詞が低いのは、二度目の校訂本である文永本ではなく、それより二十年ほど遡った初度の校訂本である寛元本の特徴である。[2] すなわち、金沢文庫本は、題詞の低さからすれば寛元本的であり、訓の色分けからすれば文永本的である、ということになる。

肝心の本文はといえば、仙覚文永本のうち、文永十年本である寂印成俊本の系統と解説されることが多い。ところが、金沢文庫本の巻十八・十九を検証した田中大士の研究によれば、[3] 本文は仙覚による初度の校訂本である寛元本（神宮文庫本や細井本）や文永三年校訂本の系統である紀州本に近いのだという。

興味深いのは、訓については、竹下豊が「大矢本・近衛本（＝文永十年本である寂印成俊本系統の写本のうち巻七に錯簡のある本、引用者補）と同一系統に属することを強く示唆する」と指摘するように、[4] 寂印成俊本らしい特徴が認められるという点だ。以上を要するに、次のようになる。

・題詞の形式・本文…寛元本・文永三年本に近い
・訓　　　　　　　…文永十年本に近い
※但し、この傾向は巻十二、十八、十九についてのみ確かめられる。

このような本文と訓との対立が何に起因するかは定かではないが、小松茂美『古筆学大成12』が金沢文庫本の巻一について、「書写完了後に、何かの事情で、加点のチャンスを失い、しばらくの間、無点本のまま放置されていた」時期があっ

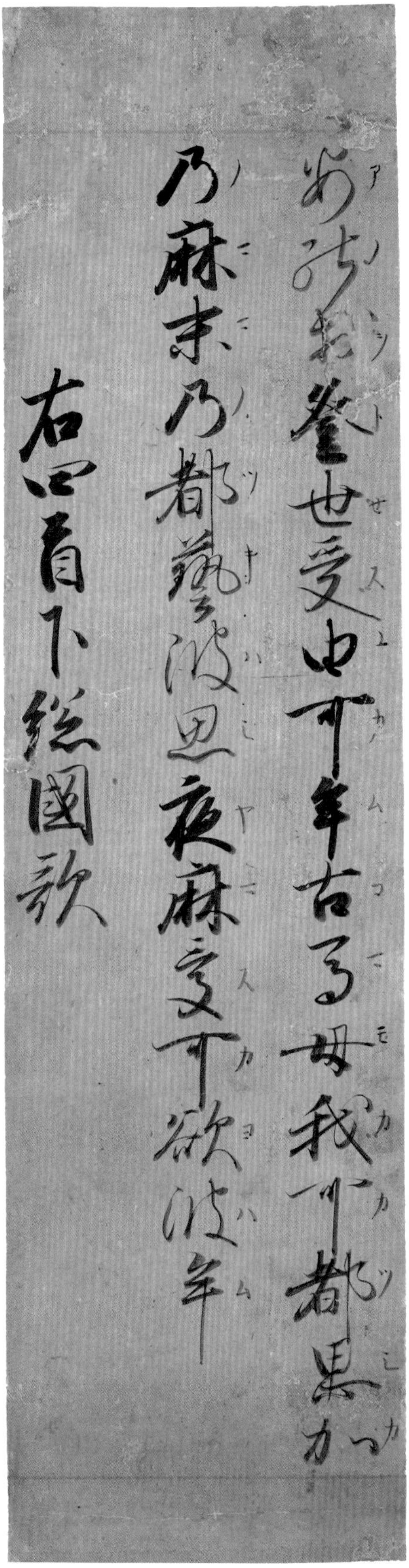
[図01]…金沢文庫切巻14・3387

たと推察していることは(5)、本文と訓の底本が異なる可能性があるいはあるのかもしれないという点において、後に述べる無訓の巻十九の存在とも関わって、重要であるように思われる。

金沢文庫切

さて、金沢文庫切についてであるが、万葉集写本の断簡の中では比較的豊富に残る。現在確認できるのは、巻一、七、十二、十三、十四、十九の歌や目録の一部であり、小松茂美『古筆学大成12』に二十葉以上の、また、久曾神昇『私撰集残簡集成』(6)や昨年末に公表された村田右富実の論文(7)に数葉の掲出や紹介があって、現存の断簡は少なく見積もっても三十葉は下らない。

鶴見大学図書館も二葉の金沢文庫切を所蔵しているが、そのうち一葉[図01]は巻十四の一首(三三八七)二行+左注「右四首下総国歌」一行の全三行からなる断簡であり、すでに鶴見大学図書館報『アゴラ』第一〇八号に図版付の解説が公開されているので(8)、画像を掲出するのみで割愛し、二〇二〇年に新たに収蔵した掲出の断簡[図02]を紹介したい。

当該の金沢文庫切には、巻十九・四一六九番歌の八十六文字目〜末尾の漢字本文と長歌末尾の訓注が載るが、写真に明らかなとおり、本文に訓が付されていない。

とりわけ不思議なのは、巻十九の断簡であるという点である。先述のように、金沢文庫本の巻一と巻十九は、現在、石川武美記念図書館に所蔵されており、巻十九の中には当該歌も含まれている。ちなみに、石川武美記念図書館蔵金沢文庫本巻十九の大きさは縦三二・九cm、界高は二七・六cmであって、大きさも界高も掲出の断簡とほぼ一致する。

以上を要するに、掲出の断簡は、

・全歌を完備しているはずの金沢文庫本巻十九の断簡である。

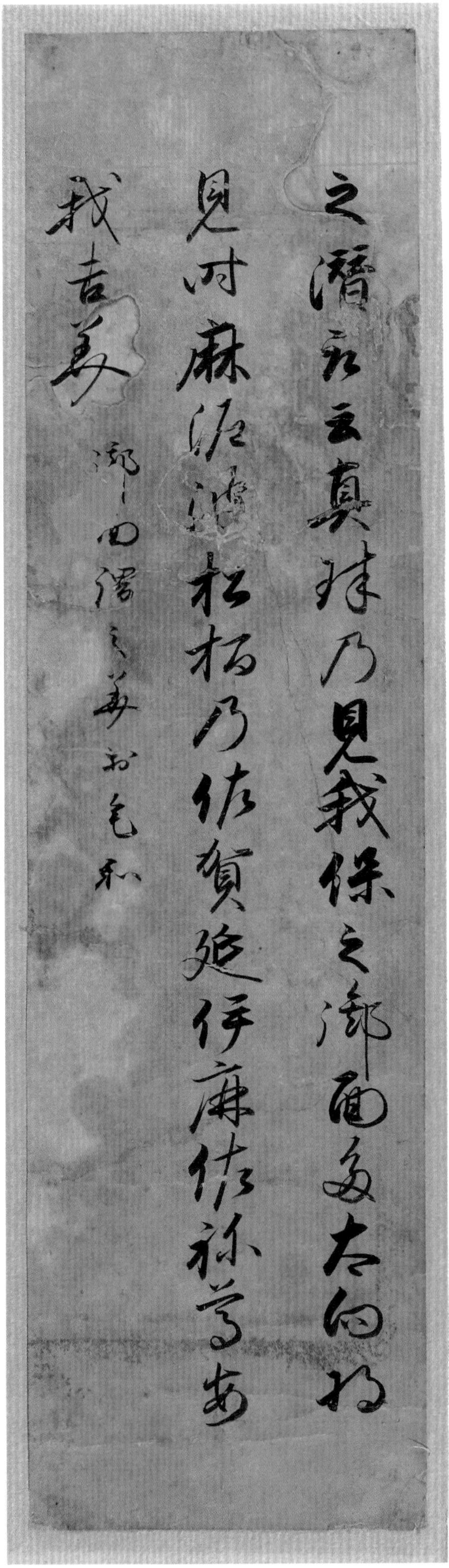

[図02]…金沢文庫切巻19・4169

・片仮名傍訓本であるはずの金沢文庫本の無訓断簡である。

という二点において特徴的であるということになる。

無訓の金沢文庫切

巻十九の金沢文庫切は、他にも複数存在する。現在確認できるのは、

（1）巻十九・四一四五（個人蔵。久曾神昇『私撰集残簡集成』に画像有）
（2）巻十九・四一六四（大英図書館蔵『御手鑑』に収載。森井（注11）論文に書誌有）
（3）巻十九・四一六九（鶴見大学蔵。※掲出の断簡）
（4）巻十九・四二四三―四五（白鶴美術館蔵『古筆大手鑑』に収載。『古筆手鑑大成 第二巻』に画像有）
（5）巻十九・四二九二（高岡市万葉歴史館蔵断簡。（注10）図録に画像有）

の五葉であり、うち（1）～（3）は無訓である。

実は、完本が存する一方で断簡の残る巻は巻十九だけでなく、巻一にも一葉が認められる。佐佐木信綱は「巻一と十九は完備してゐる」ことから、『校本万葉集』に巻一と巻十九の金沢文庫切の校異は採っていない。が、小松茂美は、巻一の断簡に該当する部分が金沢文庫本巻一の中に存在することから、「この「金沢文庫本万葉集」にかぎり、かつて、巻第一が二巻存在した」（『古筆学大成12』四四〇頁）と推察した。巻十九に関しては、上記（4）の断簡の存在は認識していたものの、巻子本を実見できなかったようで、「この欠脱は、あるいは佐佐木信綱の誤認であったかも知れないので、これ以上に深くは立ち入らない」として措き、巻一に関する言及に終始するのだが、小松説に拠れば、巻十九もまた二巻存した可能性が浮上してくることになる。

校本万葉集の立場は『校本万葉集十八 追補新増補』[9]においても一貫していて、例えば上記（4）の断簡について、仙覚訓であることを示す朱訓・青訓が断簡では墨書になっていることから臨写であろうと判断して、巻一と巻十九の断簡の校異は採らないのだが、その根拠が訓の色と片仮名の字体であったため、そうした特徴の見えない上記（1）～（3）、（5）の断簡については、例えば万葉歴史館刊行の図録の解題に「巻十九の断簡が小松の言う別本の断簡なのか、それとも『校本万葉集』が推定する後世に臨模されたものなのかについては、将来のほかの断簡の出現に関わっている」[10]とあるように、評価が定まらなかった。

しかしながら、今回の調査で新たに確認できた事柄として、無訓の断簡のうち上記（1）の一行目と二行目の間に、石川武美記念図書館蔵本巻十九では紙の継ぎ目があるという点を指摘しておきたい。金沢文庫本巻十九が同じ形式で二部作られて、上記（1）の断簡がその片方に由来したとすれば、継ぎ目のない断簡とはなり得ないのであって、上記（1）の金沢文庫切は、石川武美記念図書館蔵本が巻子本に改装された後に作られた模写であろうと考えられる。とするならば、掲出の金沢文庫切も、紙の継ぎ目には当たらないものの、やはり同じ類の模写ということになるのだろうか。

ところで、なぜ巻十九にのみ無訓の金沢文庫切が集中して見られるのか。森井信子は、上記（2）の無訓金沢文庫切について、「界高、書式は同じであるから、「金沢文庫切」の本文のみを模写したものであろう」[11]とするが、上記（4）の断簡を訓の色や片仮名の字体を根拠に「臨写」であろうと判断した『校本万葉集巻十八 新増補追補』でも、「傍訓の位置は双方よく合致している」、「本文であるが、見紛うばかりに近似している」と両者の酷似を認めている。本文をそっくりそのまま忠実に写し取った一方で、なぜ訓は写し取らなかったのか、甚だ不可解である。片仮名傍訓本から本文だけを抜き出して模写したというよりは、むしろ、もとの本が無訓であったとする方が自然ではないか。

そのように考えていた折、慶應義塾大学附属研究所斯道文庫に金沢文庫本巻十九の忠実な模写本である巻子本一軸のあることを知った。江戸時代の写本ということだが、字高、字様はもちろん、

一面八行の体裁を一枚に十六行で忠実に写してある。特に注意されるのは、巻十九の零本であり、かつ無訓であって、加えて、四一五五番歌～九三番歌までが欠脱しているという点である。列帖装の金沢文庫本のちょうど二十面分、斯道文庫本では十枚分に相当する。写し落としとは考えにくく、書本以前の段階での脱落である可能性が高い。この脱落部分が切れとなって流布し、そのうちの一つが大英図書館蔵の手鑑に、他の一つが鶴見大学に伝わったのではないか。

そもそもなぜ無訓の巻十九が誕生したのかという点については、不明と言わざるを得ない。が、先述したように、訓が文永十年本らしい特徴を示す一方で、本文は寛元本や文永三年本に近いという金沢文庫本巻十九の本文と訓との系統の乖離が、無訓の巻十九が存在する謎を解くカギとなるかもしれない。踏み込んでいえば、小松茂美が巻一について推察したような、「本文の書写と、加点とは時期を異にしていた」（『古筆学大成12』四四一頁）、すなわち金沢文庫本巻十九が無訓である時期のあった可能性を考える余地があるのではないかと思うのである。

巻十九に無訓の本が存した理由は未だ不明であるが、無訓の金沢文庫切が今後発見されるとすれば、恐らく万葉集巻十九の四一五五～九三番歌のいずれかの部分ではないかと予想される。今後の出現に期待したい。

注

（1）金沢文庫本万葉集に巻十二の存すること、木下正俊「真如堂蔵金沢文庫本万葉集巻十二」（『日本古典文学全集第四巻 萬葉集（三）月報』一九七三年十二月）に紹介がある。

（2）但し、野呂香「『万葉集』寂印成俊本系統の書式について」（『万葉集伝本の書写形態の総合的研究 論文編』国文学研究資料館共同研究（特定研究）研究成果報告書、二〇一七年三月）によれば、寂印成俊本のうちにも、広幡（野口）本、谷森本など、題詞を低く歌を高く書く本もあるという。

（3）田中大士「金沢文庫本万葉集系統論序説」（『萬葉』第二三一号、二〇二一年三月）。また巻十二について木下前掲（注1）論文に「本文は、あるいは元暦校本に近く、また西本願寺本と共通する所もある。」との指摘がある。元暦校本は非仙覚本、西本願寺本は仙覚文永三年本である。

（4）竹下豊「解題」『冷泉家時雨亭叢書 金沢文庫本万葉集巻第十八 中世万葉学』（朝日新聞社、一九九四年）。木下前掲（注1）論文にも「訓も、青の交じり具合が大矢本・京都大学本と一致し、寂印成俊本系統の特色をよく示していると思われる」とある。

（5）小松茂美『古筆学大成巻十二 万葉集 万葉集抄』（講談社、一九九〇年）。

（6）久曾神昇『私撰集残簡集成』（汲古書院、一九九九年）。

（7）村田右富実「『校本万葉集』において校合の対象となっていない断簡類」（『萬葉』第二三六号、二〇二三年十月）。

（8）鶴見大学図書館報『アゴラ』第一〇八号（鶴見大学、二〇〇三年八月）。解題は高田信敬。

（9）「萬葉集諸本並びに断簡類の解説」『校本万葉集十八 新増補追補』（岩波書店、一九九四年）。

（10）高岡市万葉歴史館図録『萬葉集のすがた――新収蔵品を中心に――』（高岡市万葉歴史館、二〇一五年）。

（11）森井信子「大英図書館蔵「御手鑑」の報告」（『国文鶴見』第三七号、二〇〇三年三月）。

付記 本稿の執筆にあたり一般財団法人石川武美記念図書館、慶應義塾大学附属研究所斯道文庫より貴重な資料閲覧の機会と、佐々木孝浩氏、村田右富実氏より有益な助言を得た。記して感謝申し上げます。

伊倉史人……IKURA Fumito

院政期歌学書の善本

―『俊頼髄脳』を中心に

鶴見大学図書館は『源氏物語』の善本を蔵することで知られているが、一方で歌書の古写本の蒐集にも力を注いできた。そのうち勅撰集の善本については貴重書展等を通じて紹介する機会を設けてきたので、ここでは近年少しく充実してきた院政期の歌学書の善本を紹介したい。

一、院政期歌学書の善本

まず院政期を代表する歌人の藤原清輔の著作では、『和歌初学抄』と『和歌一字抄』がある。『和歌初学抄』については、かねてより室町時代末期と江戸時代前期の写本を備えていたが、そこに「『和歌初学抄』伝本考」(1)の著者、川上新一郎氏（慶應義塾大学名誉教授）の旧蔵書二点が加わり、同抄の諸本研究において欠かせない伝本群を形成することになった。

一方『和歌一字抄』は下巻のみの零本ではあるものの、伝本希少の原撰本の古写本である（原撰本下巻の伝本には他に大阪青山短期大学蔵伝後光厳院筆本、日比野浩信氏蔵本があるのみ）。加えて、他本には見られない編者清輔自身の奥書を有し、崇徳院への進覧が仁平四年（一一五四）であったこと、また院が自身の歌を削除するように求めたこと等、『和歌一字抄』の成立の過程を窺い知ることができる伝本で貴重である。(2)

さらに、志香須賀文庫旧蔵『假名寄和歌』（室町末近世初期写）も本学図書館に帰属することになった。『色葉和難集』の草稿本の代表的な伝本で（他に無窮会神習文庫本、静嘉堂文庫本等が知られる）、『日本歌学大系』（別巻二）の底本に採用されている。

藤原定家の『詠歌大概』にも尤品が揃う。伝常徳院（足利義尚）筆本は尊経閣文庫（秘閣群籍甲第十一番）旧蔵本。前田家に仕えた金工師後藤演乗の息勘兵衛が元禄七年（一六九四）に献納した

鶴見大学文学部教授。専門は和歌文学（院政期歌学書、中世古今集注）・日本書誌学。主な著書・論文に『金葉和歌集』（川村晃生・柏木由夫と共著、岩波書店、二〇二三年十一月）、「『和歌一字抄』原撰本の成立――鶴見大学図書館蔵清輔奥書本の紹介と考察」（国文鶴見52、二〇一八年三月）、「『古今和歌集序鈔』（小幡正信注）について」（国文鶴見54、二〇二〇年三月）などがある。

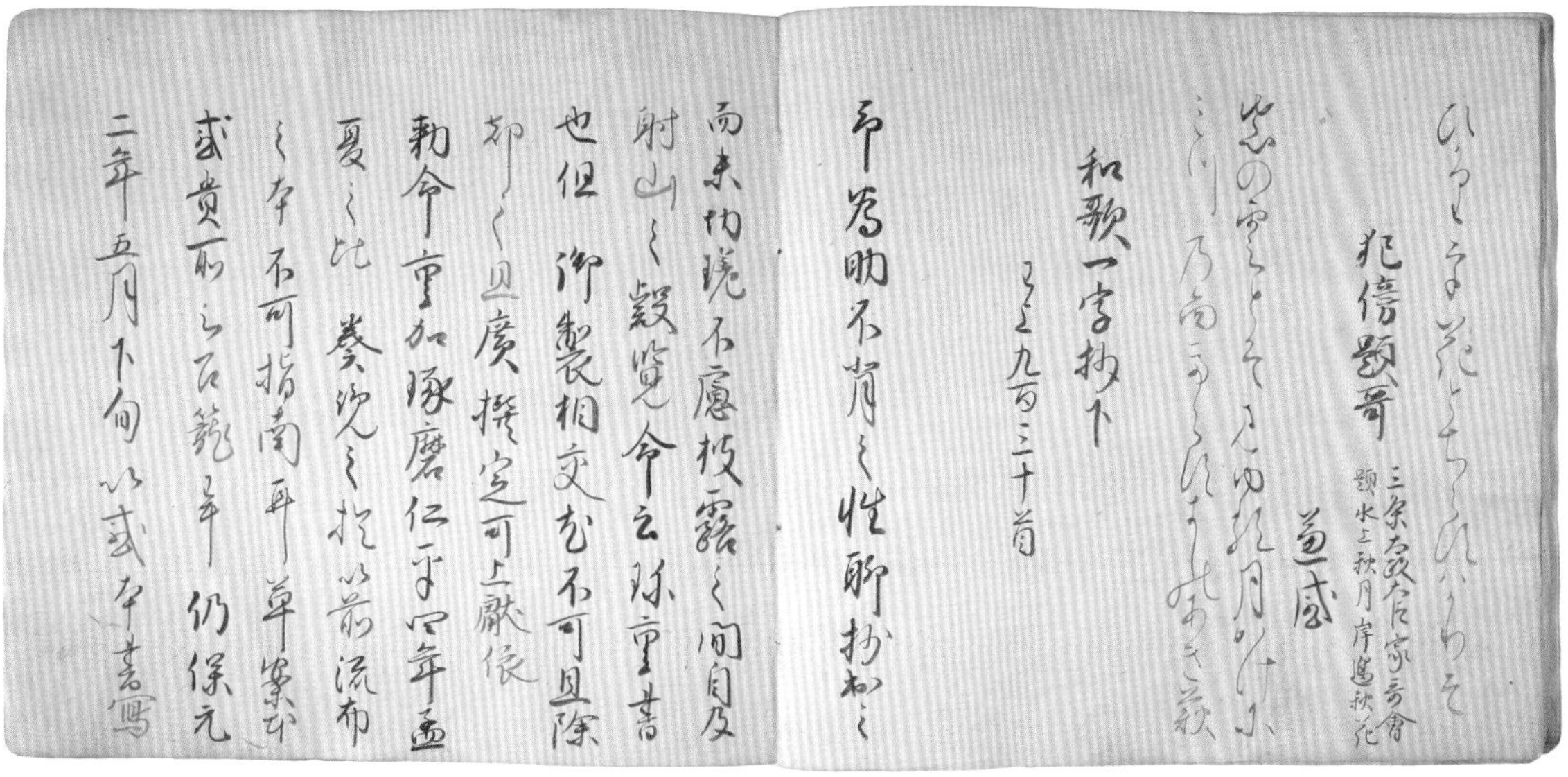

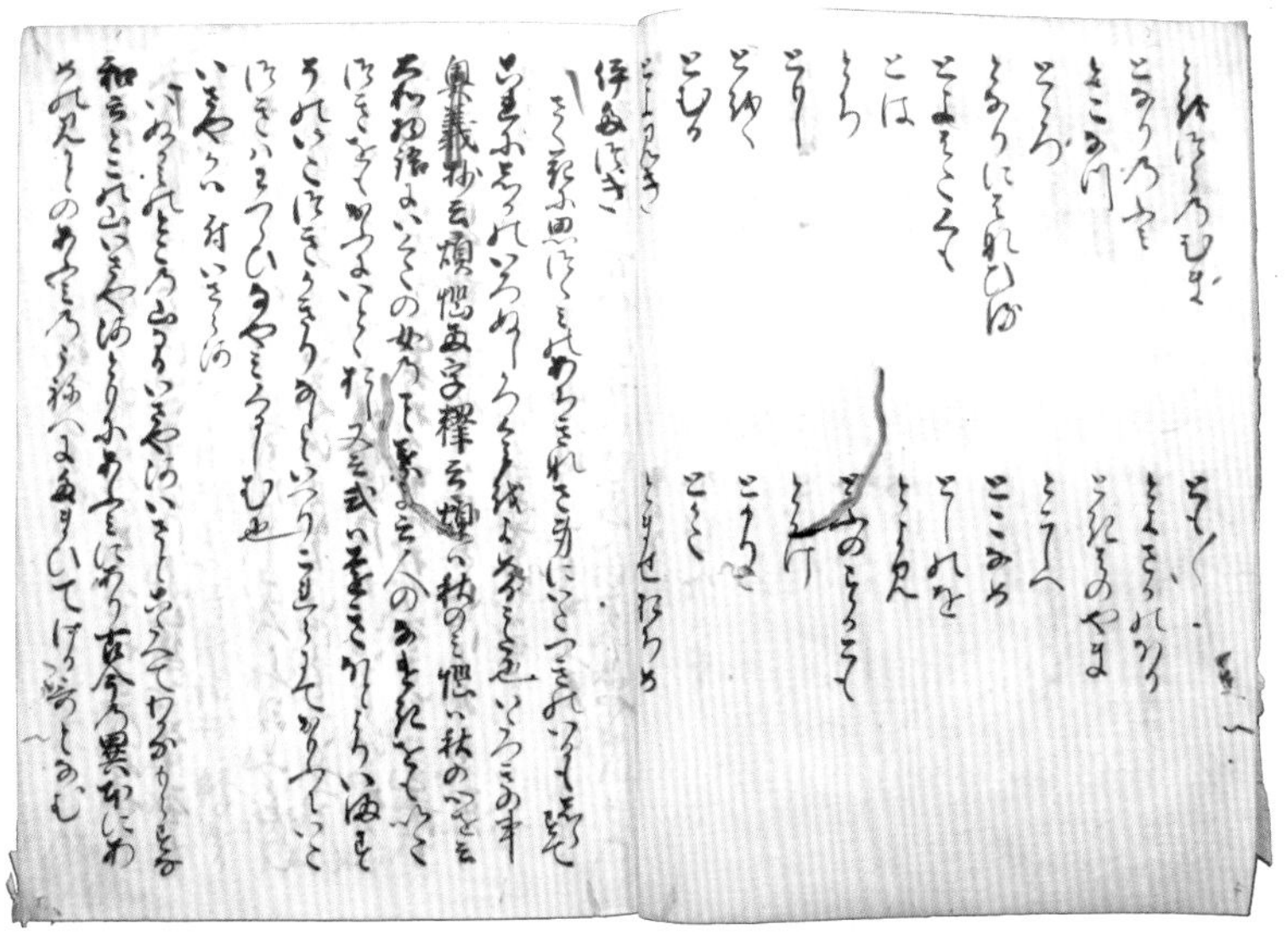

上から、
【図01】…和歌一字抄
【図02】…假名寄和歌（色葉和難集）
【図03】…仮名本詠歌大概

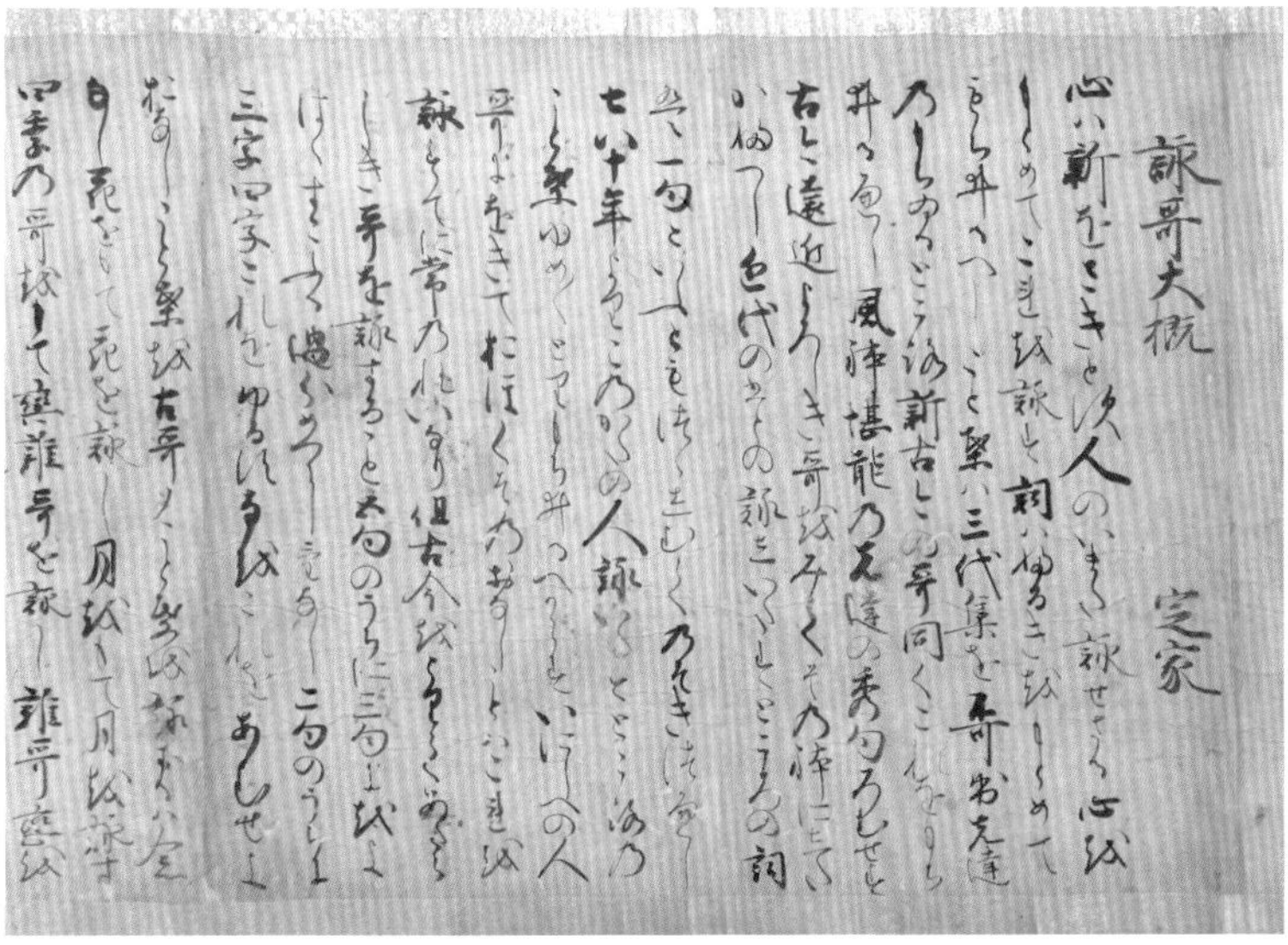

本という。また、伝冷泉為秀筆本は仮名本で、末尾に「是者定家進梶井宮云々」と記す。東京大学国語研究室蔵本、頓阿『井蛙抄』所引本等と同様、尊快親王へ勧献説を伝える善本である。

　その他、紹介すべきものはまだあるが、次に新収の『俊頼髄脳』二点を紹介する。

二、新収『俊頼髄脳』二点
——奥書を読む

近時鶴見大学図書館に『俊頼髄脳』二点が収められた。一つは江戸時代前期の写本で縦二九・〇×横二一・一糎と大ぶりな一冊。今一つは江戸時代中期書写の二冊本で、各冊巻頭に「岸本家蔵書」「朝田家蔵書」の印を捺す岸本由豆流の旧蔵本である。両本ともに「俊頼口伝」と内題し、巻末に次の奥書を置く。

(a)寿永二年八月二日、於紫金台寺見合了、
依知足院入道殿下命、奉為賀陽院俊頼朝臣所作、
今顕家朝臣本号俊秘鈔、
(b)自教懿御僧相伝之　智範之

奥書(a)には署名がないものの、寿永二年（一一八三）八月二日、顕昭が仁和寺の院家紫金台寺に(3)おいて『俊頼髄脳』を「見合」した際に記したものと推定されている。同年、顕昭は守覚法親王の命を受け、五月に『拾遺抄注』を、七月に『後拾遺抄注』を、八月に『詞華集注』『金葉集抄』（佚書）『堀河百首注』（佚書）を、十月に『散木集注』をそれぞれ注進しているが、俊頼髄脳の「見合」は、そうした一連の注釈作業の合間に行われた。

一方奥書(b)からは、「教懿御僧」に伝わった顕昭本が「智範」に相伝したことが窺える。「教懿」「智範」の両僧の伝は未詳で、かつ顕昭とのつながりも不明だ。「智範」については、承元〜天福（一二〇七〜一二三三）頃に醍醐寺（清光坊）に同名の僧がいたことが確認できる（『醍醐寺新要録』等）ものの、同一人物と断定することはできない。

奥書(a)に戻って、「見合」（二重線部）はどのように理解すべきであろうか。約十一年後の建久四年（一一九三）十一月に、顕昭は仁和寺の大聖院にて、再度『俊頼髄脳』を披見している。その奥書に、

建久四年十一月四日之夜亥時、於大聖院御所、
以書写本一校畢、書写以後已十一ケ年也

とあり、波線部と照らし合わせれば、先の「見合」は『俊頼髄脳』を書写した上で、写し誤りがないか見直しをしたとひとまずは理解して良さそうだ。そうすると点線部の「書写本」は寿永二年の書写の際に親本として用いた本であって、あらためて「一校」を加えたということになろう。ところが、そのように解釈するにはなお問題がある。それは建久四年の奥書を有する現存諸本は赤瀬知子氏の分類では広本系統に属し、寿永二年の奥書を持つ伝本は略本（Ⅱ類）に分類されるからである。すなわち「書写本」を寿永二年に書写した時の親本とみなす訳にはいかないのである。(4)

さらに不可解な点がある。守覚のもとには、俊頼自筆本を含む二部の『俊頼髄脳』があったことがその蔵書目録（前田綱紀編『桑華書志』所載「古蹟歌書目録」「第十五　髄脳」(5)）から知られている。

俊頼髄脳　一帖自筆　又一本三巻

顕昭が、守覚の所持する『俊頼髄脳』の書写を許されたのであれば、必ずや「一帖自筆」を選んだことであろう。ところが、奥書には俊頼自筆本のことが一切触れられていない。

以上、顕昭の奥書の書きぶりが簡略なこともあり判然としない点が残る。さらなる考究を必要とするが、それは本稿の目的とはしないので、別の機会に譲って奥書の後半部に移ることにしたい。

「依知足院入道殿下命…」では、関白藤原忠実の依頼によって、その娘の勲子（後に鳥羽上皇に入内して皇后宮となり、泰子と改名）のために俊頼が著述した由を記す。『今鏡』「すべらぎの中第二」も「木工の頭（俊頼）も、高陽院（賀陽院に同じ、泰子）の、大殿（忠実）の姫君ときこえ給ひしとき、作りて奉り給ひたるとかやきこゆる…」とあって同様の経緯を伝える。顕昭がここで『俊頼髄脳』の成立の背景を記したのは、備忘のためとは思えないので、門弟等に教示するためであったのだろう。

奥書の最後には、義兄藤原重家の息、顕家が所持本の題号が「俊秘鈔」であったことを指摘す

る。わざわざそう記したということは、顕昭の書写(見合)した本には別の書名が付けられていた、もしくは書名が付されていなかったのではないか。寿永二年の顕昭の奥書を持つ現存伝本は、「俊秘鈔(抄)」を内題もしくは外題とすることが多いが、それは奥書中の書名にひかれてものであって、この系統の本来的な書名ではないのであろう。

守覚所持の俊頼自筆本は、前掲「古蹟歌書目録」に見える「俊頼髄脳」という書名であった可能性が高い。『散木集注』や『詞華集注』にも「俊頼髄脳」「俊頼朝臣髄脳」として引用されている。[6] もとより、「俊秘鈔(抄)」や「俊頼髄脳」、あるいは鶴見大学本両本の「俊頼口伝」という書名は後人の与えたものであろう。勅撰集に『金葉和歌集』、家集に『散木奇歌集』という個性的な名称を与えた俊頼であれば、自身の髄脳に相応の書名を与えていたと考えたくなるが、「俊頼無名抄」(『拾遺抄注』『八雲御抄』等)とも呼ばれていることから推すと、書名のない(知られない)まま世上に流布したとも考えられる。[7]

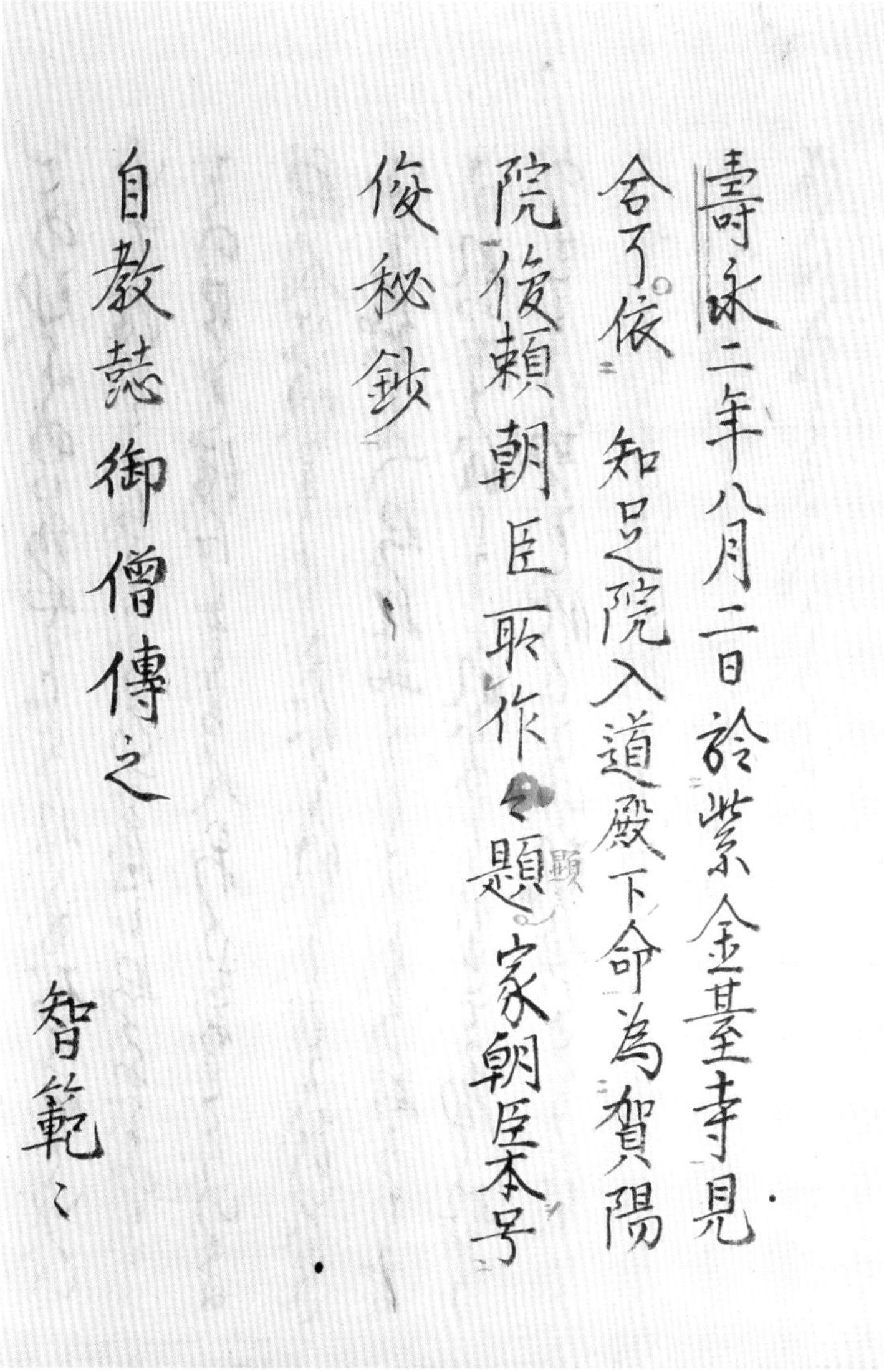

[図04]…俊頼髄脳(岸本由豆流旧蔵本・奥書)

三、特異な和歌の書式

現存する『俊頼髄脳』の伝本は七十を超えるが、古写本には恵まれていない。冷泉家時雨亭文庫に伝わる定家監督書写本、所謂定家本が安元一年(一一七五)の最古写本であり、同じく冷泉家所蔵『唯独自見抄』[8]と『俊秘抄』(残欠本)[9]がそれぞれ室町時代前期、南北朝時代の書写と推定されて古い。その他では、住吉大社蔵本が室町時代後期の写本(伝十市遠忠筆)であるが抄出本。また、「或古本」(平安時代末期〜鎌倉時代前期の書写本か)を享保十八年(一七三三)に透写した(家熈か)陽明文庫蔵本、伝慈鎮本を近世に入って臨写した京都大学文学部研究室図書館蔵『俊頼卿口伝』[10]等が目を引くが、その他の伝本は江戸時代に入ってから書写されたものである。

寿永二年の顕昭の奥書を持つ伝本は数が多く、鶴見大学蔵両本も含め三十本ほどが伝わっているが、それらもすべて近世期の写本である。そして、それらの諸本には「みかのよのもちゐはくはじわづらはしきけばよどのにははこつむらし」(四二九番歌)の注説に共通して錯簡が見られることが指摘されている。[11] それは同系統の現存諸本がいずれ

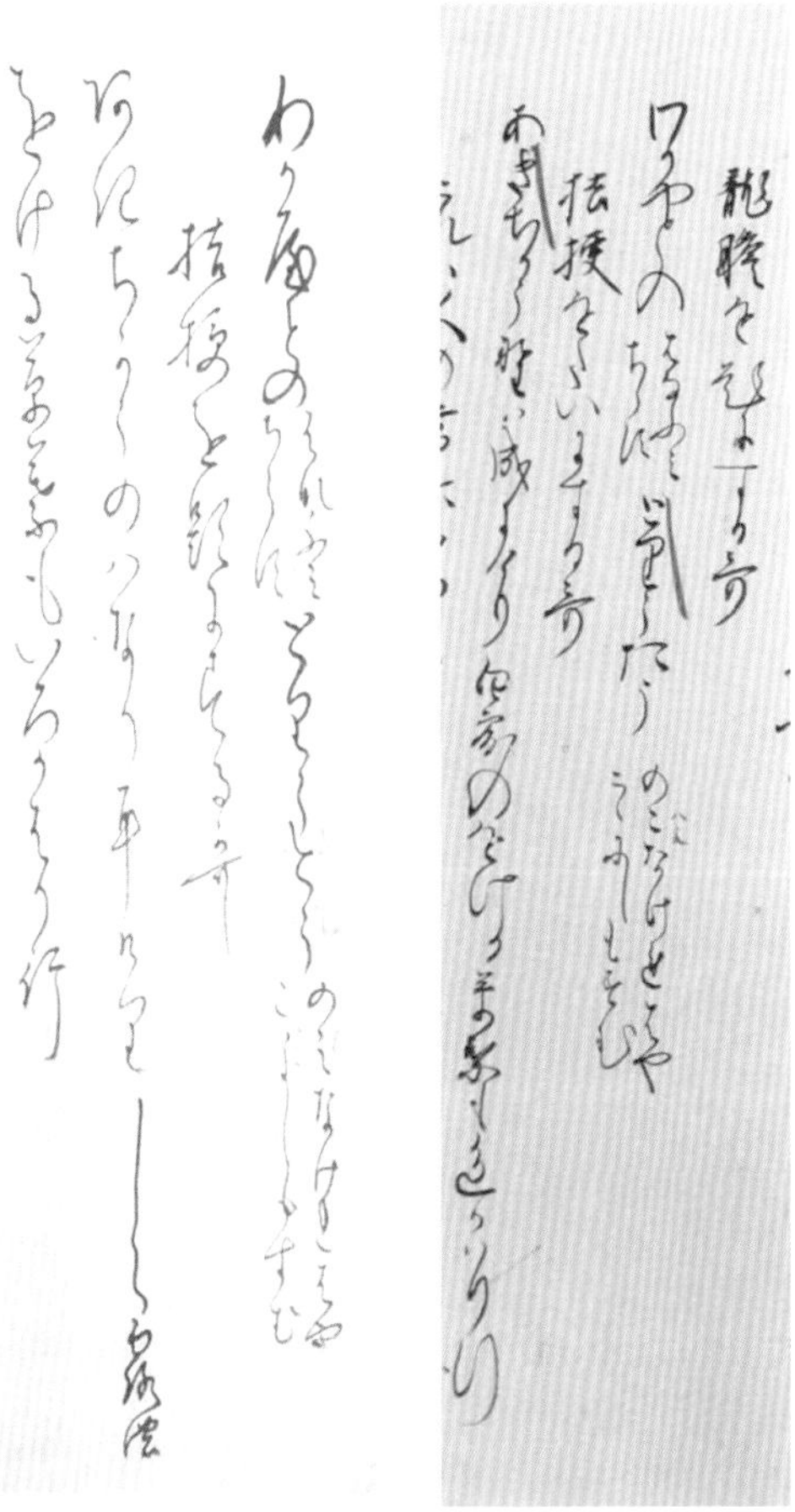

[図05]…俊頼髄脳（特異な和歌の書式）
〔右：岸本由豆流旧蔵本・左：江戸前期写本〕

かの書写段階の一伝本に遡ることができることを意味する。

ここで、いま一つこの系統の伝本に共通する特徴をあげておきたい。それは、以下のように、和歌の二句と下句を双行にて記すという特異な書式をとるという点である。

わかやどの はなふみ ちらす とりうたん のはなければや こゝにしもすむ　（一六）

ほの〴〵と あかしの うらの あさぎりに しまがくれ行 舟をしぞ思ふ　（九九）

右二首の他、七首（新編国歌大観の歌番号で示せば、四六、七八、一〇六、一三五、一三六、二一五、二五四番歌）に同様の書式が見られる。[12]個々の伝本が偶然このような特異な書式を採用したとは考えられないので、上記錯簡と同じように、ある一つの伝本の書式が保存されてきたと見なすべきであろう（錯簡が起こる以前の段階か）。

ところで、このような書式は『俊頼髄脳』（寿永二年奥書本）ばかりに見えるものではない。例えば元永本『古今和歌集』（元永三年〔一一二〇〕写）や『古今和歌集』の断簡である「筋切（通切）」等にもよく似た書式が確認できる。

おしてるや なにはのうみに やくしほのから くも われはおい にけるかな　（元永本・雑上・八九三）

はるのよのやみはあや なしんめの花 色こそみえね 香や はかく るゝ　（筋切・春上・四一）

また、鎌倉時代後期の書写と推定される国立歴史民俗博物館蔵『古今和歌集』（俊成本）[13]にも、

みる人も なくてち りぬる おく山の もみぢはよるの にしきなりけり　（秋下・二九七）

と見える。同本には都合五十三首にこの書式が確認できるが、そのすべてが見開きの左側の丁の最終行に現れる。これは同本が一首二行書きであって、下句が丁の裏に送られて読みにくくなるのを避けるための配慮と見て良い。元永本も同様で、右の例を含め特異な書式をとる三首はいずれも見開き左側の丁の最終行に記されている。筋切の場合もやはり最終行である。

とすると、現存する寿永二年奥書本の場合も、もとは同様の理由でこの書式が採用されたのではないか。この書式がいつ頃に始まり、いつ頃まで見られるものなのかわからないが、右の諸例からすると、現存寿永二年奥書本諸本の祖本は鎌倉時代の書写本であってもおかしくはない。顕昭書写本そのものに遡れるとも考えたくなるが、聊か妄想に過ぎようか。いずれにせよ、転写を繰り返して伝播した寿永二年奥書本諸本には、意外にも古き時代の伝本の面影が留められているのである。

四、国学者と『俊頼髄脳』

『俊頼髄脳』は刊行が企図されていたと思しく、延宝三年（一六七五）刊『古今書籍題林』、貞享二年（一六八五）刊『改正広益書籍目録』、元禄五年（一六九二）刊『広益書籍目録』、同十二年（一六九九）刊『新版増補書籍目録作者付太意』に「俊頼口伝」が載る。(14) 未刊に終わったものの、(15) それが需要がなかったからでないのは、その写本伝本の多さが証明している。

特に国学者や有職故実家たちの関心は高かったようで、多くの者たちが所持、書写している。新収の『俊頼髄脳』のうち一本は、岸本由豆流（一七八九～一八四六）の旧蔵書であることは前述の通りだ。

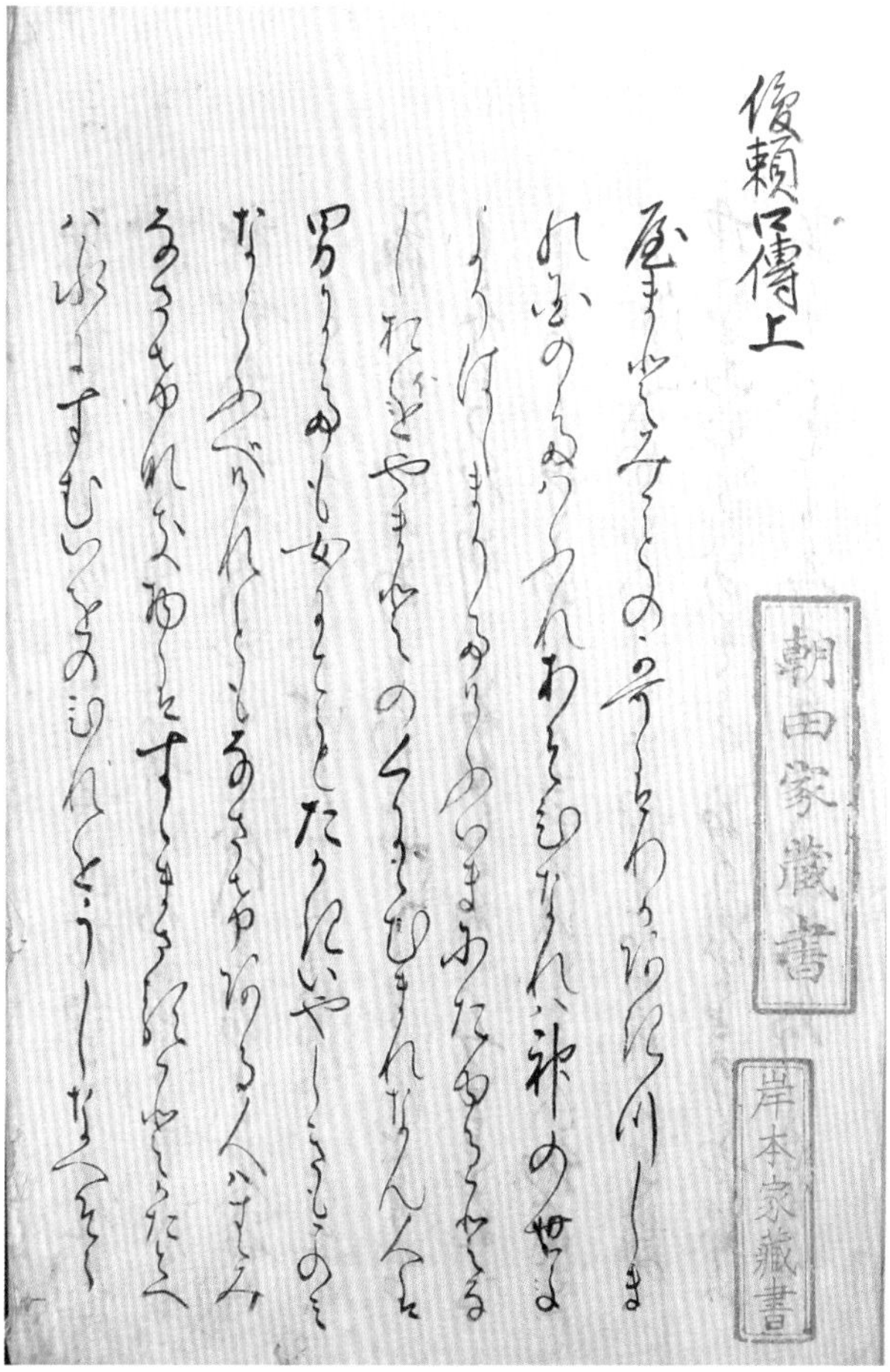

［図06］…俊頼髄脳（岸本由豆流旧蔵本・蔵書印）

天理図書館竹柏園文庫蔵本は橘為直（加藤枝直・一六九三～一七八五）の書写本。奥書に「東條景周」なる人物の「異本校合の本をかりてうつし侍る」とあって、早く本文の校合が試みられていたことがわかる。

静嘉堂文庫蔵「俊頼口伝集」（一〇四・四三・一八五六八）は岡本保孝の書写にかかる伝本で、師の狩谷棭斎蔵本（一本）、同棭斎本（イ本）と「友人村山弥市ぬしの蔵本」（村山本・小野高尚〔一七二〇～一八〇〇〕の転写本）を対校本として、その異同を詳細に記している。右の「一本」は同文庫にある狩谷棭斎旧蔵「俊頼口伝集」（五一七・一三・日尾荊山〔一七八九～一八五九〕旧蔵）であると言われる。(16) 一方「イ本」は大洲市立図書館矢野文庫に伝わる棭斎旧蔵「俊頼口伝集」がそれに該当しよう。同本には「賜蘆文庫」印が捺されているので、棭斎の手を離れた後に新見正路（一七九一～一八四八）の手にわたり、さらに矢野玄道（一八二三～一八八七）へと逓蔵されていったことになる。

同じく静嘉堂文庫には、保孝のもう一人の師である清水浜臣（一七七六～一八二四）の旧蔵「俊頼口伝集」（一〇四・四三・一八五六九）も伝わる。同書には、浜臣によるものと断言はできないが、和歌の出典と本文異同の注記等が多く書き入れられている。

また、『散木弃謌集標註』を上梓した村上忠順（一八一二～一八八四）の所持本が刈谷市立図書館に残されている。

その他、詳述は避けるが、裏松固禅（一七三六～一八〇四）、土井経平（一七〇七～一七八二）、伴直方（一七九〇～一八四二）、岩崎美隆（一八〇四～一八四七）、木村正辞（一八二七～一九一三）、榊原芳埜（一八三二～一八八一）、井上頼圀（一八三九～一九一四）といった者たちが、『俊頼髄脳』を所持していたことがわかっている。

前述の保孝は、その著作『難波江』において、「かはたけの」や「さくさめの刀自」といった枕詞や難義語の考証に『俊頼髄脳』を参照している。同じく彼の著作の『起頭声類』『語彙』にも『俊頼髄脳』の引用が見られる。また、小山田与清の『松屋日記』でも「白波」という語を考証する資料として『俊頼髄脳』が用いられている。その他、屋代弘賢『古今要覧稿』、鹿持雅澄『万葉集古義』、黒川春村『硯鼠漫筆』『墨水遺稿』、山岡浚明『小窗雑筆』『類聚名物考』、伊藤圭介『植物図説雑纂』、若槻敬『畏庵随筆』等、多くの考証随筆に引用が見られ、国学者や有職故実家たちが、『俊頼髄脳』を単に所持、書写するに留まらず、大いに活用していたことが窺える。

注

(1) 川上新一郎氏「『和歌初学抄』伝本考」(斯道文庫論集19・昭和五十八年三月↓『六条藤家歌学の研究』汲古書院、平成十一年八月)。

(2) 拙稿「『和歌一字抄』原撰本の成立——鶴見大学図書館蔵清輔奥書本の紹介と考察」(国文鶴見52、平成三十年三月)。

(3) 紫金台寺はかつての覚性法親王の御所。当時は無住だったと考えられている。詳しくは、西村加代子氏「仁和寺移住前後の顕昭」(神戸学院女子短期大学紀要15、昭和五十七年三月。後に『平安後期歌学の研究』(和泉書院、平成九年九月)に所収)を参照されたい。なお、後出の大聖院も覚性の御所。

(4) 赤瀬知子氏「『俊頼髄脳』における享受と諸本——諸本論のための試論——」(国語国文51—8・昭和五十七年八月↓『院政期以後の歌学書と歌枕』清文堂、平成十八年十月)。

(5) 太田晶二郎氏「『桑華書志』所載「古蹟歌書目録」——「今鏡」著者問題の一徴証など」(日本学士院生紀要12—3・昭和二十九年十一月↓『太田晶二郎著作集』第二冊、吉川弘文館、平成三年一月)所掲の翻刻に拠る。

(6) 紫金臺寺にて書写(見合)する以前に著した『拾遺抄注』では「俊頼無名抄」と引用しているのに対して、以後に成立した諸注では「俊頼(朝臣)髄脳」と記している。これは顕昭が俊頼自筆本を披見していたことを示すか。

(7) 鈴木徳男氏は俊頼自身が「無名抄」と名づけた可能性があるとする(「『袖中抄』所引『俊頼髄脳』について」相愛国文12号、平成十一年三月↓『俊頼髄脳の研究』思文閣出版、平成十八年三月)。

(8) 『唯独自見抄』という書名を持つ伝本は前掲広本、略本とも異なる本文を有する。冷泉家本の他、同本の転写本である書陵部本、抄出本の彰考館文庫本、島原図書館松平文庫本が残る。

(9) 同本には内外題等なく、『俊秘抄』という書名は鈴木徳男氏が与えた仮称(冷泉家時雨亭叢書83『大鏡 門前 源氏和歌集 拾遺(一)』所収「唯独自見抄」解題、朝日新聞社、平成二十年十二月)。「俊秘抄」の書名を持つことが多い寿永二年奥書本とは本文は異なり、むしろ後掲の京都大学図書館蔵本に近いところがある。

(10) 拙稿「京都大学文学部研究室図書館蔵「俊頼卿口伝」解題・翻刻」(武蔵野書院創立90周年記念論集『平安文学史論考』武蔵野書院、平成二十一年十二月)。

(11) 俊頼髄脳研究会編『関西大学図書館蔵 俊秘抄』(和泉古典文庫10、和泉書院、平成十四年十月)の解題による。ただし、彰考館文庫蔵「無名抄」、東京大学総合図書館蔵「無名抄」、京都大学文学部図書室蔵「無名抄」にはこの錯簡は見られず、錯簡を起こす前の形を留めている可能性もあるが、後者二本は他本の校合が見られ、錯簡が訂正されている可能性もあるという。

(12) 九首のうち何首かが普通の書式になったり、すべてが通常の書式に直された伝本もある。

(13) 『国立歴史民俗博物館蔵貴重典籍叢書 文学篇 第一巻 勅撰集一』(臨川書店、平成十一年三月)所収。

(14) 『〈江戸時代〉書林出版書籍目録集成』一・二(斯道文庫書誌叢刊之一・二、井上書房、昭和三十七年十二月〜昭和三十八年六月)の影印に拠る。

(15) 序のみ元禄六年(一六九三)に刊行された徳川光圀編『扶桑拾葉集』に収録されている。

(16) 久曾神昇氏「俊秘抄について」(国語と国文学16—3、昭和十四年三月)。

河田翔子……KAWATA Shoko

新収の古今注
——伝轉法輪公敦筆『古今和歌集注』の紹介

鶴見大学非常勤講師（国文学研究資料館プロジェクト研究員）。専門は中世説話文学。主な論文に「大和国武蔵野異聞——中世古今集注・伊勢物語注から人情本まで」（『国文鶴見』53、二〇一九年）、「勧修寺本『古今和歌集注』論続貂」（『国文鶴見』54、二〇二〇年）などがある。

鶴見大学図書館に蔵される伝轉法輪公敦筆『古今和歌集注』は、慶應義塾大学附属研究所斯道文庫編『古今集注釈書伝本書目』（勉誠出版、二〇〇七年）にも未収の、新収の古今注である。同書は、納められた桐箱の箱書により、室町中期の公卿である三条（轉法輪三条）公敦の筆とされる。本稿では、同書の紹介を兼ねつつ、同書が本当に公敦筆の古今注であるか否かを筆跡と注文の内容から検討したい。

一、鶴見大学図書館所蔵の中世古今注

現在、鶴見大学図書館には、中世成立の（あるいは近世成立ながら中世の説を書き留める）『古今和歌集』注釈書（以下「古今注」）が以下の十三種蔵される。(1)

①『勧修寺本古今和歌集注』（［江戸前期］写）、②『頓阿序注』（吉兵衛筆。延宝三年〈一六七五〉写。片桐洋一氏旧蔵）、③『古今大事』（寛文四年〈一六六四〉写）、④『古今真名序（古聞か）』（［江戸中期］写。川上新一郎氏旧蔵）、⑤『古今切紙口伝条々』（同上。④と合写）、⑥『為家抄』（［近世初期］写）、⑦『古今和歌集注』（伝轉法輪公敦筆。［室町中期］写。片桐洋一氏旧蔵）(2)、⑧『古今和歌集隠名作者次第』（元和三年〈一六一七〉写）、⑨『古今血脈抄』（［江戸中期］写）、⑩『灌頂唯授一子之大事』（［江戸初期］写）(3)、⑪『詠歌口傳書類（切紙）』（［江戸初期］写）、⑫『小幡正信注』（義孟筆。正徳二年〈一七一二〉写。片桐洋一氏旧蔵）、⑬『柳沢保光旧蔵古今伝授資料』（［江戸中期］写）(4)。

この内、⑪『詠歌口傳書類（切紙）』(5)、⑫『小幡正信注』(6)、⑬『柳沢保光旧蔵古今伝授資料』(7)は、すでに先行研究において解題・翻刻や内容の詳し

い考察がなされている。また、①『勧修寺本古今和歌集注』については、拙稿において従来説の再検討を行った(8)。

本稿では、新収の⑦伝轉法輪公敦筆『古今和歌集注』（以下、「鶴大蔵伝公敦筆注」）について、紹介を兼ねつつ、少々考察を加えてみたい。

二、書誌情報

鶴大蔵伝公敦筆注の書誌は、以下のとおりである。

巻子装一軸。金襴緞子割小菱亀甲繋ぎ地に鶴文様後補表紙（縦二三・九糎×横二三・五糎）。見返し、金切箔野毛散らし楮紙。外題なし。内題、「古今和歌集上（下）」。全二十四紙。本文料紙は、縦二三・九糎×横四六・七〜四九・四糎の楮紙。字高は約二二・〇糎、注文部分の字高は約一九・五糎。桐箱の蓋表に「古今集書巻　轉法輪公敦公筆」と墨書。箱内に「轉法輪公敦／三條公敦／永正四年四月八日卒／将軍足利義植／後柏原天皇の／御代」と墨書した添付文書あり。極札はないが、箱書にあるように、伝来の過程で公敦筆とされたのであろう。

同書は、箱書によると、三条（転法輪三条）公敦が書写した古今注ということになるが、はたして本当であろうか。以下に、同書の筆跡および注文の内容について検討したい。

三、筆跡

鶴大蔵伝公敦筆注の伝承筆者に比定される三条公敦は、永享十一年（一四三九）生、永正四年（一五〇七）没。実量男、母は三条実雅養女。従一位右大臣にまで昇るが、文明十一年（一四七九）、歌道師範役を務め親密な関係にあった大内政弘を頼り周防国へ下向。下向先で宗祇や兼載らとも交流し、様々な歌書・連歌論書等を書写し、同地で没した(9)。

鶴大蔵伝公敦筆注と、公敦筆とされる短冊や写本とを比較してみると、両者は同筆とは言い難い。前節に記したとおり、鶴大蔵伝公敦筆注を公敦筆とするのは、同書が収められた桐箱の箱書のみである（同封された添付文書は、箱書に公敦筆とあるのを受けて、後人が公敦の没年と存命中の将軍・天皇名を記したものであろう）。また、同書には、例えば文明十三年（一四八一）公敦写の奥書を持つ広島大学蔵「内閣文庫本古今和歌集注」（零本。以下、「広大蔵公敦筆内閣本注」(10)）のような奥書も見られない。

したがって、鶴大蔵伝公敦筆注は、公敦の真筆とは言い難い。ただし、筆跡から公敦と同時代の古写本と見て良いように思われる。先に述べたとおり、箱書には公敦筆と見えるので、同書を公敦筆とする何らかの伝承があったのではないだろうか。

四、注文の内容

次に、鶴大蔵伝公敦筆注の注文の内容を検討したい。

注文は、被注歌中の歌詞を抜き出して説明する場合が多く、一首全体の歌意について説く場合もある。ただし、いわゆる「本説を以て説く古今注(11)」のように、『古今集』には記されていない詠作事情や表現の由来について本説を説くことや、読人不知歌の作者を「実は〇〇である」と注することは少ない。短文の注が多く、長いものでも三行程度であり、全体的に簡潔で穏当な注となっている。注の性格や流派については現段階では判断しがたいが、注目されるものもあるので、以下にいくつか具体例を挙げてみよう。

初めに、『顕注密勘』の説に影響を受けていると見られる例である。「秋の野の尾花にまじり咲く花の色にや恋ひむ逢ふよしをなみ」（恋一・四九七・読人不知）［図01］には「よの花もまじるらんなれども、りんだうの事と也。家説也」とある。ここに見える「尾花にまじり咲く花」＝竜胆《りんどう》説は、『顕注密勘』の密勘に「…秋の野の盛り過ぎ、心細げなる長月の霜の中に尾花ばかり残りたる頃、龍胆の華やかに咲き出でたるを尾花にまじり咲く花とは、紫の色のゆかりを思へるにや、とぞ申す人侍りし」とあるのに影響を受けていると考えられる。注目されるのは、鶴大蔵伝公敦筆注が竜胆説を「家説」とする点である。この記述にしたがうならば、同書は、定家の説を「家説」とする人物（あるいはそれを標榜する人物）によって作られた古今注ということになる。同書には、この他にも『顕注密勘』と同じ説を記す例が多く見られる。ただし、いずれも細かい行文が異なる上、非常に簡略化されており、『顕注密勘』に直接拠ったというよりも、他の注釈書等を仲介して間接的に影響を受けていると考えられる。

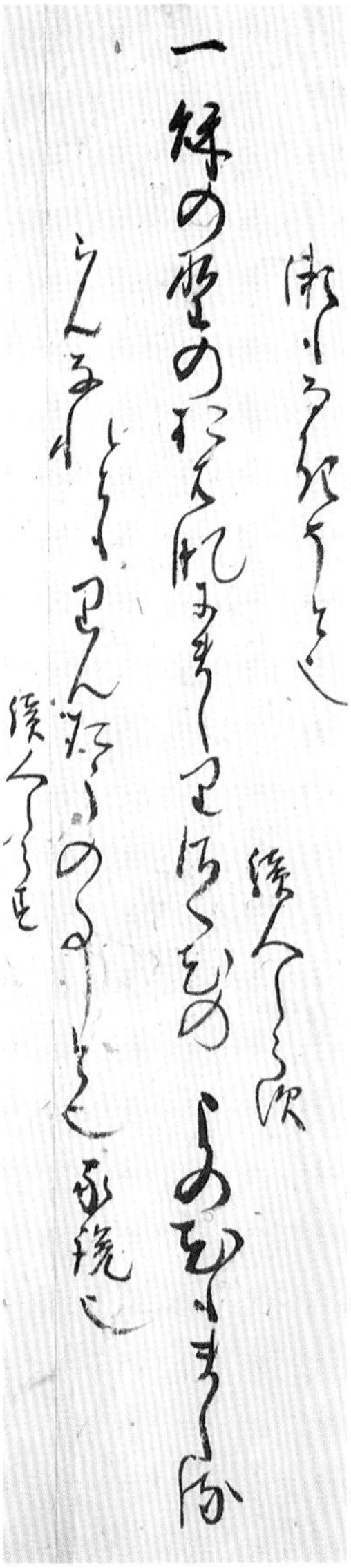

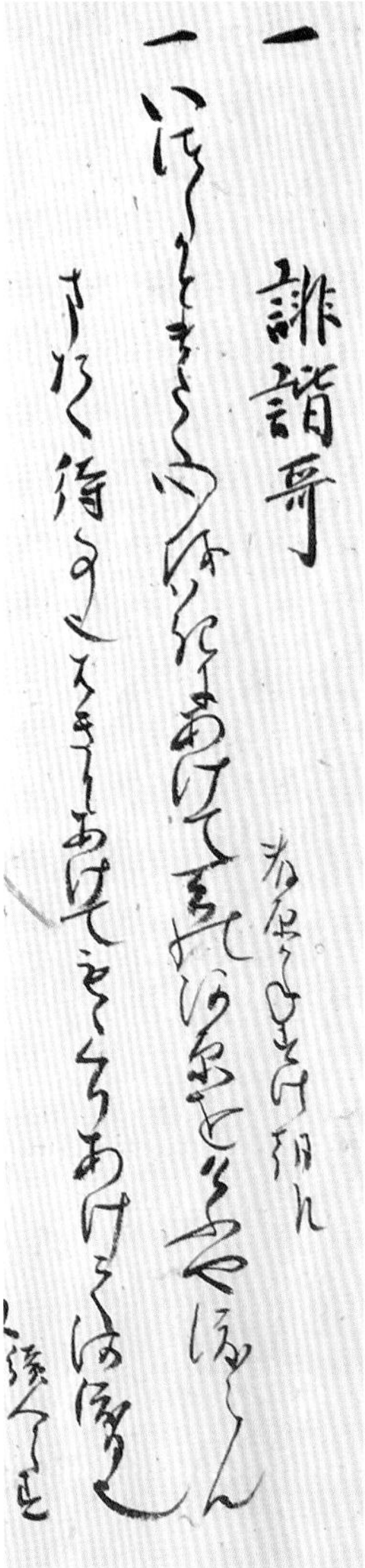

右から、
【図01】…四九七番歌注
【図02】…一〇一四番歌注

次に、第三節でも触れた、文明十三年（一四八一）公敦写の奥書を持つ広大蔵公敦筆内閣本注の説と類似する例を挙げる。広大蔵公敦筆内閣本注は、師成親王（後村上皇子。正平十六年（一三六一）〜？）が古今集に書き入れた当流説等の注記を、公敦が（師成以外の説も含めた）注記のみを別紙に書き分けて、一書と為した古今注であるという。[12] つまり、注の内容は公敦自身の説を記したものではないが、公敦が直接目にしていたことが確実な古今注である。一方、鶴大蔵伝公敦筆注は、先に述べたように伝承筆者を公敦とする古今注であるが、筆跡からは公敦筆と言い難いものであるが、広大蔵公敦筆内閣本注と比較することで、注文の内容から、同書の成立に公敦の関与があったか否かの可能性を検討してみたい。

「いつしかとまたぐ心を脛にあげて天の河原を今日や渡らむ」（雑体・一〇一四・藤原兼輔）［図02］には「またぐ、待事也。はぎとあげて、もゝくりあげて河渡る也」とある。広大蔵公敦筆内閣本注には、「またぐ、又こむと云心也。又は、まてと云心也。待也。用。てとつと同音也。…」とあり、「またぐ」＝待つ説を取る点が一致する。ただし、これは『顕注密勘』の顕注に「…またぐとは、待と云也。…たとつと同五音也。…」とあるのに両者が影響を受けた結果と考えられる。この他にも、鶴大蔵伝公敦筆注と広大蔵公敦筆内閣本注とが類似する説を記す場合は、いずれも『顕注密勘』の説が大本にあることがほとんどである。もし鶴大蔵伝公敦筆注の成立に公敦が関与しているならば、他の古今注には見えず両者にのみ共通する注文があっても良いはずだが、現時点ではそのような注文は確認できていない。したがって、鶴大蔵伝公敦筆注は、注文の内容からしても、成立に公敦が関与したとは言い難い。

　最後に、いわゆる「本説を以て説く古今注」に見える説とやや類似する例を挙げる。先に述べたとおり、鶴大蔵伝公敦筆注は、いわゆる「本説を以て説く古今注」のように、被注歌の詠作事情や表現の由来について本説を説くことや、読人不知歌の作者を特定の人物に比定することは少ない。

【図03】…四二番歌注

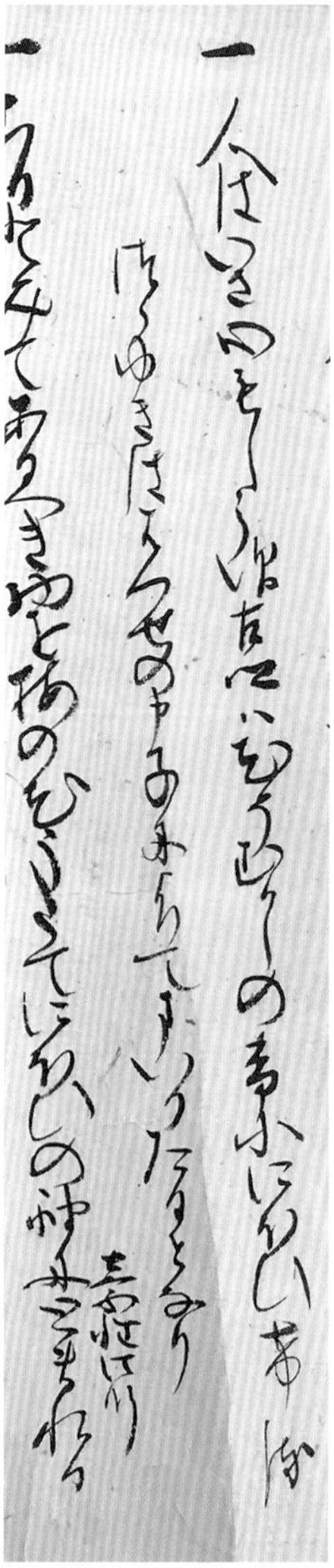

しかし、同書には、「本説を以て説く古今注」に見える特徴的な説とやや類似する例が、以下のとおり見えるのである。

「初瀬にまうづるごとに宿りける人の家に久しく宿らで、程経て後に至れりければ、かの家の主「かく定かになむ宿りはある」と言ひ出して侍りければ、そこに立てりける梅の花を折てよめる／人はいさ心も知らずふるさとは花ぞ昔の香に匂ひける」(春上・四二・貫之)[図03]に「つらゆきは、はつせの申子によりて、まいりたるとなり」とある。この貫之＝初瀬の申し子説は、例えば「本説を以て説く古今注」の一つである古今和歌集三条抄(13)に「貫之は長谷寺観音の申子也。父文幹、子のなき事を歎て月まうでをしけるに、ある夜の夢に御張《ママ》の内より経を一巻給とみて、貫之をまうけたり」とあるのと同種の説であろう。この説は、曼殊院本古注(14)や毘沙門堂本等(15)、他の「本説を以て説く古今注」にも見える特徴的な説である。古今和歌集三条抄等の「本説を以て説く古今注」との関係については、現時点では不明である。しかし、定家説を「家説」(四九七番歌注)とする鶴大蔵伝公敦筆注に「本説を以て説く古今注」と同種の注が見えることは、注目すべき点であろう。

以上、鶴大蔵伝公敦筆注の注文の内容について、現時点で確認した注目すべき点を挙げてきた。同書がいかなる注かは、まだ未詳であるが、定家説を「家説」としつつ、「本説を以て説く古今注」に見える特徴的な説を取り入れるなど、内容的に注目すべき古今注であると考えられる。今後は、より多くの古今注と比較検討し、同書がどのような立場の人々によって作られたのかを明らかにしていきたい。

注

(1) 各古今注の書名は、特に明記しない限り慶應義塾大学附属研究所斯道文庫編『古今集注釈書伝本書目』(勉誠出版、二〇〇七年。以下『伝本書目』)の「通称書名一覧」に拠る。

(2) 『伝本書目』未収。詳しくは本稿第二節以降を参照。

(3) 『伝本書目』「備考」欄によると、内容は「古今の題号に関する切紙(2通)、和歌の名義に関する切紙(1通)、東家系図(1通)、東家切紙(2通、古今集注〔素経〕、口伝義条々〔素純〕、家説他家説相違条々を含む)、伝授書(2通、明疑抄、偽作之書事を含む)、三木と宝劔の切紙(1通)、三鳥の切紙(1通)、神道の切紙、宗祇流の切紙(1通、伝授歌之次第、内外口伝歌共、当流相続之事血脈、伝授次第を含む)、その他切紙(1通)からなる」。

(4) 『伝本書目』「備考」欄によると、内容は「第一冊〜七冊は延五記に古今切紙条々、両度聞書、「牡丹花註」を抄出し書き入れたもの。第八冊〜一七冊は古今余材抄。第一八冊〜一九冊は古今集の版本に「後水尾帝勅傳」の訓点を書き入れたもの。第二〇冊〜二一冊は宗碩聞書」。なお、旧蔵者の柳沢保光(宝暦三年(一七五三)〜文化十四年(一八一七))は、大和郡山三代藩主。

(5) 伊倉史人「鶴見大学図書館蔵『詠歌口傳書類』解題・翻刻」(鶴見大学日本文学会編『国文学叢録——論考と資料』笠間書院、二〇一四年)。

(6) 伊倉史人「『古今和歌集序鈔』(小幡正信注)翻刻」(『鶴見大学紀要 第一部 日本語・日本文学編』五十七、二〇二〇年三月)、同「『古今和歌集序鈔』(小幡正信注)について」(『国文鶴見』五十四、二〇二〇年三月)。

(7) 『和歌と物語——鶴見大学図書館貴重書80

選――』「31　古今伝授資料　大和郡山藩柳沢家旧蔵　塗箱入一括」項※伊倉史人執筆（鶴見大学、二〇〇四年）。

(8) 拙稿「勧修寺本「古今和歌集注」論続貂」（『国文鶴見』五十四、二〇二〇年三月）。従来「勧修寺本古今和歌集注」は、「真観一派の古今和歌集注釈」（片桐洋一『中世古今集注釈書解題（五）』赤尾照文堂、一九八六年）とされてきたが、所引の『古今集』本文や依拠する注説等から、同書を「直ちに真観流と見なすことはできない」と指摘した。

(9) 米原正義『戦国武士と文芸の研究』（桜楓社、一九七六年）、井上宗雄『中世歌壇史の研究　室町前期〔改訂新版〕』（風間書房、一九八四年）、『和歌文学大辞典』「公敦」項（松本麻子執筆。ジャパンナレッジ版）参照。

(10) 国文／2339／N。目録書名は『古今和歌集古注残欠』。舟見一哉「内閣文庫本古今和歌集注の伝本・奥書・成立」（『国語国文』八十四―五、二〇一五年五月）によって、同書が永青文庫蔵手鑑『墨叢』所収・伝公敦筆「古今集注切」ほか合計九葉（以下「公敦筆切」）とツレであり、同書と公敦筆切は「公敦が文明十三年正月に書写した本そのものと断定しうる」と指摘された。なお、同氏によると、広大蔵公敦筆内閣本注と公敦筆切とは、内閣文庫蔵本（200／14。「内閣文庫本古今和歌集注」の代表伝本とされてきた）の親本である（ただし、広大蔵公敦筆内閣本注およびツレの公敦筆切は巻十四以前を書くので、下冊に限る）。

(11) 片桐洋一『中世古今集注釈書解題（二）』・『同（五）』（赤尾照文堂、一九七三年・一九八六年）。

(12) 注10所掲、舟見氏論文参照。

(13) 宮内庁書陵部蔵。266／302。「鎌倉時代末期から室町時代にかけて、つまり定家崇拝が徹底する連歌師活躍の時代より一時代前に、反御子左勢力、特に六条家の末流に属する人々の中で形成された注釈書」とされる（片桐洋一『中世古今集注釈書解題（五）』赤尾照文堂、一九八六年）。

(14) 曼殊院蔵。存巻一～十。

(15) 99-169。毘沙門堂旧蔵、片桐洋一氏蔵を経て、国文学研究資料館蔵。

引用本文

＊『古今集』本文は、web図書館版『新編国歌大観』に拠り、表記は私に改めた。

＊その他の引用本文は、次の諸書に拠り、表記は私に改めた。

・鶴大蔵伝公敦筆注＝鶴見大学図書館蔵（911・1351／K）。OPAC登録書名「古今和歌集注」。

・顕注密勘＝久曾神昇編『日本歌学大系　別巻五』（風間書房、一九八一年）。

・広大蔵公敦筆内閣本注＝広島大学蔵（国文／2339／N）。目録書名「古今和歌集古注残欠」。

・古今和歌集三条抄＝徳江元正編『室町文学纂集（二）古今和歌集三条抄』（三弥井書店、一九九〇年）。

宮崎展昌
MIYAZAKI Tensho

鶴見大学図書館所蔵品をとおしてみる本邦における仏典の書写・請来・印刷

本邦において仏典が流布する過程において、国内における書写、大陸からの版本の請来、国内における開版・印刷それぞれが、時代に応じて大きな役割を果たしてきた。ここでは、本学図書館に所蔵される仏典の写本や版本を通じて、古代から近世における本邦における仏典の書写・請来・印刷について略説する。(1)

古代

——官制写経所を中心とした書写事業と百万塔陀羅尼

六世紀半ばの仏教公伝以来、渡来人や遣隋使・遣唐使などをとおして、大陸の政治制度や文化・文物などを取り入れていくなかで、八世紀の天平期のころには、仏教に鎮護国家の役割を期待して、朝廷が主導するかたちで、仏教の三宝である仏・法・僧の整備が進められた。

法宝として整備されたのは、内裏系および皇宮職系写経機構の二系統が知られる官制写経所にて、組織的に書写された一切経である。官制写経所にて書写された一切経は十セット程度を数え、まとまった分量の経巻が伝わるものとしては、聖語蔵《しょうごぞう》に伝わる五月一日経《ごがつついたちきょう》や今更一部一切経《いまさらにいちぶいっさいきょう》（従来は神護景雲経とされていたものの大半）が知られる。(2)

官制写経所での一切経書写は「常写《じょうしゃ》」と呼ばれ、それ以外の個別の経典（『大般若経』や『金光明経《こんこうみょうきょう》』『法華経』など）についての書写を「間写《かんしゃ》」として行い、一切経書写事業に匹敵する、四万巻ほどが書写されたと考えられている。また、民間でも、一切経や個別の仏典の書写が盛んに行われ、いわゆる「知識経」としての零巻も多数伝わる。

本学図書館には、「大聖武《おおじょうむ》」として知られる『賢愚経《けんぐきょう》』断簡などにくわえ、「永恩具経《えいおんぐきょう》」とよばれる『大般若経』巻一七六から巻一八〇までの天平写経の経巻が収蔵される（横浜市指定文化財）［図01］。その名称の由来となった永恩（一一六七〜？）は、鎌倉時代初期に興福寺蔵司《ぞうす》を務めた人

鶴見大学仏教文化研究所 専任研究員（准教授）・東洋文庫研究員。専門は仏教学、大乗経典研究、大蔵経研究。主な著書に『阿闍世王経の研究——その編纂過程の解明を中心として』（山喜房佛書林、二〇一二年）、『大蔵経の歴史——成り立ちと伝承』（方丈堂出版、二〇一九年）『蔵文和訳　阿闍世王経』（起心書房、二〇二三年）などがある。

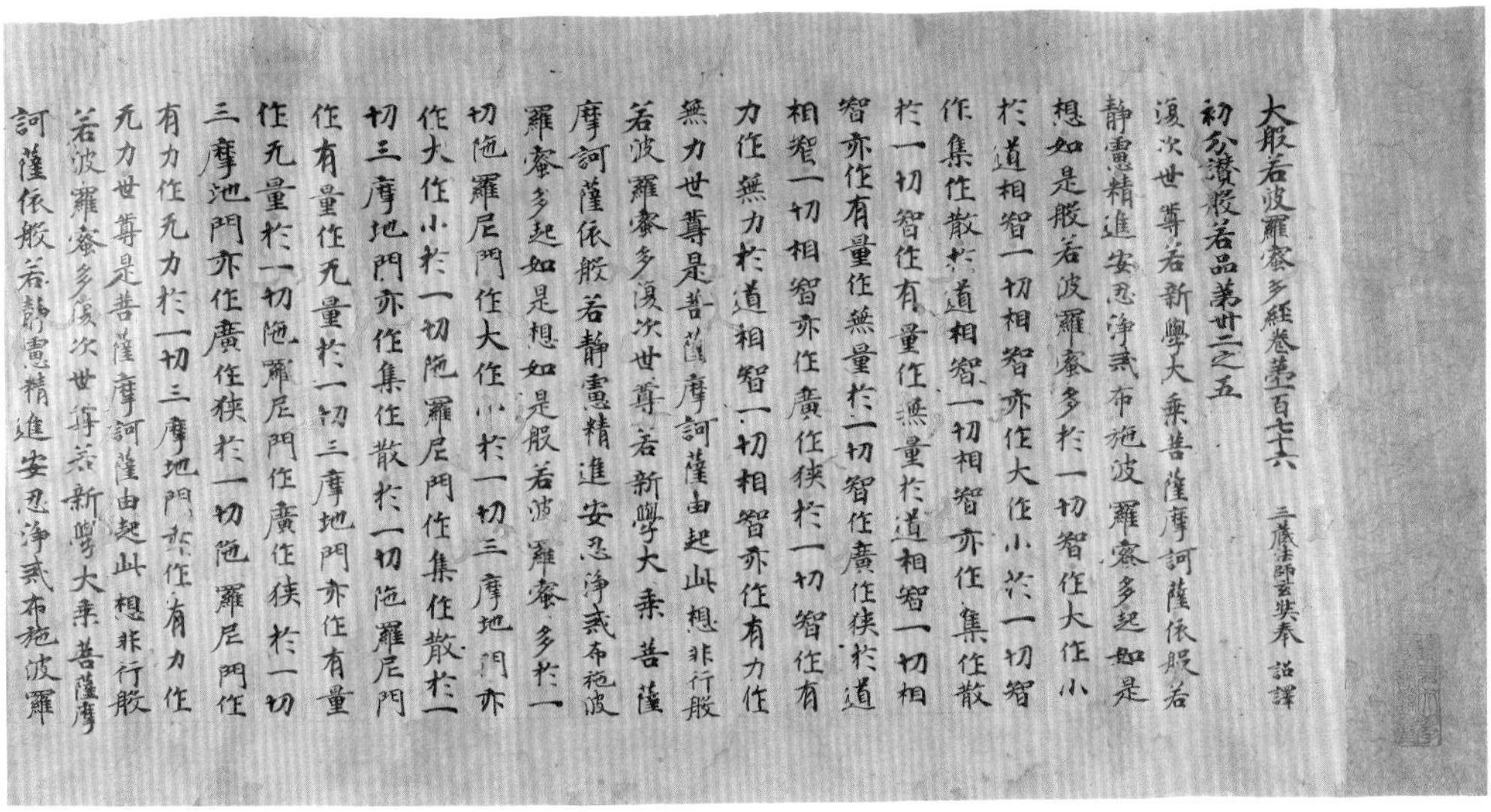
大般若波羅蜜多經巻第一百七十六　三蔵法師玄奘奉　詔譯
初分讃般若品第卅二之五
復次世尊若菩薩摩訶薩依般若
静慮精進安忍淨戒布施波羅蜜多起如是
想如是般若波羅蜜多於一切智作大作小
於道相智一切相智亦作大作小於一切智
作集作散於道相智一切相智亦作集作散
於一切智作有量作無量於道相智一切相
智亦作有量作無量於一切智作廣作狭於道
相智一切相智亦作廣作狭於一切智作有
力作無力於道相智一切相智亦作有力作
無力世尊是菩薩摩訶薩由起此想非行般
若波羅蜜多復次世尊若新學大乗菩薩
摩訶薩依般若静慮精進安忍淨戒布施波
羅蜜多起如是想如是般若波羅蜜多於一
切陀羅尼門作大作小於一切三摩地門亦
作大作小於一切陀羅尼門作集作散於一
切三摩地門亦作集作散於一切陀羅尼門
作有量作无量於一切三摩地門亦作有量
作无量於一切陀羅尼門作廣作狭於一切
三摩地門亦作廣作狭於一切陀羅尼門作
有力作无力於一切三摩地門亦作有力作
无力世尊是菩薩摩訶薩由起此想非行般
若波羅蜜多復次世尊若新學大乗菩薩摩
訶薩依般若静慮精進安忍淨戒布施波羅

［図01］…「永恩具経」『大般若経』巻第一百七十六

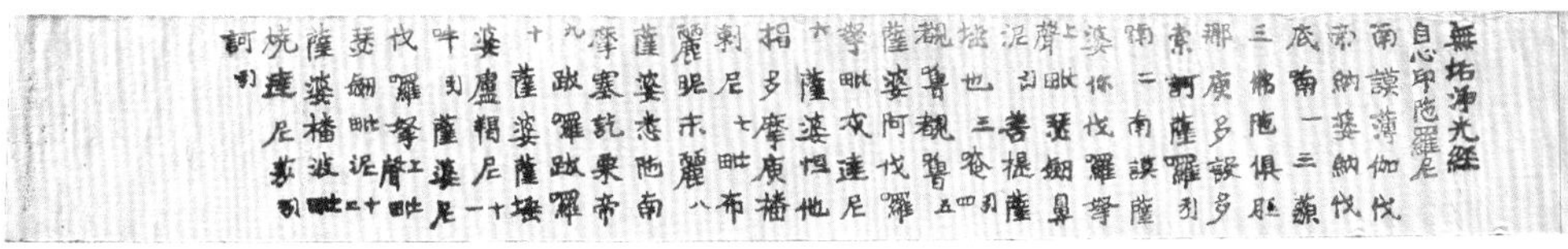

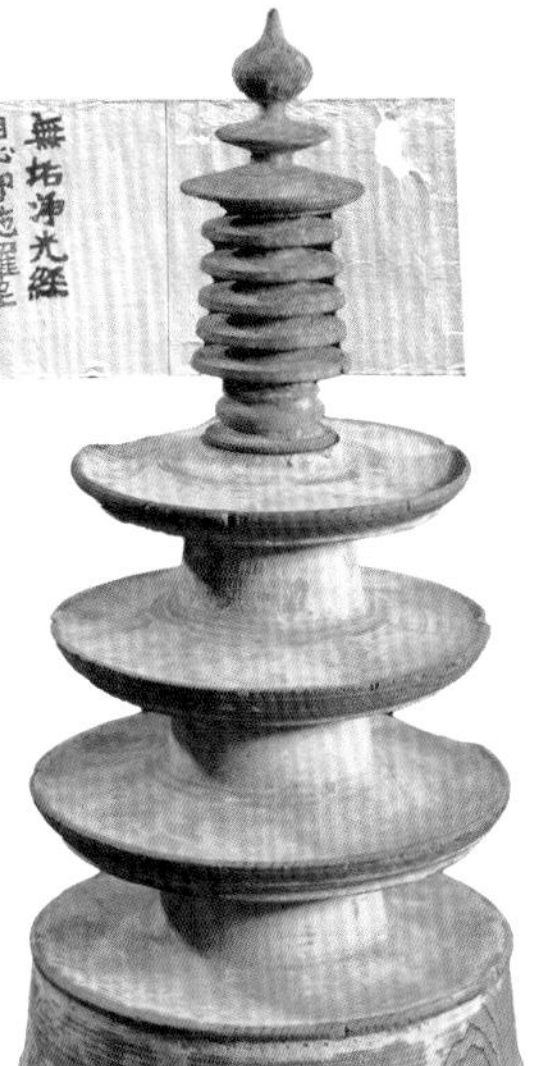

［図02］…百万塔（右）および百万塔陀羅尼（上）

物である。永恩が収集した天平期及び平安初期に書写された『大般若経』六百巻を一具として、「永恩具経」と呼び習わされてきた。二〇一一年には、薬師寺にて、新たに四十七帖が見出されたが[3]、他には、各地に四十巻程度の現存が知られるのみである。本学図書館所蔵の五巻は、本文の書体や料紙などからいずれも天平写経とみられるものの、官制写経所あるいは民間のいずれで書写されたものか、一切経の一部か間写経として書写されたものかなどの詳細については不明である。朱点については、巻第一八〇の末尾に付された奥書より、天福元年（一二三二）ごろに永恩らによって付されたものとみられる。

本学にも一基所蔵される百万塔および百万塔陀羅尼［図02］は、天平宝字八年（七六四）に起きた藤原仲麻呂の乱にて命を落とした将兵の菩提を弔い、乱後の混乱を鎮めるために、称徳天皇発願により製作された。宝亀元年（七七〇）に完成した百万塔は、その名のとおり、百万基作成され、東大寺や西大寺、法隆寺、四天王寺などの十大寺に十万基ずつ施入されたと伝わるものの、現在は、法隆寺以外にはまとまったものは伝わらない。百万塔に納められる陀羅尼（本学所蔵品に付されるのは『無垢浄光大陀羅尼経《むくじょうこうだいだらにきょう》』「自心印陀羅尼《じしんいんだらに》」）に関しては、さまざまな議論が残るものの、世界最古の現存印刷物として名高い。

中世

――一切経書写事業の復興と版本大蔵経の請来、および『大般若経』六百巻の書写と印行

古代には、天平期を頂点とし、一切経を中心とした仏典の書写事業が大きな盛りあがりを見せたものの、平安時代初期以降は、一旦それらは下火となった。けれども、十世紀末、中国で初めて開版された大蔵経である宋勅版の開宝蔵が奝然《ちょうねん》

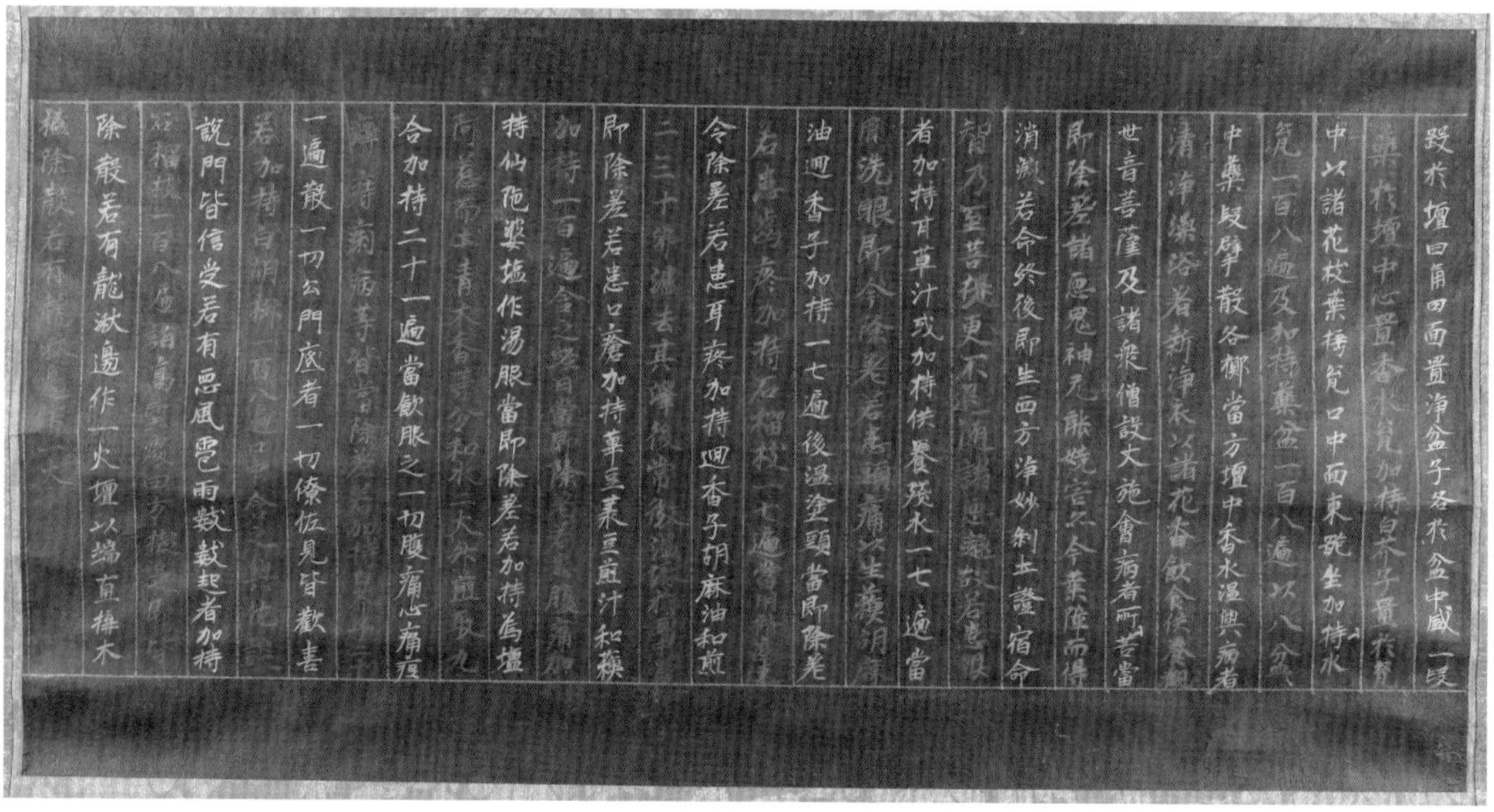

【図03】…中尊寺経『不空羂索神変真言経』巻第二十八断簡

(九三八?~一〇一六)によって将来されたことを契機として、再び、一切経にも関心が集まるようになった。すなわち、平等院でも一切経会《え》が始められ、それが他の寺院でも催されるようになったりして、末法思想の広まりも背景として、作善供養の一環として、権門による発願あるいは民間の勧進による一切経書写事業が再び隆盛を見せるようになる。

十一世紀末以降の院政期には、権門らの発願によって、紺紙に金字や銀字で書写するような装飾一切経が多数作られ、荒川経《あらかわきょう》や神護寺経のように、まとまった経巻が伝存するものもある。そのなかで最も華美なものとして、奥州藤原氏の初代・藤原清衡によって発願されたもので、一行ごとに金字と銀字を交書《こうしょ》する金銀交書一切経が知られる。同一切経は、中尊寺に納められたので「中尊寺経」とも呼ばれるが、その大部分の四千三百巻近くが現在高野山に伝わり、国宝に指定されている。その断簡とみられる『不空羂索神変真言経《ふくうけんさくじんぺんしんごんきょう》』巻第二十八の二十八行が、本学図書館にも所蔵される[図03]。金銀交書というかたちで伝存している一切経の経巻は、世界でも中尊寺経ぐらいしか知られていないので、断簡といえども貴重なものである。

一方、僧侶や民衆らが主体となり、勧進によって書写された一切経は、基本的には、紙本墨書のかたちで作成された。それらのうち、石山寺一切経、法隆寺一切経、七寺《ななつでら》一切経、興聖寺《こうしょうじ》一切経、金剛寺一切経などが伝存するが、本学には、石山寺一切経の零巻として、中世写経である『続高僧伝』巻第八が収蔵されている[4][図04]。

十一世紀末以降、大陸では江南地方を中心に、大蔵経が民間でも開版されるようになった。それらの請来は、厳重に管理された勅版大蔵経のように困難ではなかったこともあってか、各地の寺院でも開かれるようになった一切経会などに用いる目的もあり、鎌倉期以降、盛んに請来された。

鎌倉期にもたらされた版本一切経としては、福州の東禅寺および開元寺で開版されたものを混合した福州版と、浙江の湖州にある思渓円覚院《しけいえんがくいん》で開版された思渓蔵といった、二種の宋版大蔵経が知られる。本学図書館には、前者、福州版の開元寺蔵(別名・毘盧蔵《びる》)の零巻[図05]が所蔵される。表紙には『不空羂索神変真言経』とあるものの、実際は、『聖観自在菩薩不空王秘密心陀羅尼経《しょうかんじざいぼさつふくうおうひみつしんだらにきょう》』(首尾を欠く残巻、六紙)と『不空羂索神変真言経』巻第一の巻末二紙をあわせたものである。印記には「三聖寺《さんしょうじ》」とあるが、同寺は京都にあった廃寺であり、そこに所蔵されていた福州版一切経は、現在、本源寺《ほんげんじ》(愛知県)に所蔵され、二千巻あまりが伝わる[5]。

室町期以降は、主に、大陸の江南地方で開版された磧砂蔵《せきしゃぞう》(宋代から元代)や普寧寺蔵《ふねいじぞう》(元代)、あるいは、高麗で開版された高麗版大蔵経が請来

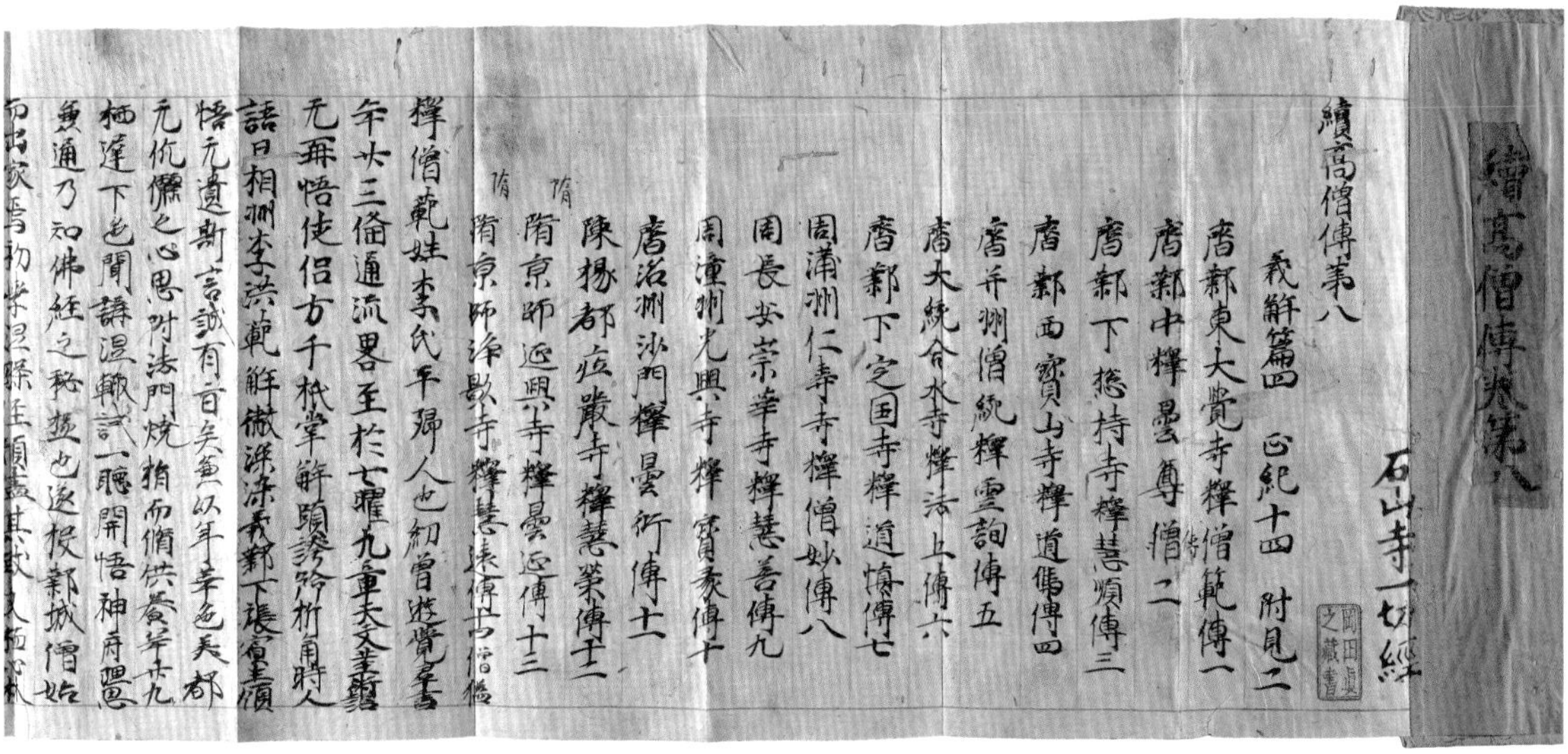

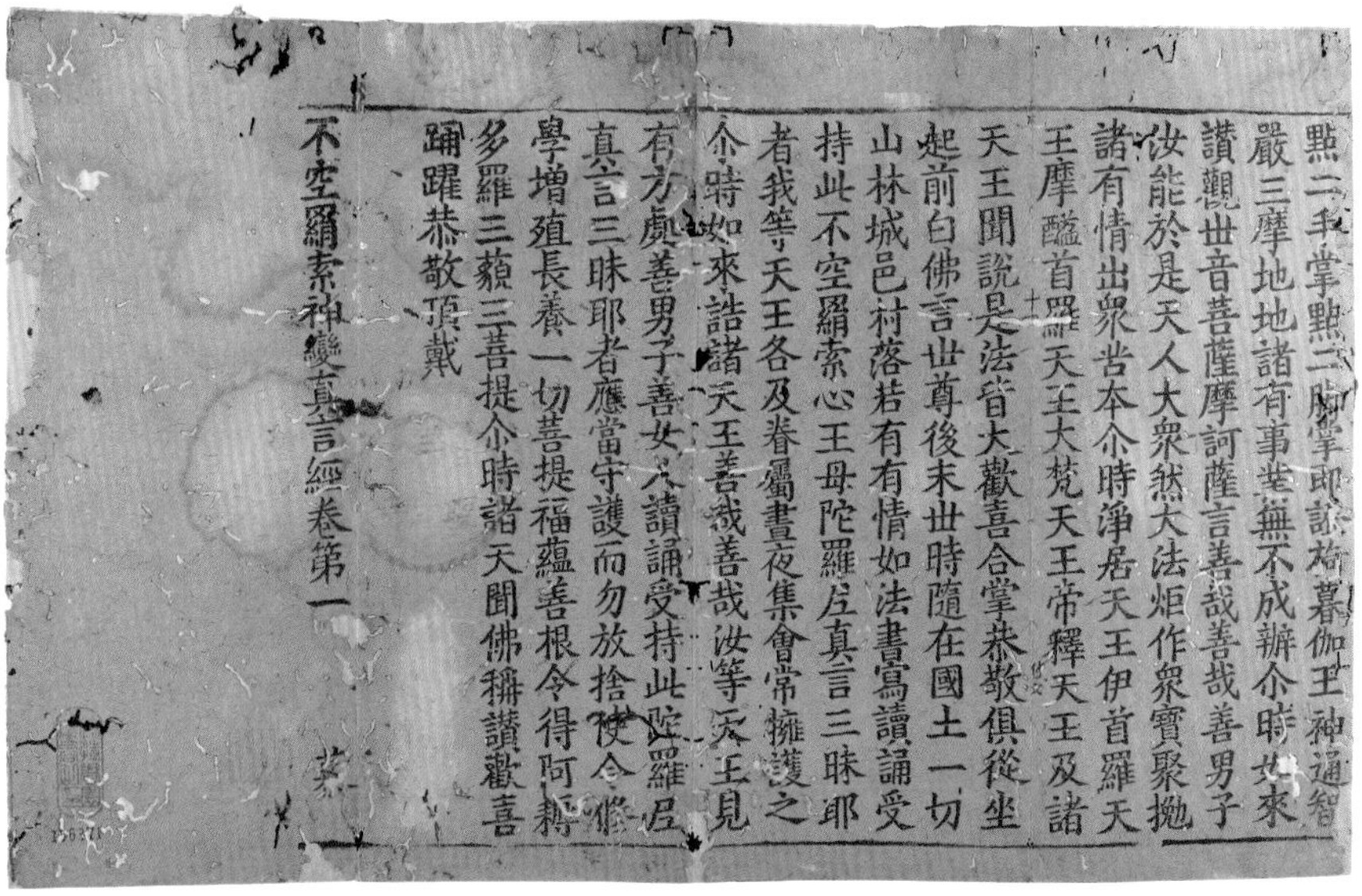

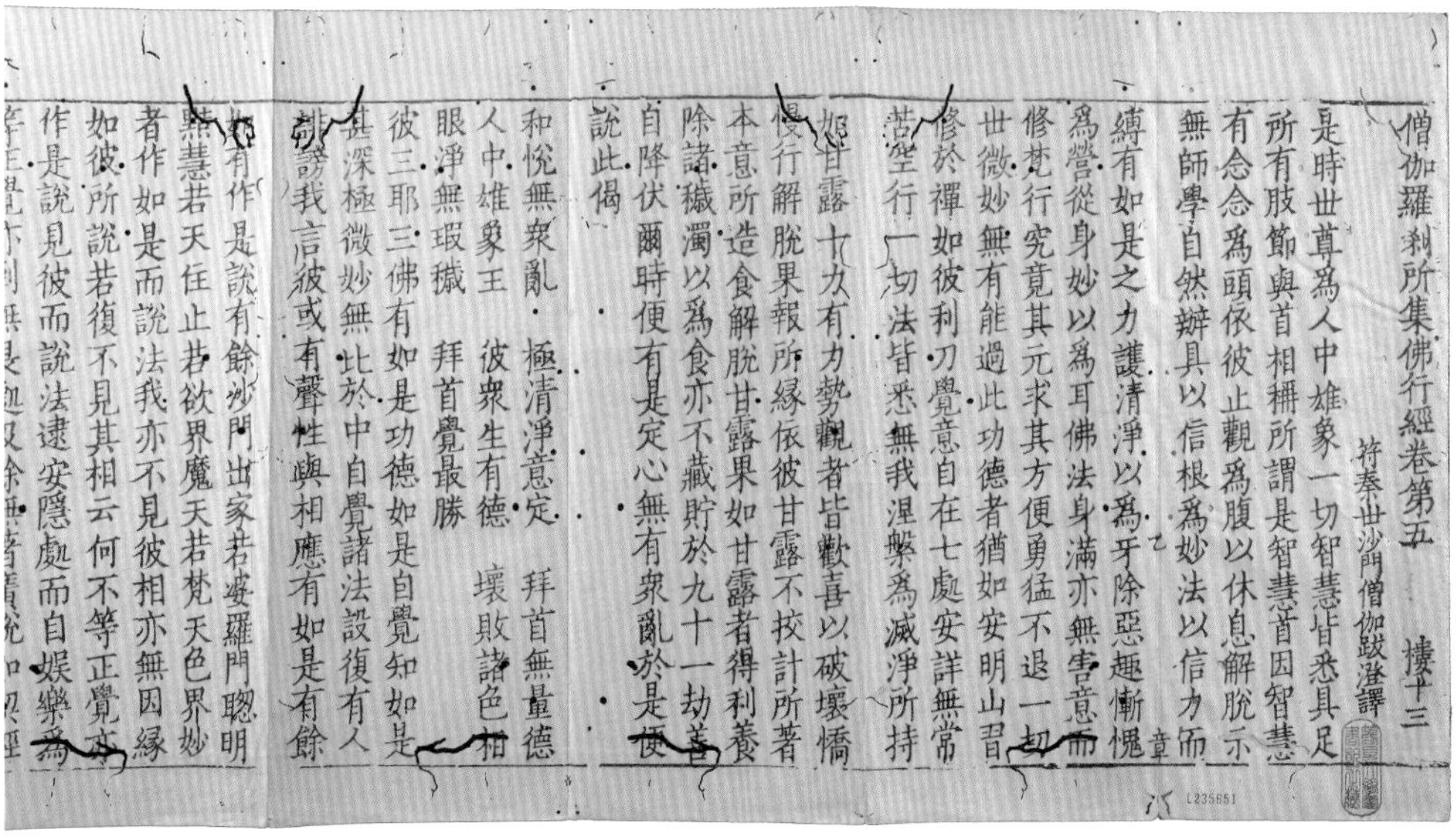

上から、
【図04】…石山寺一切経『続高僧伝』巻第八
【図05】…福州版開元寺蔵本『不空羂索神変真言経』巻第一・巻末
【図06】…普寧寺蔵『僧伽羅刹所集経』巻第五

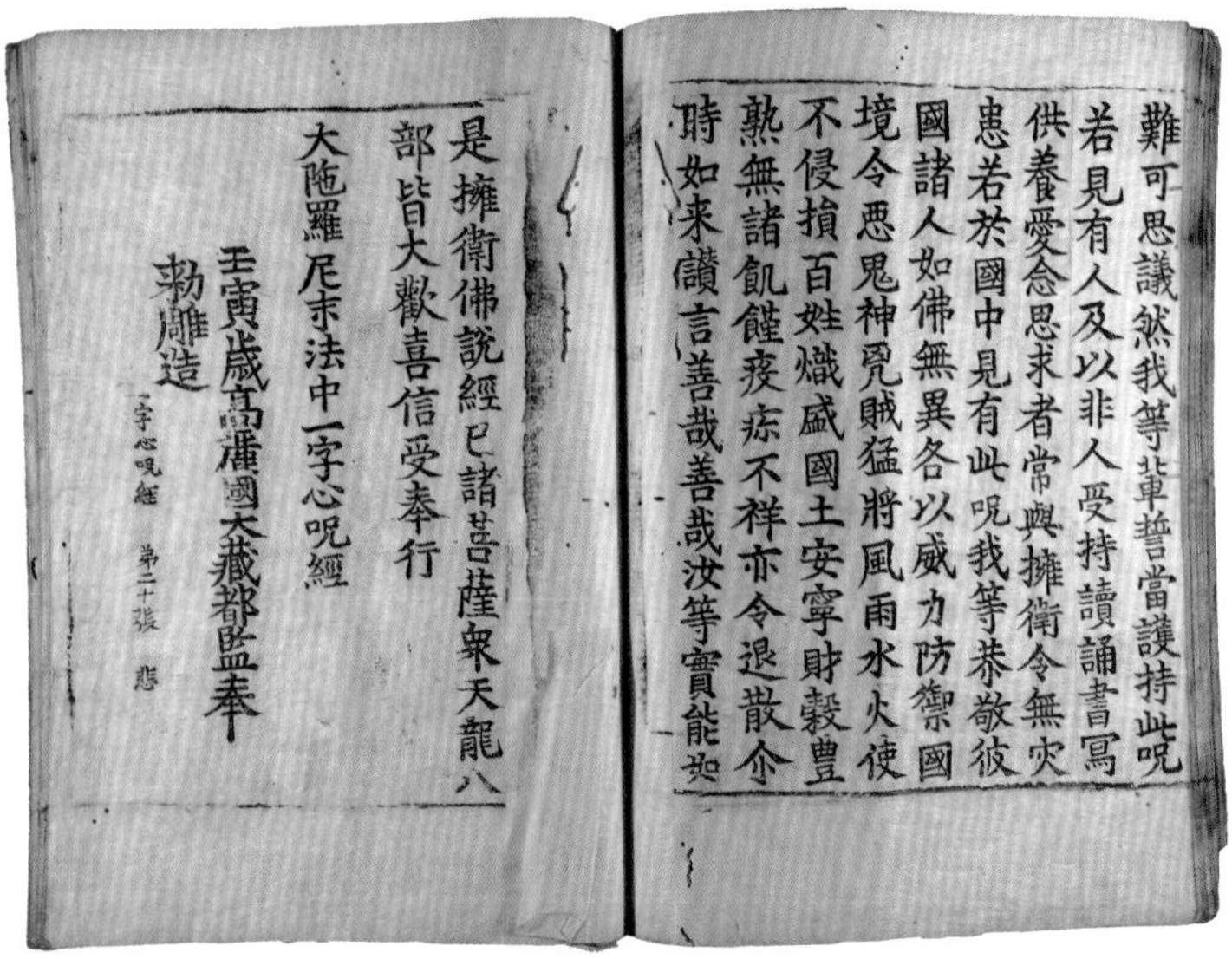
難可思議然我等輩普當護持此呪
若見有人及以非人受持讀誦書寫
供養愛念恩求者常與擁衛令無灾
患若於國中見有此呪我等恭敬彼
國諸人如佛無異各以威力防禦國
境令惡鬼神盗賊猛將風雨水火使
不侵損百姓熾盛國土安寧財穀豐
熟無諸飢饉疫疾不祥亦令退散爾
時如来讚言善哉善哉汝等實能如
是擁衛佛說經已諸菩薩衆天龍八
部皆大歡喜信受奉行
大陁羅尼末法中一字心呪經
壬寅歳高麗國大藏都監奉
勅雕造
字心呪經　第二十張　悲

【図07】…高麗蔵再雕本(後印本)
『大陀羅尼末法中一字心呪経』
『穢跡金剛説神通大満陀羅尼法術霊要門』
『穢跡金剛禁百変法経』

されることが継続された。本学図書館にもそれらの零巻が所蔵されており、具体的には、磧砂蔵の『大般若経』巻第三五三や普寧寺蔵の『僧伽羅《そうがら》刹所集経《せっしょしゅうきょう》』巻第五【図06】が収蔵される。十三世紀後半に開版された高麗蔵再雕本の後印本として、『大陀羅尼末法中一字心呪経《だいだらにまっぽうちゅういちじしんじゅきょう》』『穢跡金剛説神通《えしゃくこんごうせつじんずう》大満陀羅尼法術霊要門《だいまんだらにほうじゅつれいようもん》』『穢跡金剛禁百変法《えしゃくこんごうきんひゃくへんぽう》経《きょう》』の三経が合冊された袋綴《ふくろとじ》装本【図07】も収蔵される。

以上、中世における、一切経書写事業と版本一切経の請来について略述したが、古代以来、法会や祈禱などでも盛んに用いられた『大般若経』六百巻は、中世においても、書写および開版・印行が各地で盛んに行われた仏典のひとつである。同経は六百巻と巻数も多く、寺院のみならず、八幡宮などにも奉納されることが多かったためか、その中世写本や中世版本は日本各地に相当数が伝存する。

本学図書館にも、中世に書写された『大般若経』の経巻が複数所蔵される(巻第三九、巻第八五、巻第一三五、巻第四九六、巻第五七七など)。とりわけ貴重なものとしては、寛喜四年(一二三二)に東大寺八幡宮に納められ、通称「東大寺八幡経」として知られる一巻(巻第二百八十五、横浜市指定文化財)【図08】を挙げることができる。その奥書には、別筆で次のようにある。

奉加　　銭百文　　尼善阿弥陁佛
奉加米一石御経蔵造營五百人之内比丘尼善阿弥陁佛
壽

「善阿弥陀仏」という比丘尼について詳細は不明であるが、東大寺八幡経を発願した成阿弥陀仏の勧進に応じ、さらに、延応二年(一二四〇)になされた経蔵の造営にも寄進していることがわかる。ちなみに、昭和十三年(一九三八)の頃、西大寺の佐伯悟龍師のもとには、東大寺八幡経の半分以上にあたる三百巻あまりが伝わったようであるが(6)、現在は、各所に三十数巻のみの現存が知られるのみである。

また、十一世紀後半より、興福寺および春日大社では、仏典の開版・印刷事業が盛んになされた。それらは「春日版」として知られ、鎌倉期には『大般若経』六百巻も開版されたようである。本学図書館には、「嘉禄版大般若経」と通称される一巻(巻第一百一)【図09】のほか、二巻(巻第一八二、巻第三六四)の春日版『大般若経』が所蔵される。春日版『大般若経』の影響は大きく、それらをもとに関東地方で開版された智感版大般若経のように、地方においても『大般若経』が開版されるきっかけを作った。

近世――国内における大蔵経の刊行

江戸期に入っても、大陸からは、明版とも通称される、嘉興蔵《かこうぞう》(万暦版や径山蔵《きんざんぞう》とも)が盛んに請来された。野沢佳美先生の研究によれば(7)、嘉興蔵は五十蔵以上が請来されたと見積もられている。

一方、中世までは本邦において一切経開版は

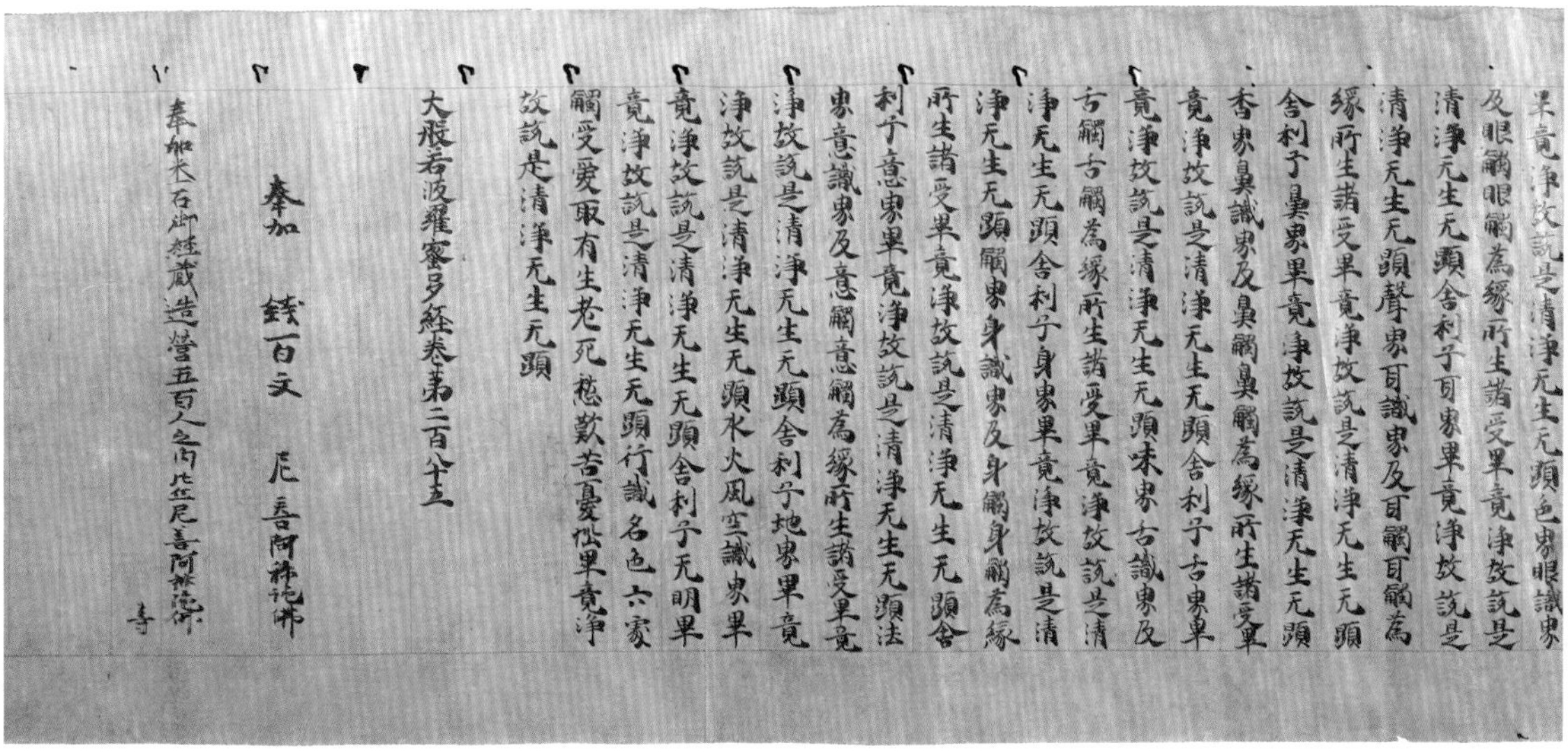

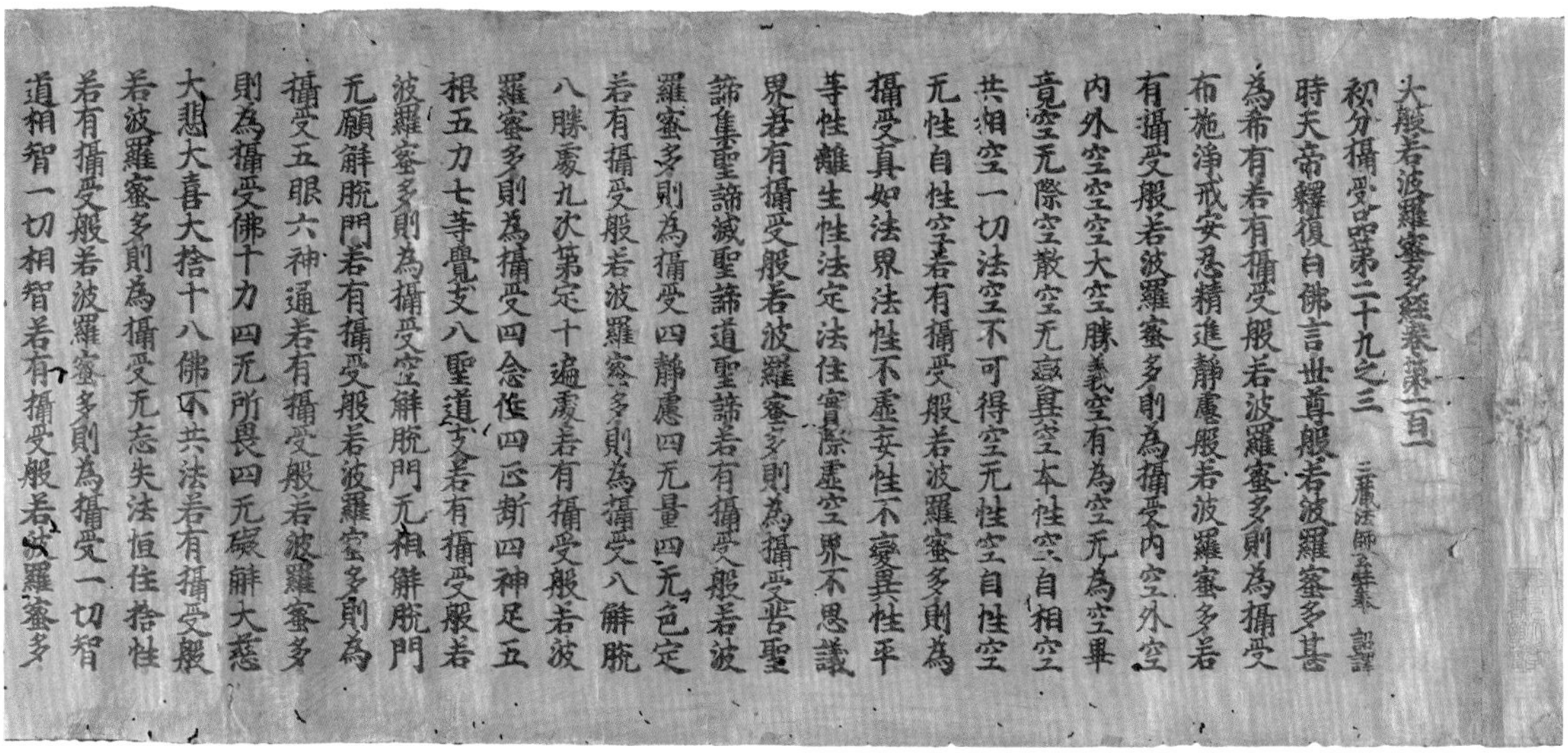

上から、
【図08】…東大寺八幡経『大般若経』巻第二百八十五・巻尾
【図09】…嘉禄版『大般若経』巻第一百一・巻頭

なされず、近世になってようやく実現した。すなわち、天海版と鉄眼《てつげん》版の二種が開版されたが、それら両種は大きく性格が異なる。

まず、天海版（寛永寺版）一切経は、その名のとおり、南光坊天海（一五三六～一六四三）が中心となって、上野寛永寺にて、三代将軍家光の援助を受けながら開版され、天海の死後、慶安元年（一六四八）に完成した。同一切経は川越喜多《きた》院《いん》の宋版一切経を底本として、最勝王寺の宋版一切経を校本としたとされる。最大の特徴は、木活字によって刊行されたことである。木活字による大蔵経開版は、途絶した宗存《しゅうぞん》版が先行例としてあるものの、木活字によって全蔵刊行しえたのは天海版のみである。その特性上、限られた部数のみが印刷されたようであるが、将軍家とも関わりが深かった一切経であったためか、各寺院では大切に保管されてきたようである。折本装を基本とするが、本学図書館には、袋綴装の『添品《てんぽん》妙法蓮華経』八冊【図10】と天海版木活字を用いた『普門品』の折本二点が収蔵される。

一方、鉄眼版（黄檗《おうばく》版）一切経は、黄檗宗を伝えた隠元隆琦《いんげんりゅうき》より賜った嘉興蔵をもとに、鉄眼道光（一六三〇～一六八六）によって開版された。最大の特徴は、嘉興蔵同様、方冊体《ほうさつたい》（袋綴装）で刊

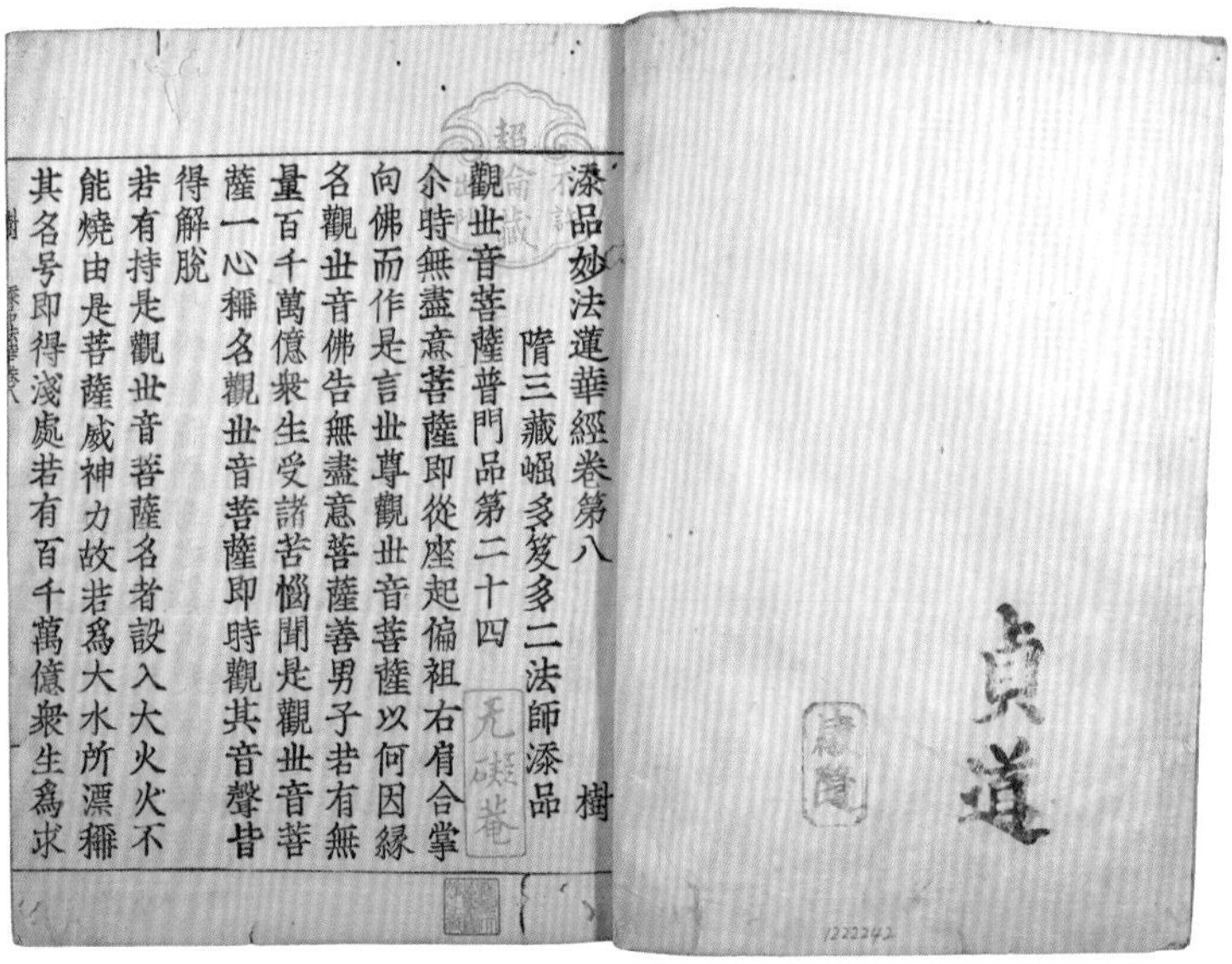
添品妙法蓮華經巻第八
隋三藏崛多笈多二法師添品
觀世音菩薩普門品第二十四
尒時無盡意菩薩即從座起偏袒右肩合掌
向佛而作是言世尊觀世音菩薩以何因縁
名觀世音佛告無盡意菩薩善男子若有無
量百千萬億衆生受諸苦惱聞是觀世音菩
薩一心稱名觀世音菩薩即時觀其音聲皆
得解脱
若有持是觀世音菩薩名者設入大火火不
能燒由是菩薩威神力故若為大水所漂稱
其名号即得淺處若有百千萬億衆生為求

【図10】…天海版『添品妙法蓮華経』巻第八

行された点と、天海版とは異なり、整版で制作された点である。鉄眼は各地を巡って、資金を募る募刻によって開版したので、制作には紆余曲折もあったが、延宝六年（一六七八）にひとまず完成させた。これまでに二千蔵あまりが印刷されて、各地の寺院や施主に納められている。鉄眼版は、それまでは寺院の経蔵や宝物庫などで厳重に管理されていた大蔵経を本邦において広く普及させる役割を果たし、大蔵経が本格的に考究されるきっかけをもたらした。

以上、古代から近世にかけて、本邦でなされた仏典の書写や請来、印刷について、本学図書館の所蔵資料をとおして概観してきた。仏教の教えや思想は、人物や教団によって伝承され、展開されてきたことは疑いない。一方で、本記事で紹介したような、媒体としての写本や版本――いわゆる「書物」――もまた同様に、仏教の伝承と伝播、広がりに関して、大きな役割を果たしてきたことは忘れてはならない。

注

（1）本記事の大半は、拙著『大蔵経の歴史――成り立ちと伝承』（方丈堂出版、二〇一九年）の第三章によるが、より詳しい記述や学術的な事柄などについては同書巻末掲載の主要参考文献を参照されたい。また、ほぼ同時期に発行された、京都仏教各宗学校連合会編『新編大蔵経――成立と変遷』（法藏館、二〇二〇年）にも多数の参考文献が掲載されている。

（2）飯田剛彦「聖語蔵経巻「神護景雲二年御願経」について」（『正倉院紀要』三四、二〇一二年）参照。

（3）日本経済新聞二〇一一年十一月二日付の配信記事による。https://www.nikkei.com/article/DGXNASDG0103C_R00C11A2CR8000/（二〇二三年九月末日確認）。

（4）同巻の影印と翻刻は、池麗梅『石山寺一切経本『續高僧傳』巻八――翻刻と書誌學的研究』（鶴見大学仏教文化研究所、二〇一四年）として公刊されている。

（5）本源寺蔵福州版一切経の最新の研究成果については、福州版一切経調査研究会編『宋版一切経（福州版）――調査提要本源寺蔵の調査を通して』（勉誠出版、二〇二三年）参照。

（6）『奈良国立博物館の名宝――一世紀の軌跡』（奈良国立博物館、一九九七年）三〇四―三〇五頁参照。https://www.narahaku.go.jp/collection/1156-0.html（二〇二三年九月末日確認）。

（7）野沢佳美「江戸時代における明版嘉興蔵の輸入状況について」（『立正史学』一一九、二〇一六年）参照。

小島裕子
KOJIMA Yasuko

聖教を抜き、「宝蔵」を思い描く

宝蔵を開いた先に広がる値遇の世界。
抜き見る聖教のそれぞれが歴史的結晶の一つとして
記憶に留められるべき「正しき宝物」である。
鶴見大学図書館および鶴見大学仏教文化研究所に所蔵の聖教より、注目される
『五合書籍目録』や開版の経緯が垣間見られる『金光明最勝王経』などにふれつつ、
とりわけ稀覯本と目される、大原の来迎院如来蔵に蔵されていた
慈覚大師円仁草と伝わる『観普賢経私記』の書誌を具体的に展《ひら》いてみたい。

鶴見大学仏教文化研究所特任研究員、金剛院仏教文化研究所主任研究員、東京都立大学ほか非常勤講師。専門は仏教文献資料学、法会儀礼研究。主な著書・論文に、『金剛寺蔵宝篋印陀羅尼経』日本古写経研究所善本叢刊第六輯（国際仏教学大学院大学日本古写経研究所・文科省戦略プロジェクト実行委員会編集・発行、二〇一三年）、「嵯峨清涼寺供養と後白河院の晩年――『転法輪鈔』より、東アジアを見据えた「王」の意識」（『金沢文庫研究』第三四〇号、神奈川県立金沢文庫、二〇一八年）、「江戸期における『金光明最勝王経』の開版――蘭方医吉永升庵の偉業と弁才天信仰」（『鶴見大学仏教文化研究所紀要』第二九号、二〇二四年）などがある。

『五合書籍目録』

聖教を抜き見ることは、ありし日の宝蔵（経蔵）を想起することにも通じる。古い歴史をもつ由緒ある庫であっても、所蔵される一書一書すべての伝来がいまに明らかであるわけではない。しかしいずれも故あってそこに収蔵されていることにちがいはない。書名を記す目録（書目）には「請来目録」や「蔵書目録」などがあるが、目録の中の諸書もまた同様に、ある時代を刻んで歴史の多くを伝えてくれる。

本学図書館の貴重書庫にも色々な目録が収蔵されている。たとえば、現存最古の国書目録とされる『本朝書籍目録』（『仁和寺書籍目録』とも）の江戸期の写本六本に加え、最古写本と目される『本朝書策目録』（無注本、宝玲文庫旧蔵、フランク・ホーレーコレクション）の収蔵がある。仏教関連では、『高山寺顕聖教目録』や空海の『御請来目録』などがあるが、書庫内の目録の中で取り分け目をひくのが『五合書籍目録』（佚名、配架名『五合目録』）と仮称する巻子本である。平安時代末頃の書写で、惜しくも巻初を欠くが、法花疏九点・顕章疏十二点・倶舎六点・伝記二十一点・講式十三

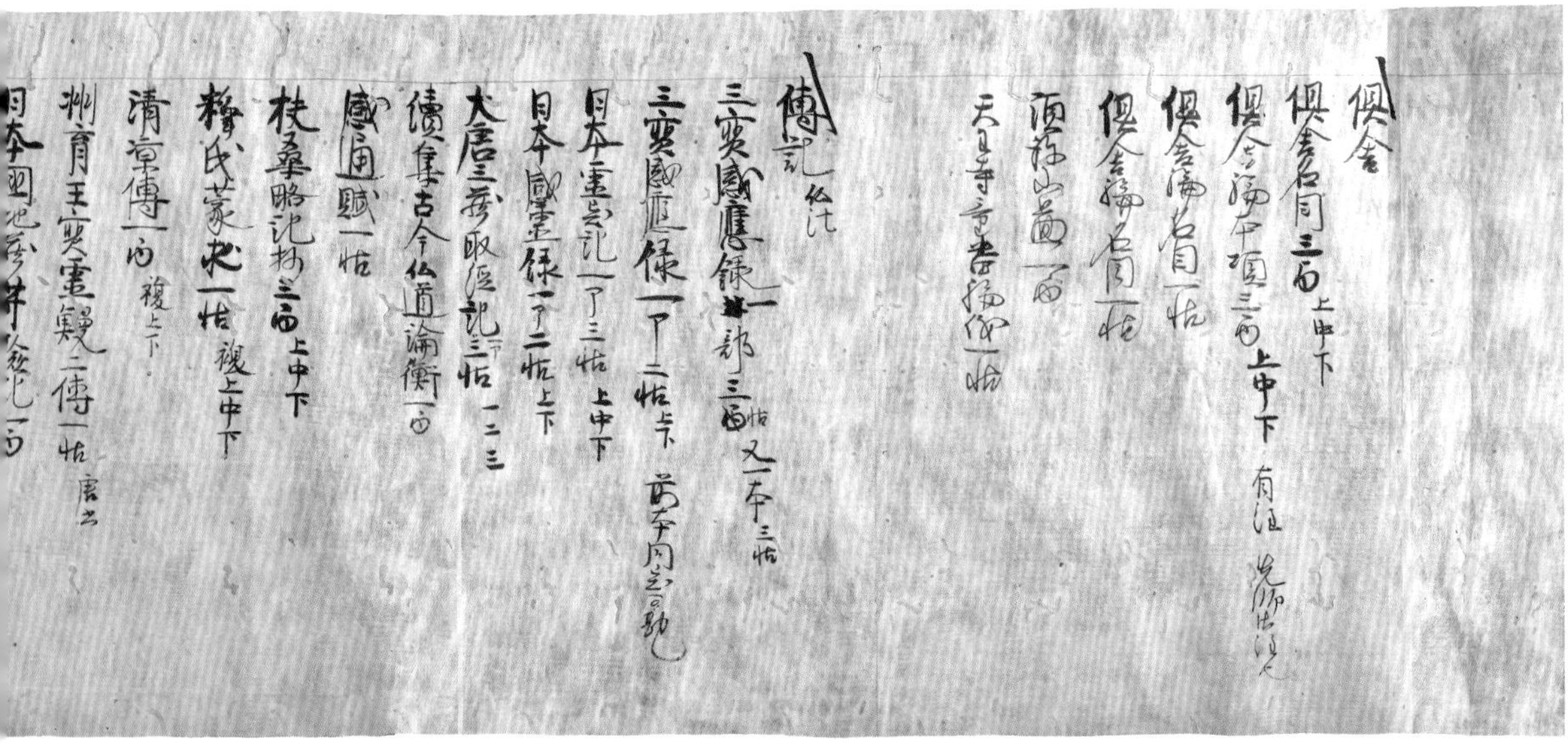

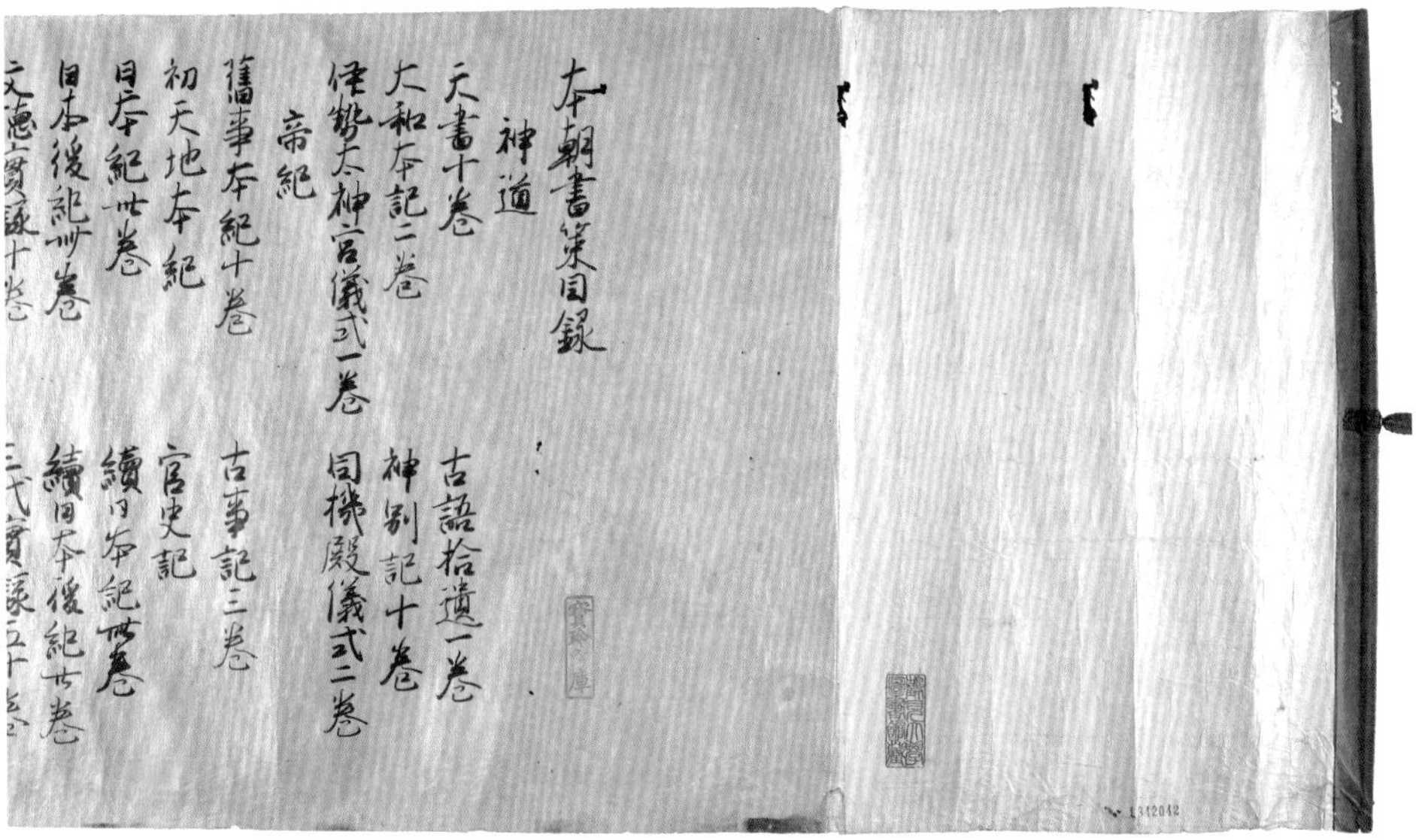

【図02】…『本朝書策目録』巻頭

点の国書や請来書の諸書が、各々一合（函）に収められた五合分の目録で、書名に調巻や員数を添え、著者や撰者などに記述が及ぶものもある。

かつて本学の母体である総持学園の創立七十周年記念の蔵書貴重書展で紹介され（『古典籍と古筆切』池田利夫氏解説）[1]、目録に刻された諸書が各研究分野の資となることで注目を集めた。後に全文翻刻もされて（田島公氏「中世蔵書目録管見」）、記載の一書ごとに関する個別の考証もすすめられている。[2]

試みに倶舎の合から「倶舎論本頌三巻上中下 有注先師御注也」「須弥山図一巻」、伝記の合から「大唐三蔵取経記一部三帖一二三」「清涼伝一巻複 上下」「一結四巻 宋朝往反消息等一通 良史書札一通 寂昭往反消息一通 玄奘歴見国一通」「破損一巻天竺図歟」などを拾えば、それを須弥山世界から五天竺、五台山などに関する請来の要書を収めた最先端の宝蔵であったと知られる。

なかでも目を引く『玄奘三蔵取経記』は、現存するお茶の水図書館所蔵本（徳富蘇峰旧蔵）が知られ、印記から『高山寺蔵書目録』第五十五甲の「玄奘取経記二部」の一本（いま一本は大倉文化財団所蔵『大唐三蔵取経詩話』）にあたる海内の孤本として貴重であるが、本目録の記録から別に伝来し所蔵された南宋版の存在も想起されよう。

いずれの宝蔵を記し留めた目録であろうか、散逸する連れが見いだされて果たして何合となるか、個別の書籍に関する考究とともに、これらを収めた宝蔵への興味は尽きない。

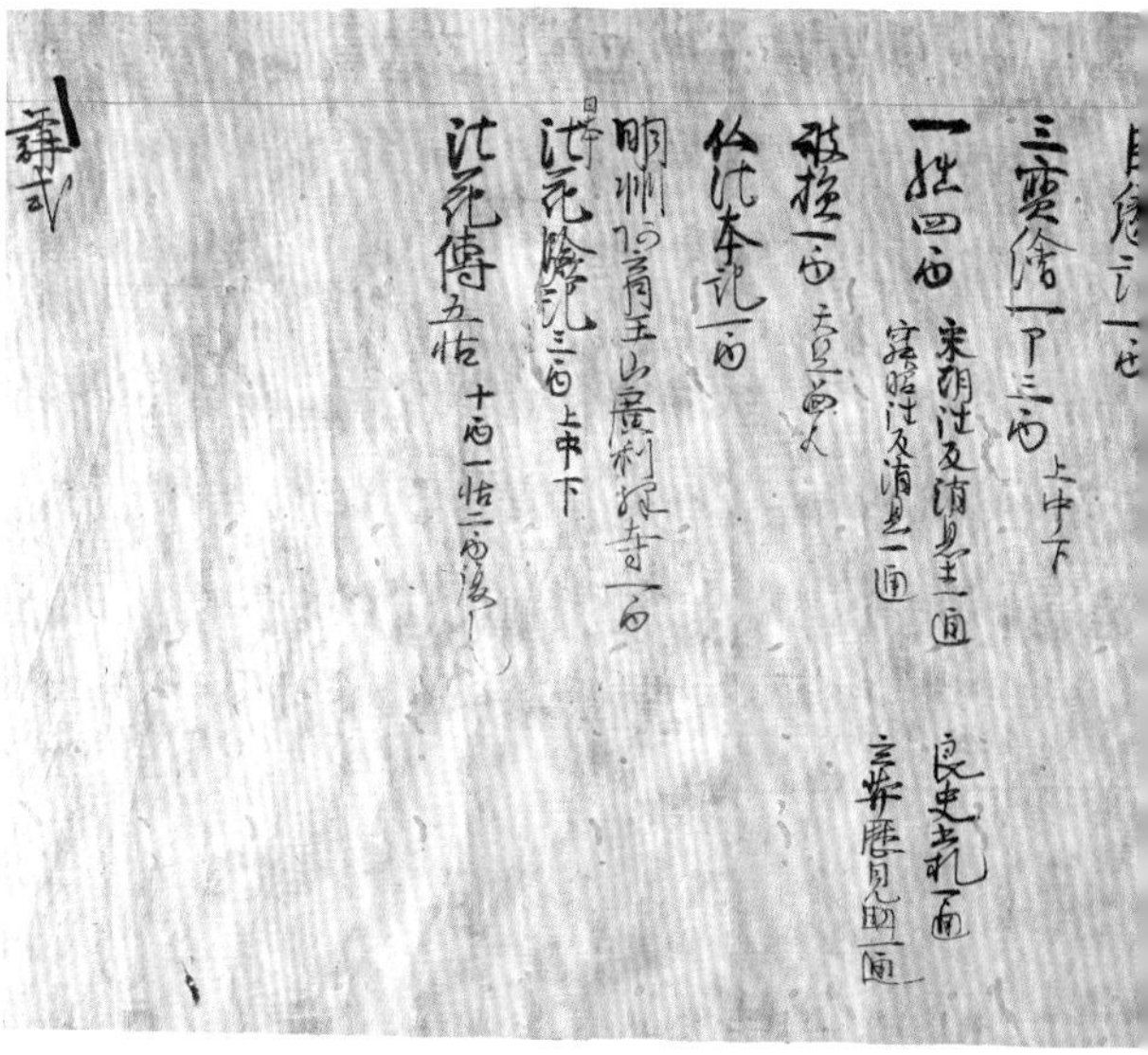

【図01】…『五合書籍目録』

『観普賢経私記』

ところで、貴重書庫に、識語に込められた歴史を繙いてみたい書物がある。平成七年（一九九五）に架蔵された『観普賢経私記』という聖教である。同書は「法華三部経」の一つで、『法華経』の開経とされる『無量義経』に対し、結経とされる『観普賢菩薩行法経』（曇無蜜多訳、以下『観普賢経』）に関する書写本で、これまで本学図書館の貴重書展で二度の展観がなされた（第一二三回・第一三一回解題）。

雲母引きに褐色の唐草文があしらわれた美麗な表紙の列帖装で、表紙題簽外題下に「如来蔵」と墨書があり、京都大原の三文庫である三千院円融蔵・勝林院勝林蔵にならぶ来迎院如来蔵に旧蔵された書であることが知られる。奥書によれば、慈覚大師円仁が草したと伝えられる本書を、建保五年（一二一七）、来迎院の禅寂が、安居院の澄憲によって保元三年（一一五八）に白河御房で書写された本をもって校合し、如来蔵の蔵書として補ったものとされる。

本書は、本学文学部教授であった池田利夫氏により、『方丈記』を著した鴨長明と、その廻向のため「月講式」を起草した禅寂との関係からの研究が進み（池田氏『源氏物語回廊』[3]）、多くの研究者から注目されるところとなった。禅寂（俗名は日野長親、兼光息）が、来迎院五世の如蓮房禅寂（『来迎院如来蔵聖教文書類目録』「来迎院長老次第」）と判明したことで、その貴重書としての意義は深まったが、いまだ詳らかならざることも残されている。

表紙の右端下方に、外題下の「如来蔵」と同筆とみられる「覚阿」という手沢を表わす墨書がある。この識語の存在が、「如来蔵の闕を補わんがための書校（校書：校勘）」であるとした、禅寂が記すところの「真意」を読み解くひとつの鍵となるかと思われる。以下、少しく当代の庫蔵と書物の伝来・所蔵に思いを廻らせてみたい。

かつて本書を所持していたとみられる覚阿（一一四三～未詳）は、杭州の霊隠寺に参禅、法を継承して帰国した天台の入宋僧（一一七一～一一七五入宋）で、中国の禅籍に初めて伝記が収められた日本人としても知られる（『嘉泰普灯録』）。おそらくは入唐円仁が草したという『観普賢経』の私記を求め、如来蔵で披見、爾来所持していたのであろう。建保五年の禅寂の識語は、覚阿手沢本となって如来蔵を出た本書が、後に何らかの経緯で見いだされ、如来蔵に復したことを暗に示すものと思しく、その際に同書の真正を確かめるため、澄憲書写の三井寺系の本と校合を行ったものと考えられる。随所にその校正の筆が残る。

この澄憲の書写が白河御坊でなされたことは意味をもつ。鴨川の東に位置する白河は白河法皇

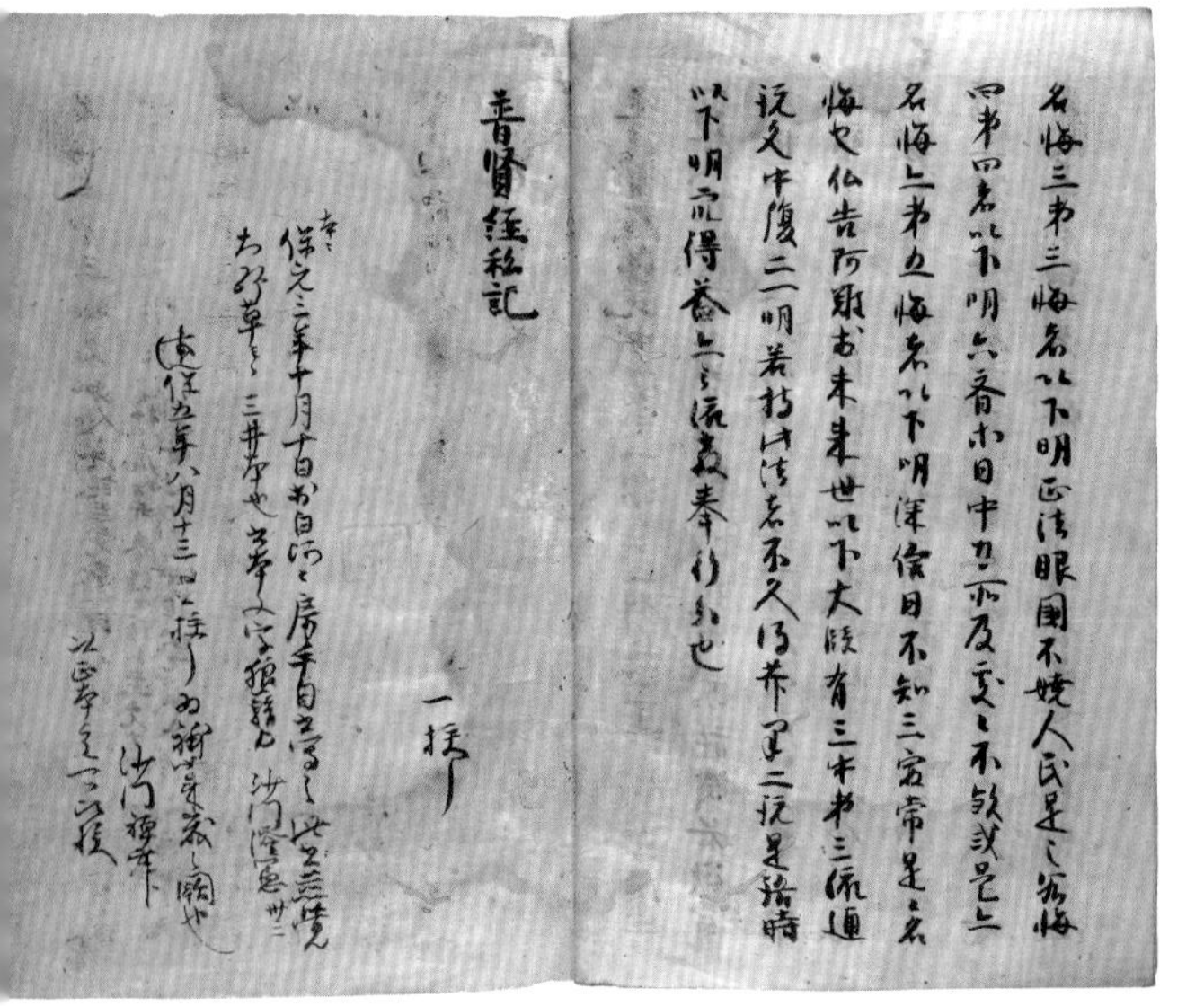

の御所があり、院政期の政治・文化の中心であった。そのうちの泉殿（法勝寺御所）は、藤原頼通の息で園城寺長吏・延暦寺座主・法勝寺法務を歴任した覚円（一〇三一～九八）の房を改めて造営されたとされるから、その覚円のもとに円仁草と伝えられる同記が所蔵される可能性は十分にあったろう。宇治僧正と称されるごとく、居所は宇治精舎にあったというが、ゆかりの白河の房に関連の転写などが残されることは故なしとしない。その書写の際の書写元の本は「三井本」で筋は確かであるものの、「文字狼藉」とあるから善本とは言い難いものであったようであるが、白河の地で辛くも写し継がれていた本から、澄憲が掬い取るべき本文を書き留めた貴重な写本ということになろうか。時に保元の乱で同所が炎上した直後の状況下のことであった。

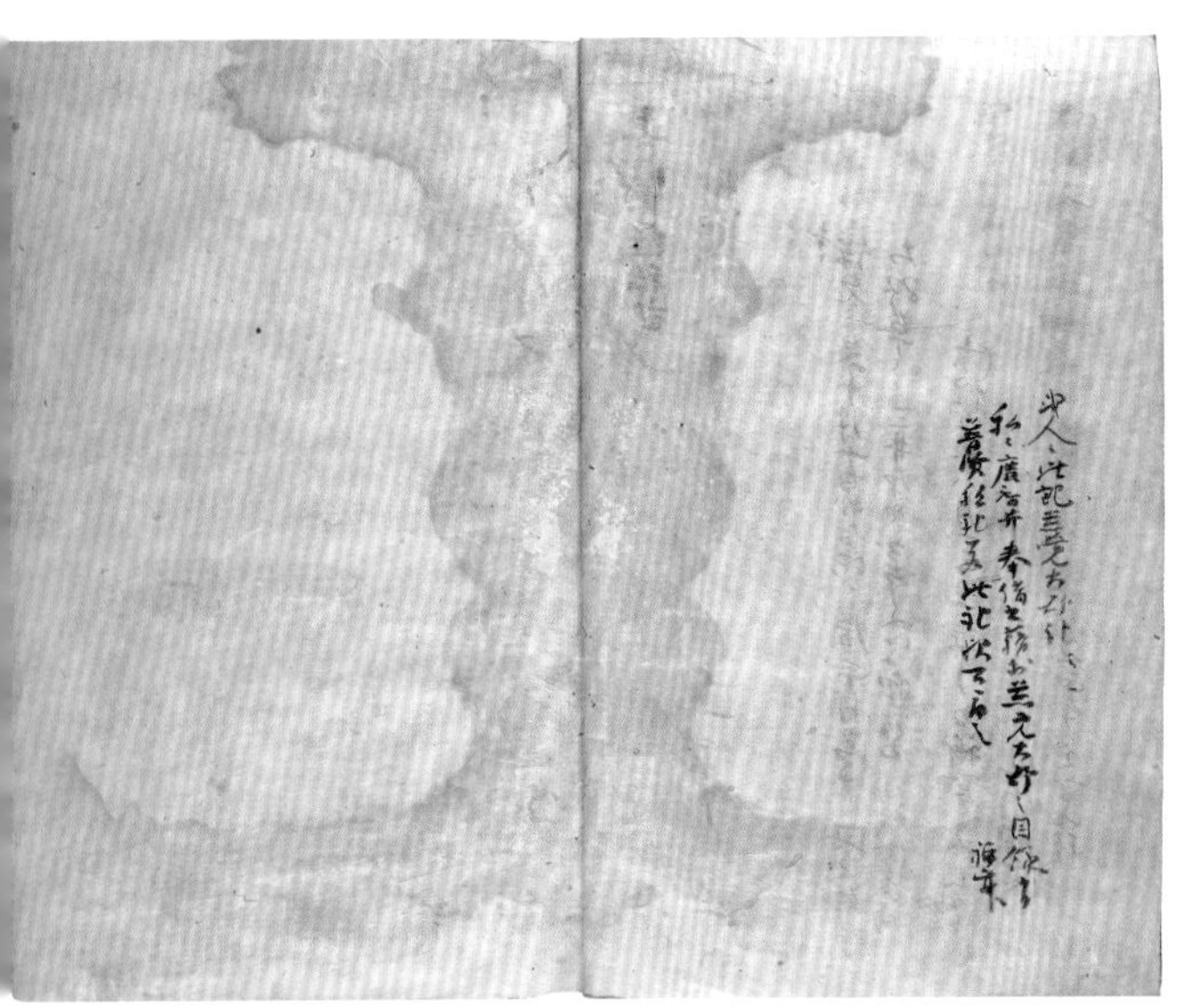

澄憲が天台の唱導師として多くの法会で講説を行ったことは広く知られ、法華経講会における経釈も現存する。『観普賢経』を講会の最末に置く法華三十講や十講を行う澄憲が本書を求め、写し取ることは自ずと首肯されよう。

禅寂が覚阿手沢本をこの澄憲書写の三井本によって校合し、如来蔵に収めた経緯は、建保五年に識語を残して以降、書き加えられたと思われる覚書によっても推せられる。禅寂は自今以後に向け、「正本をもって重ねて比校すべし」と記し置いた建保識語に別して、あえて丁送りをし、「広智菩薩が慈覚大師から借覧した書籍の目録に普賢私記とあるのはこの記か」と添えている。実は、智証大師円珍（八一四～八九一）にも観普賢経関連の著作内に『観普賢経私記』があるため（『山家祖徳撰述篇目集』上）、本書が円仁草であるかの存疑を残す慎重な吟味が、円仁を叡山に送り込んだ師である広智（最澄に師事、空海から書写依頼を受けるごとき績徳）の「借覧目録」（青蓮院吉水蔵『聖教』「慈覚大師御作目六」か）にまで及んでいることがうかがえよう。円仁草創を寺伝に掲げる来迎院であるからこその禅寂の真摯な姿勢、その人となりにふれる思いがする。ちなみに江戸期に園城寺法明院の敬光によって合冊刊行された円珍草との本文照合で、本書が同名異書の円珍草でないことが確認できるが、円仁草の徴証となるのは、いまなお澄憲書写本との校合を刻す当該の禅寂の記述にとどまっている。儒道の家の出であることも投影するか、要を得た識語とはかくあるべしと、得心する。

その私記の扉を披けば、「次正撃香帰依三宝」「次香供養」「次経前所列文解釈文」といった法会の次第書きに次いで、南北の高座における唱句が引かれ、その後に『観普賢経』の経句やその他の要文を随所に引きながら、経全体の組織が体系的に分科・整理された「科文」のごとき書とみられ

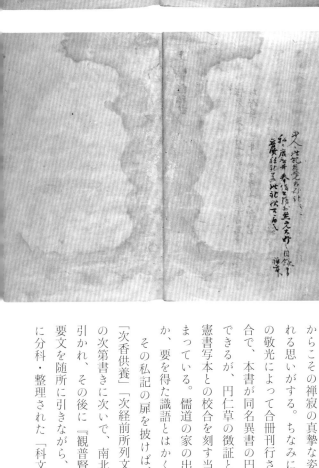

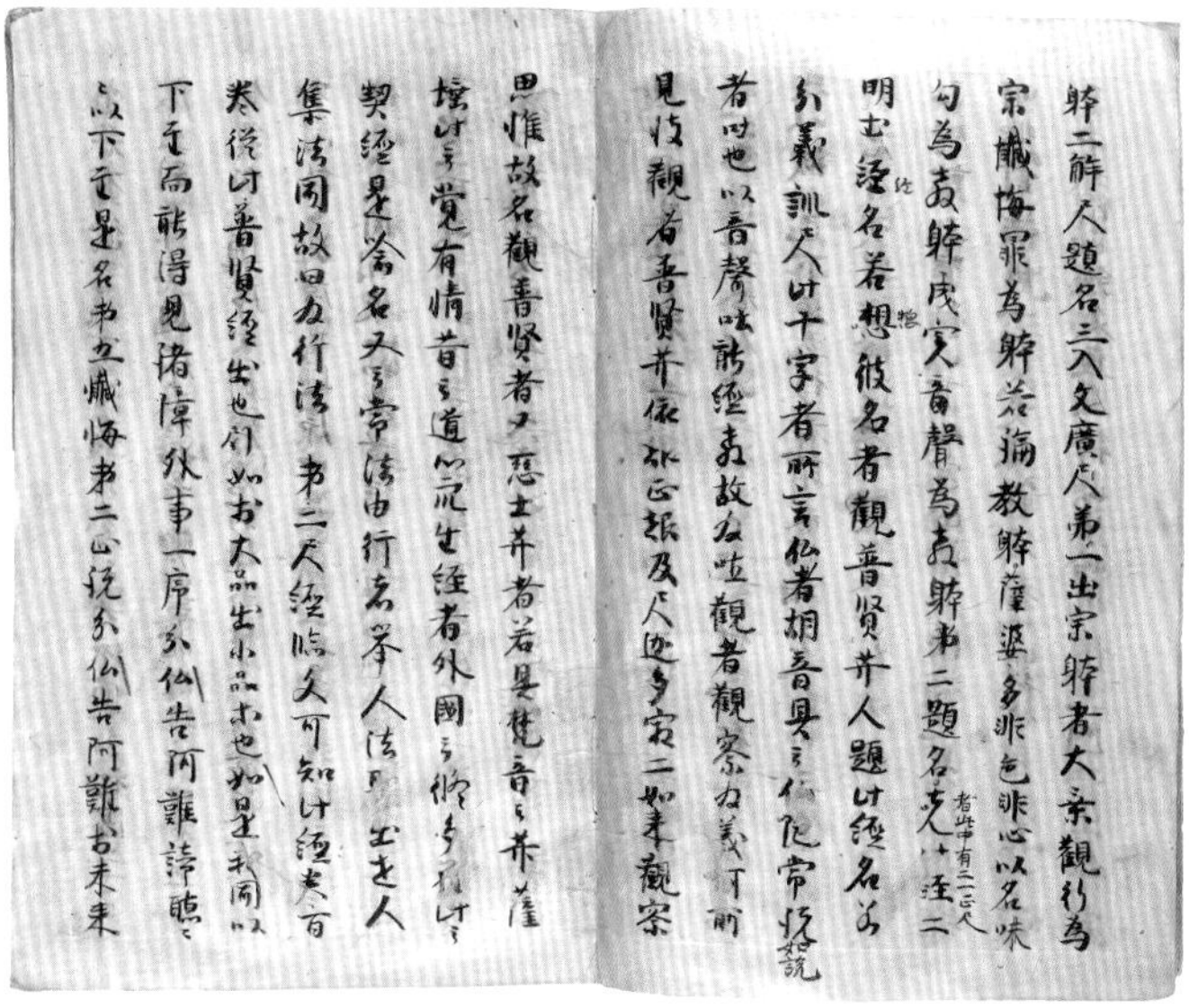

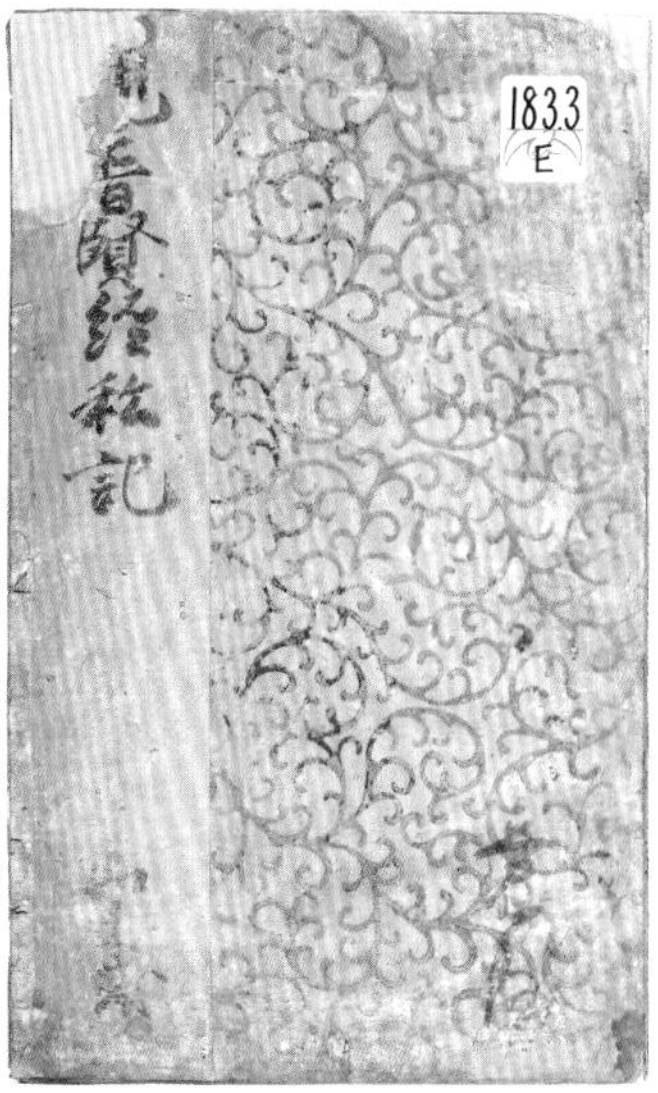

見開き右上から、
[図03・04]…『観普賢経私記』奥書
[図05]…『観普賢経私記』表紙
[図06]…『観普賢経私記』本文

る。期すべきは詳細な本文研究であることは云うまでもない。

『観普賢経』は『法華経』の実践的な修行を開示した経で、天台大師智顗の『法華三昧行法』という行軌に結実している。本朝における「朝懺法夕例時」と称される「法華懺法」がその儀礼化であるとされ、円仁が「法華懺法」を改伝したとの伝が『慈覚大師伝』にある。その仔細は決し得ないが、本書が、「五台山に在りて法花三昧を修し、天台の教迹を伝ふ」(『入唐求法巡礼行記』)とされる志遠大師の行儀にふれたと記す円仁の関連の行軌である可能性も入れて、今後に検討する意義があろう。

禅寂識語からおよそ二十年後の嘉禎二年(一二三六)のこと、天台声明中興の祖である良忍が創建し、円仁所伝の声明を伝える来迎院で、宗快によって声明再興のための『魚山目録』が編纂された。先に「何らかの経緯」と記したのは、そうした来迎院における「宝蔵目録」の編纂事業が機縁となって、本書の捜索がなされ、五世禅寂のもとで入蔵が果たされたのではなかったかと、書き留められた識語から一書の歴史を推し量ってみた。

来たる創立百周年記念に諸書とともに展観が予定されており、再び披見の機が訪れる。

『金光明最勝王経』版本

貴重書外の所蔵であるが、余滴として仏教文化研究所で近く所蔵の仲間入りをしつつある書籍についてふれておきたい。それは『金光明最勝王経』関連の版本である。世界が未曾有の疫病に見舞われるなか、こうした時にこそ少しでも行えることをと、令和二年(二〇二〇)、同経をテーマにごく限られた人員で小さなワークショップを開いた。『最勝王経』三十一品は東大寺を総国分寺とする全国の護国寺に納められた護国経であるが、衆苦・怨賊・飢饉・疾疫を除く「護国品」、為政者に要される「王法正論品」、インド古来のアーユル・ベーダ(医書)に基づく「除病品」など、いま地球上に起こる混沌とした現象にひき重ね、その説くところがまことにもって見聞にあたいするゆえんである。

『最勝王経』との機縁は、そんな疫禍に苛まれることなど思いもかけぬ頃、能登にある總持寺祖院での調査の折、所員とともに庫に同経の版本を見いだしたことに遡る。それは、かつて私に所蔵目録作成の任を負う別寺院(八王子・慈高山金剛院)の宝蔵で抜き見た覚えのある宝暦十年版の「秋葉蔵版」であった。ワークショップでは、遠州の秋葉寺で印刻された、綺羅引きの料紙に装飾が施されたこの版本を始発として、仏典・信仰・文献史の観点から研究員三者による報告を行った(4)。

さらに少しく研究をすすめてみると、江戸初期の吉永升庵という蘭方医が、彦根五代藩主井伊直治（直興）とともに江戸湯島の霊雲寺で開版した正徳三年版の「霊雲寺蔵版」をもとに、その五十年後に開版された「秋葉蔵版」であることが明らかとなった。当時の最先端医学を修めた者が世を愁い、民の心の平安を導く経典として、自ら篤い信仰を寄せる弁才天信仰を底流に据え、諸本校合による緻密な本文校訂を重ねたものが「霊雲寺蔵版」に結実したという歴史が浮かび上がった（冒頭紹介の紀要）。さらに「秋葉蔵版」を経て、その後に相次いで同系統の版本の開版・流布も判明した。爾来、関連の経典版本、および初版の開版の経緯が綴られた「略縁起」の版本などが順次研究所に架蔵されつつあって現在に至る。

「秋葉蔵版」が祖院の収蔵の伝来につながることとは禅宗寺院間の関係から跡づけられるが、それが収め置かれるに至る思想的背景が那辺にあるのか、ということが気にかかったまま、かの調査時の庫内の景とともにしばし心に留めおかれていた。

そうしたなか、研究所が今年令和六年に開山瑩山禅師七百年大遠忌を迎えるにあたり、総本山總持寺・總持寺祖院・宝蔵館とともに、刊行物やデジタルアーカイブなどの資料公開を含めた様々な事業に取り組むこととなり、あらためて寺院史を振り返る過程において、禅師がその晩年、北陸の羽咋に開いた永光寺の仏殿が「最勝殿」と称することにふれ得た。

元応元年（一三一九）、瑩山禅師は『最勝王経』の重要性を深く認識し、釈尊を本尊に、左方に観音、右方に虚空蔵の二菩薩を脇侍とする三尊像を安置する仏殿を造立して（『洞谷記』）、それを「最勝王会を模す祝釐なり」と称したと伝えられる（「御開山及四哲行状略記」）。宝冠の釈迦如来である中尊は『華厳経』における毘盧遮那仏を表わしており、東大寺の大仏殿の三尊に等しい。「永光護国禅寺」という寺額には禅師の護国に対する境地が映されてもいる（納富常天氏『新修總持寺史』）。そうした開山禅師以来の『最勝王経』に対する意義付けが自然に継承されつつある寺院圏内において、研究の始発となった「秋葉蔵版」が祖院の庫内に収められた、ということになろうか。解けてみれば、あるいは宗内の自明であるといえるかもしれないが、辿る道のりは醍醐味そのものである。

宝蔵を開いた先に広がる値遇の世界、抜き見る聖教のそれぞれが歴史的結晶の一つとして記憶に留められるべき「正しき宝物」であることを、ここにあらためて噛み締める。

注

（1）総持学園創立七十周年・鶴見大学大学院日本文学専攻博士課程開設記念（一九九四年、丸善（東京日本橋店）にて開催）。

（2）『禁裏・宮家・公家文庫収蔵古典籍のデジタル化による目録学的研究』平成十四年度〜平成十七年度科学研究費補助金（基盤研究（A））研究成果報告書 研究代表者 田島公氏。先行する牧野和夫氏「杭（明）州刊本類船載を通してみた宋代〝文物〟の我邦〝文物〟への影響」（和漢比較文学叢書第十四巻、汲古書院、一九九四年）や、書物の伝来と具体的な享受（『感通賦』）からの言及に後藤昭雄氏「呉越と平安朝の漢学」（『アジア遊学』二七四、勉誠社、二〇二二年）などがある。

（3）「鴨長明の大原と日野――禅寂伝に関する新資料管見」（『日本古典文学会々報』第一二九号、一九九七年）初出。再録は笠間書院（二〇〇九年）。

（4）『鶴見大学仏教文化研究所紀要』第二六号（二〇二一年）。宮崎展昌専任研究員、武井慎悟特任研究員、小島による報告。ワークショップは令和二年に開催。

追記

本年元日、能登を震源とする能登半島地震により（最大震度七）、總持寺祖院（輪島市門前町）の堂塔が損壊を受けました。二〇〇七年の能登半島地震の修復完了宣言を三年前に行なったばかりのことです。今は人命の救済が専一なる時でありますが、在りし日の宝蔵を思い、心を痛め、縁をいただく者の一人として、過去から未来へと繋ぐべき文化財の旧に復することに、少しでも身施できたらと思い居ります。

特集◉古典籍の文献学
第二部◎仏書・漢籍・洋学・アーカイブ

禅籍ではじまる日本出版文化

万波寿子……MANNAMI Hisako

日本で出版文化が定着したのは一六〇〇年代半ばであった。これ以後現在に至るまで、本は商品であり、本を媒にして知識が広く共有される時代となった。この革命の黎明期は一体どこからどのように起こったのであろう。実は、それは仏書ではじまったのだ。中でも、禅籍がその最初期を牽引した。本学には多くの禅籍の版本がある。これらを通じて出版の黎明期をのぞいてみることにしよう。

鶴見大学文学部講師。専門は書誌学（とくに版本の仏書）。主な著書に『近世仏書の文化史――西本願寺教団の出版メディア』（法藏館、二〇一八年）、論文に「丹山順藝――論其學問與藏書」（故宮博物館『故宮学術季刊』39巻4期（台湾）二〇二二年）、「智洞編『龍谷学黌内典現存目録』の研究」（国際仏教学大学院大学附置日本古写経研究所『日本古写経研究所研究紀要』7号、二〇二二年）などがある。

出版文化の黎明期の具体像については、まだよくわかっていない。ただこの時期、すなわち一六〇〇年代前半から半ばに、権力者達が行った活版の一種古活字版の刊行と合わせ大量の仏書が古活字または整版で出版されていったことはもう少し注目されるべきだ。近世最初期の版本カタログである寛文十年（一六七〇）の書籍目録では、儒書が五三六点なのに比して仏書は一六九〇点で、圧倒的である。[1] 近世初期、仏書が力強く牽引したことが日本の出版史の特徴なのだ。

中でも混沌とした最初期の出版界を禅籍の出版がリードした。これは中世までの禅籍を中心とした出版物、いわゆる五山版による蓄積と、近世初期に明から隠元を迎え、清新な知識を禅宗世界のみならず仏教界全体にもたらした黄檗宗が関係しよう。

さて、本学図書館にも多くの禅籍があり、この時期特有の版本も多く所蔵される。一見するとありふれたテキスト群であるが、いずれも日本の出版文化を創造した歴史の証人たちだ。本稿では今回、その点数の多さから『鎮州臨済慧沼禅師語録』という禅籍を選び、黎明期の様相を覗いていこうと思う。同書の通称は『臨済録』、中国唐の時代に成立した高僧の語録集で、禅の基礎教典である。

本学図書館には版本『臨済録』が六点所蔵される。うち四点がテキスト、二点が註釈書である。いずれも一枚の木の板に本文を彫りつけて原版とする整版本で、近世初期に流行を見せた活字版である古活字版の所蔵はない。もともと、禅籍の古活字版は少ないのである。それは日本には臨済宗五山が中心となって行った優れた出版物である五山版（整版印刷）があるため、わざわざ表現力に乏しく、耐久性のない（数十部で活字が摩耗してしまう）活版で出版しなおす必要がなかったからであろう。

ではまずテキストのみの四点を見てみよう。もちろん、いずれも内容はほぼ同じである。ただし、江戸時代の出版文化に照らすと、これらはそれぞれに当時の出版界の状況を語ってくれる。

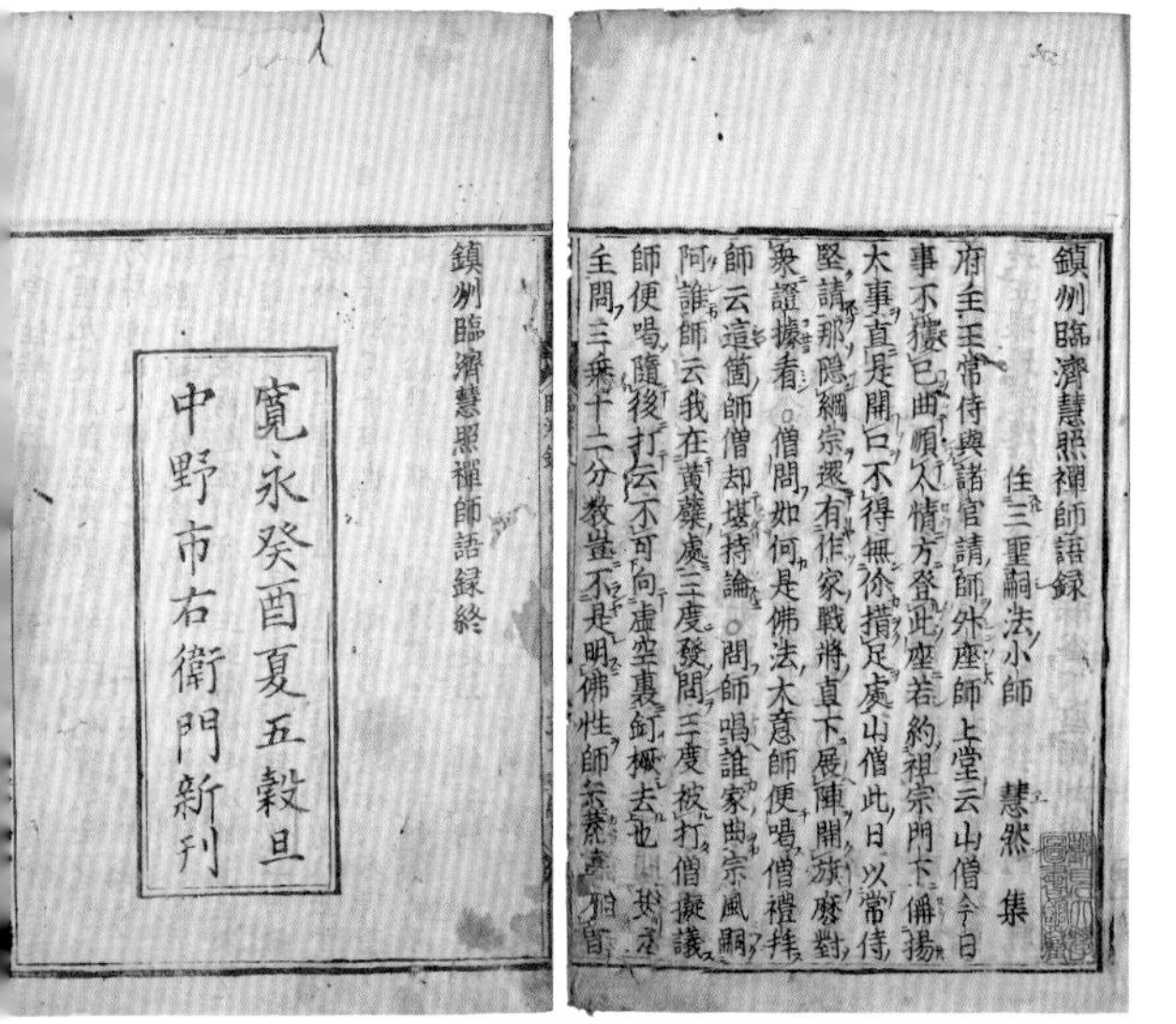

鎭州臨濟慧照禪師語録
住三聖嗣法小師　慧然　集
府主王常侍與諸官請師陞座師上堂云山僧今日
事不獲已曲順人情方登此座若約祖宗門下偁揚
大事直是開口不得無你措足處山僧此日以常侍
堅請那隱綱宗還有作家戰將直下展陣開旗麼對
衆證據看 ○僧問如何是佛法大意師便喝僧禮拜
師云這箇師僧却堪持論 ○問師唱誰家曲宗風嗣
阿誰師云我在黄蘗處三度發問三度被打僧擬議
師便喝隨後打云不可向虚空裏釘橛去也 有座
主問三乘十二分教豈不是明佛性師云荒草不曾

鎭州臨濟慧照禪師語録終

寛永癸酉夏五穀旦
中野市右衛門新刊

まず、**図01**の本は、六点の中で最も早く出版されたもの。寛永十年（一六三三）年の刊行である。最も早い整版の『臨済録』（覆古活字版）開版は寛永二年だから、同書刊行の八年後の出版物である。したがって、**図01**本は、最初期ではないが、それに準じる版と言える。この時期はちょうど日本にはじめて出版文化が根付いた時代である。

漢文読解を助けるため訓点が付けられているのは、地味に見えるが画期的だ。訓点があれば、より多くの人がテキストを読むことができる。中世までの閉鎖的な漢文訓読学習の在り方からの脱却が見られる。訓点は、活版印刷である古活字版ではほぼ表現できないが、整版ならば自由である。

しかも寺院ではなく、中野市右衛門という本屋によって開版がなされている。彼は近世出版文化の基礎を作った本屋で、弟の中野小左衛門など、同族と思われる中野姓の本屋が同時代に多数おり、一族で旺盛な活動をしている。中野一族は日本出版史の初期に大きな足跡を残した。近世初期の出版黎明期、整版印刷の禅籍は早くから民間人によって開版されていたのだった。

次に**図02**は、一見すると**図01**の『臨済録』と同一だが、よく見ると細部がわずかに違っている。これは覆刻本である。覆刻とは、何らかの事情で原版が失われた後、その原版で印刷された本を用いて原版を再生させること。まず版本の糸で綴じてあるものをほどいて一枚一枚の料紙にばらした後、版木となる木の板に文字が印刷された版面が接するように貼り付ける。そして貼り付けた紙の繊維をできるだけ取り除いて文字を鮮明にしたものを彫るのである。前の版とほとんど同じ原版が得られる。

この本が出されたのは中野の版の十三年後の正保三年（一六四六）で、これも出版者は麩屋甚右衛門という本屋である。**図01**本の覆刻本であるということは、何らかの事情で**図01**本の原版が失われた後、同じ江戸前期中には麩屋が復刻させ、出版が続けられたということである。需要があったのだ。同本には、たくさんの書き込みがされており、この本の持ち主の熱心な学びが伺え、仏教学の当時の盛り上がりを伝えている。

次に、**図03**である。慶安元年（一六四八）に刊行された本だが、出版した本屋の記載がなく、版元は不明である。本文は**図01**、**02**本と基本的に同じで訓点もある。ただし、刊記に「存奨 校勘」「宗演 重開」（存奨が本文を校訂し、宗演が再度開版した意）などの文字と共に「延徳三年辛亥八月十五日季恭居士鏤梓捨入／濃之正法栖雲院」とある。「延徳」は室町後期の年号で、つまりこれらの部分は、この本の底本である室町時代の五山版の刊記の文言をそのまま使っているのだ。すなわち、**図01**、**図02**本も含め、すべて五山版を底本として開版され、その際に漢文を読みやすいよう訓点を付して出版したものなのである。

ただし、**図03**は、**図01**本、**図02**本によく似ているが、やはり細部が異なるのと、前の二種の版

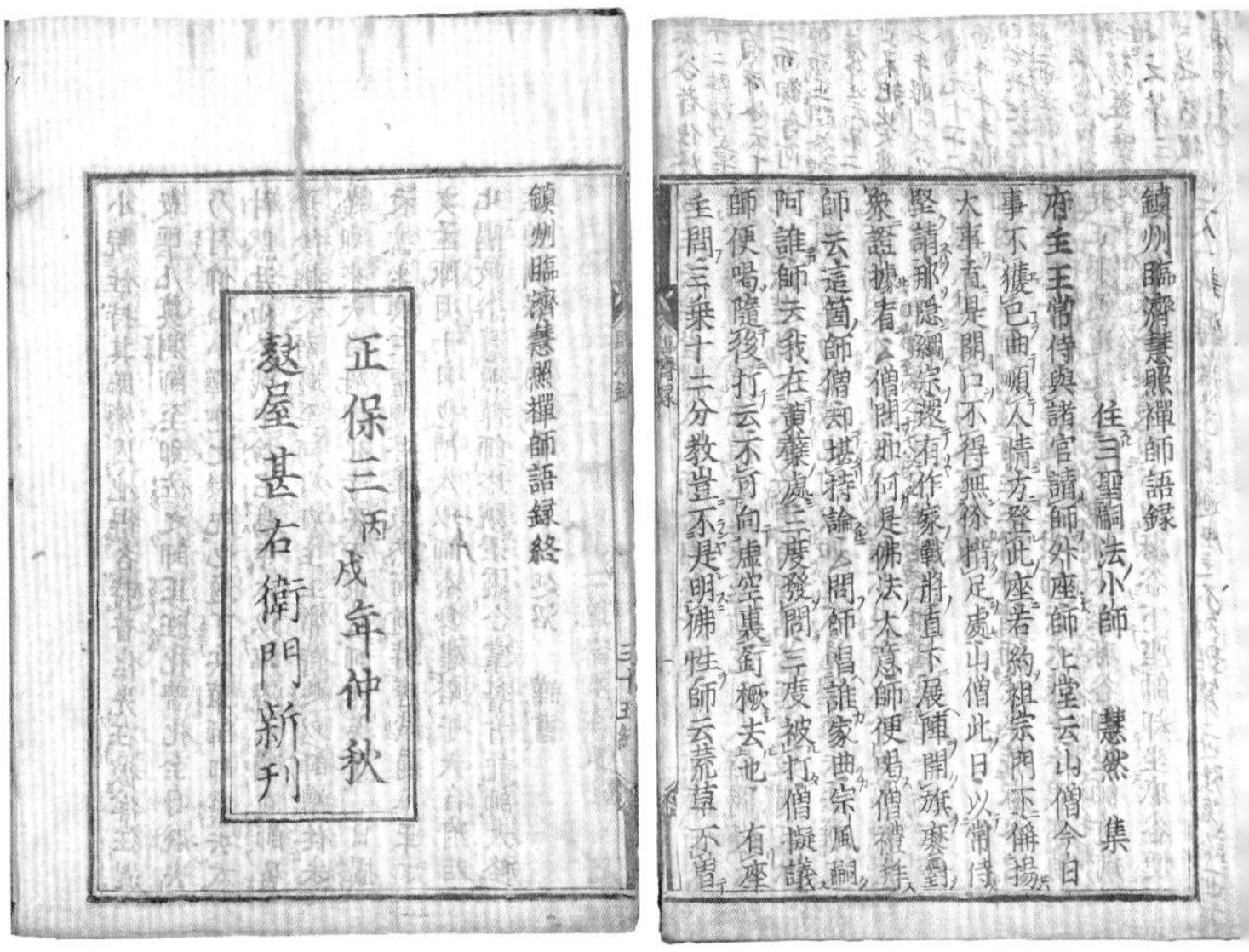

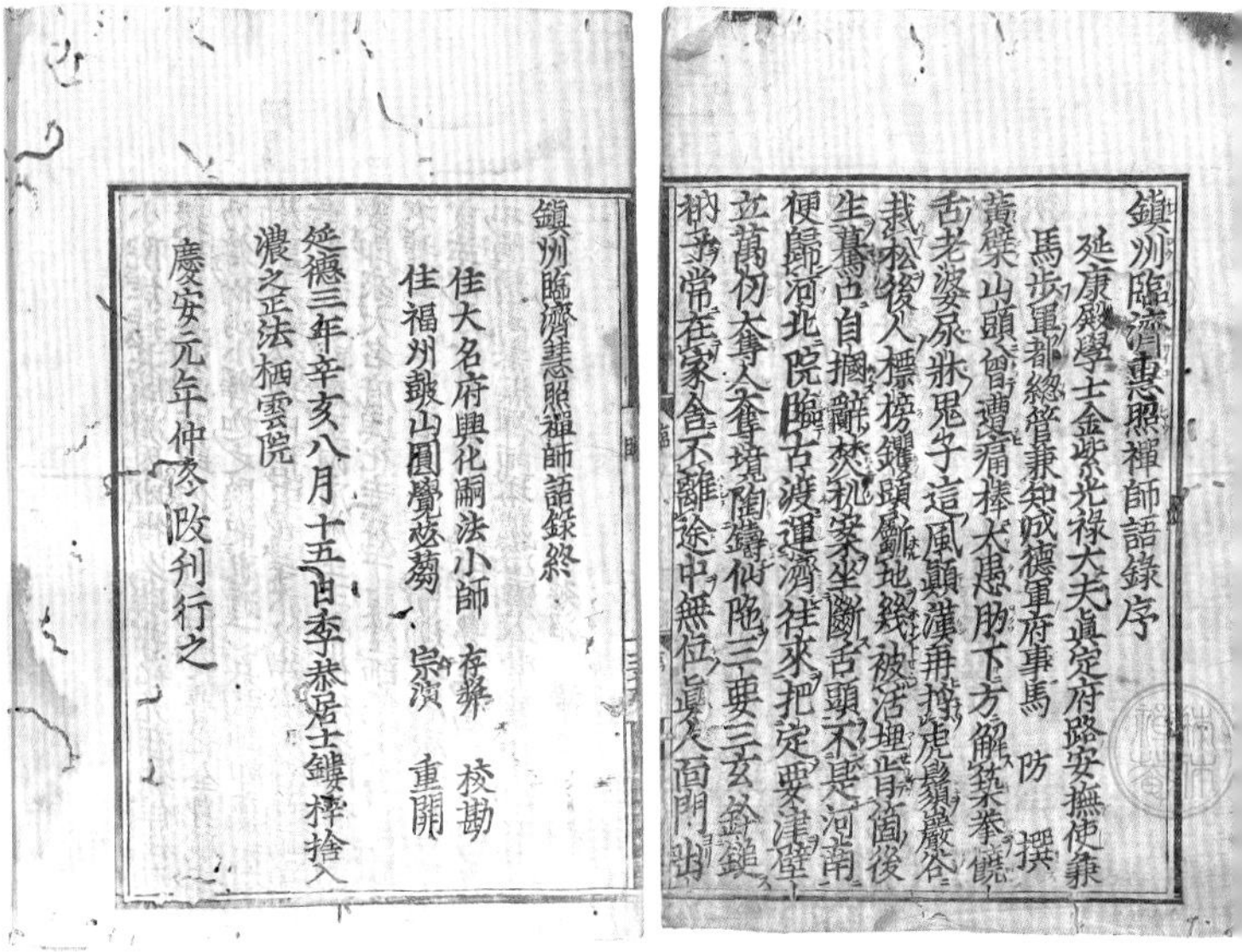

上右【図01】…『鎮州臨済慧沼禅師語録』(『臨済録』、中野市兵衛出版)の本文冒頭(右)と刊記(左)

上左【図02】…『鎮州臨済慧沼禅師語録』(『臨済録』、麩屋仁兵衛版)の本文冒頭(右)と刊記(左)

中【図03】…『鎮州臨済慧沼禅師語録』(『臨済録』)の本文冒頭(右)と末尾の「存奨 校勘」「宗演 重開」とある部分(左)

下【図04】…『鎮州臨済慧沼禅師語録』(『臨済録』、本文八行本)の本文冒頭(右)と刊記(左)

心が「臨済録」とあるのに比し、「臨」の一字のみ。また画像にはないが、序の部分が他の二本は十一行なのに対し、この本だけ十行である。つまり、これは覆刻本ではなく、全く別の原版での出版なのだ。五山版の刊記の記述を入れることで、先行する**図01**、**図02**本より由緒正しい本文であるとアピールしているのかも知れない。おそらく先行する版の売れ行きの良いことを見て、何者かが後からこの本を出版したのだろう。一六〇〇年代中頃はまだ出版文化の黎明期で、法整備も進んでおらず、公的な海賊版の取締などなかった。

最後に、明らかに版面が異なる**図04**である。出版文化が定着を見せ、西鶴の『好色一代男』が出版された二年後にあたる貞享二年(一六八五)に、梅村弥白という本屋が重刊(もう一度版木を作り直して刊行すること)したものという。この弥白は梅村弥右衛門という名前でも活躍し、様々な本を刊行した本屋であった。こちらは、同じく訓点が付されているものの、明らかに他の三種と文字が異なっていて、行数も他より少ない八行である。

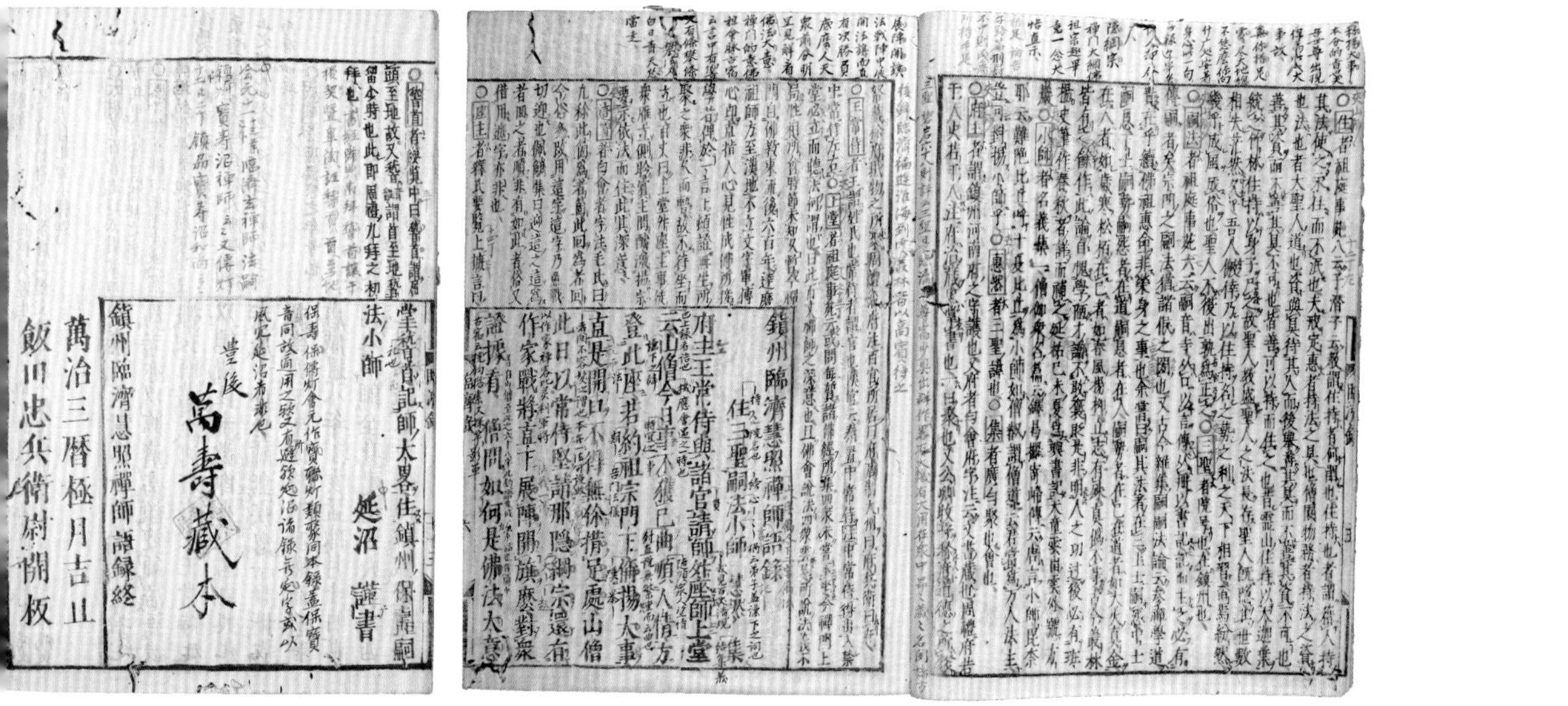

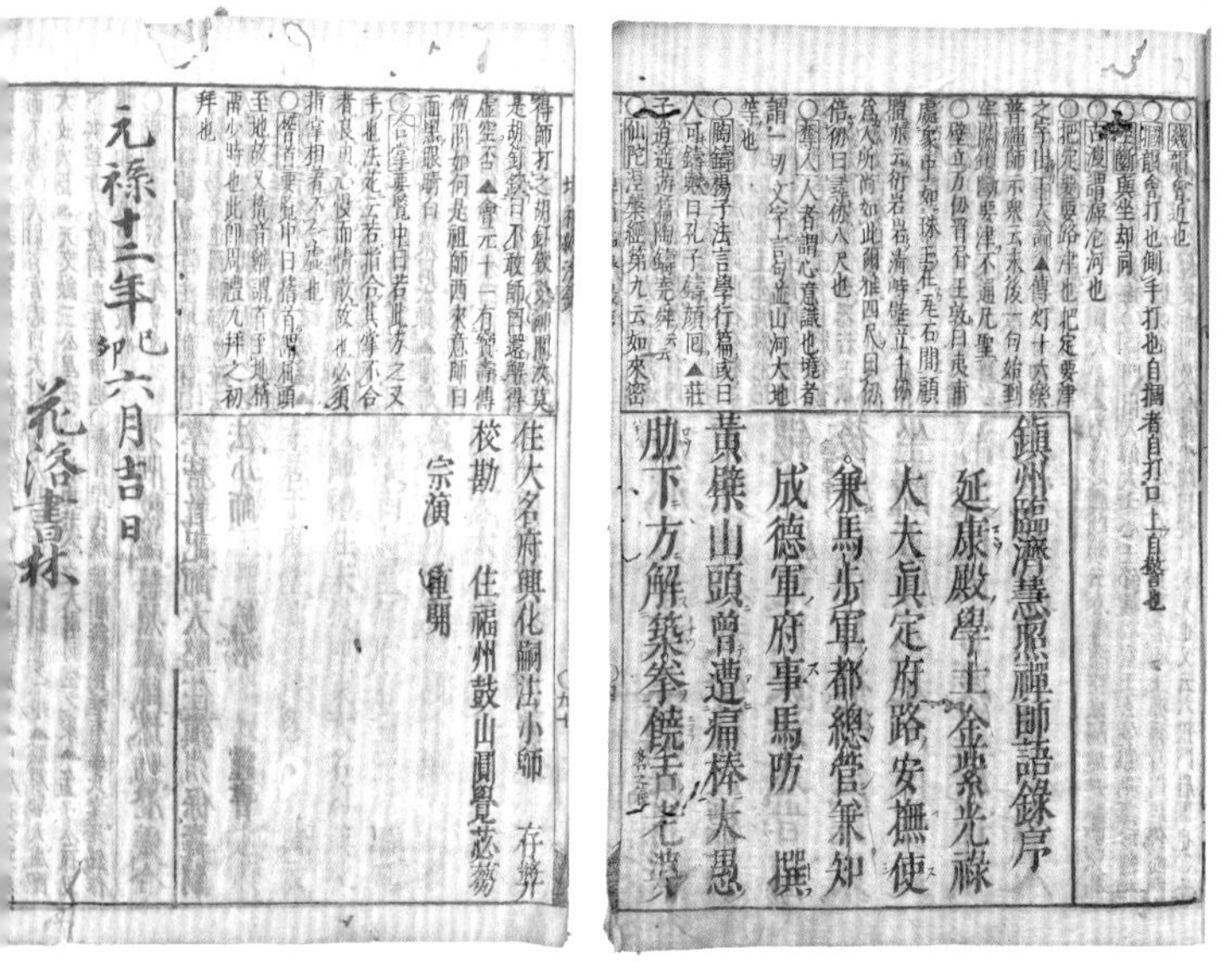

しかし、やはり巻末には五山版であることを示す「存奨校勘」「宗演重開」の文字が見える。

注目すべきは版心の上部で、「支那」の文字が見える。この部分は実は二行になっていて、この丁の裏側には「撰述」と続き、合わせると「支那撰述」となる。この文言が版心にあるのは、同時代では黄檗版大蔵経である。これは日本で初めて出版された整版による大蔵経だ。近世の仏書を象徴するような印刷物で、江戸時代を通じてよく普及した。底本とした中国明代の嘉興蔵大蔵経に倣い、それまでの大蔵経が巻子か折本であったのとは異なり、学問に便利な冊子体であった。しかもより読みやすいよう訓点を施したものも多い。さらに、中世までとは異なり、金銭のみで入手できたことから、学問に至便な大蔵経であった。これが開版されたのが延宝六年（一六七八）であるから、**図04**はそのわずか七年後に、五山版系テキストを黄檗版大蔵経に似せて出版しているのである。

実は、『臨済録』は黄檗版大蔵経には含まれていない。同書は中身こそ五山版だが、学問本位の清新な黄檗版に似せることで当時の僧侶や学者らにより歓迎されたに違いない。この版からは通仏教的、文献主義的な学問の隆盛を想像することができる。知識の共有が限定的であった中世までの学問とは異なる、大きな変化である。

残る二点は註釈書だ。まず**図05**だが、本文は見開きの中央下部に寄せられ、それを取り囲むように註釈が書かれている。万治三年（一六六〇）刊。版元は禅籍の出版を多く手がけた飯田忠兵衛尉である。

非常に書き込みが多く、本書の特徴となっている。墨の他、青墨、朱も用いて書き込み、書き

上段[図05]…『鎮州臨済慧沼禅師語録』(『臨済録』、飯田忠兵衛版、一冊本の註釈書）の本文冒頭(右)と末尾の「嘉永元年…蒋山韶叟」と書き込みされた箇所(左)
中段[図06]…『鎮州臨済慧沼禅師語録』(『臨済録』、二冊本の註釈書）の本文冒頭(右)と元刊記(中)、後の刊記(左)

切れず追加で料紙を挟み込んでいる箇所さえある（こうした仏書版本は他宗でもしばしば見られる）。末尾に「嘉永元年：蒋山韶叟」とあることから、書き込みをした人物は蒋山韶叟という僧侶で、購入したのは幕末の嘉永年間とわかる。江戸前期の本が、幕末に利用されている例である。一度出版された本は、命を失わず利用や保存をされ続けるのが江戸時代なのである。

図06も註釈書だが、**図05**本に似ているものの、版心が異なるので別版である。一冊本だった**図05**本より註釈が大幅に増加したため、二冊になっている。本文末には「存奨 校勘」「宗演 重開」の文字があり、やはりこれも五山版の本文を使っている。

刊記には、「元禄十二〈己卯〉年六月吉日／花洛書林」とのみあって、元は元禄十二年に開版されたとわかるが、版元名の入る箇所が空白になっており、版権の変更があったようだ。

その後の跋文に続き、「花洛書林 文台屋治郎兵衛」とあるが、「文台屋治兵衛」の文字の左は不自然に空欄になっていることから、これは元禄十二年より後の刊記だろう。おそらく文台屋と他のもう一件の本屋が、元禄十二年頃に元の本屋から版権を買い取り、共同で出版していた時期があったが、やがて文台屋が版権を独占したのだろう。元禄年間以降、ひとつの産業として定着した出版市場で活発な版権のやりとりが知られる。

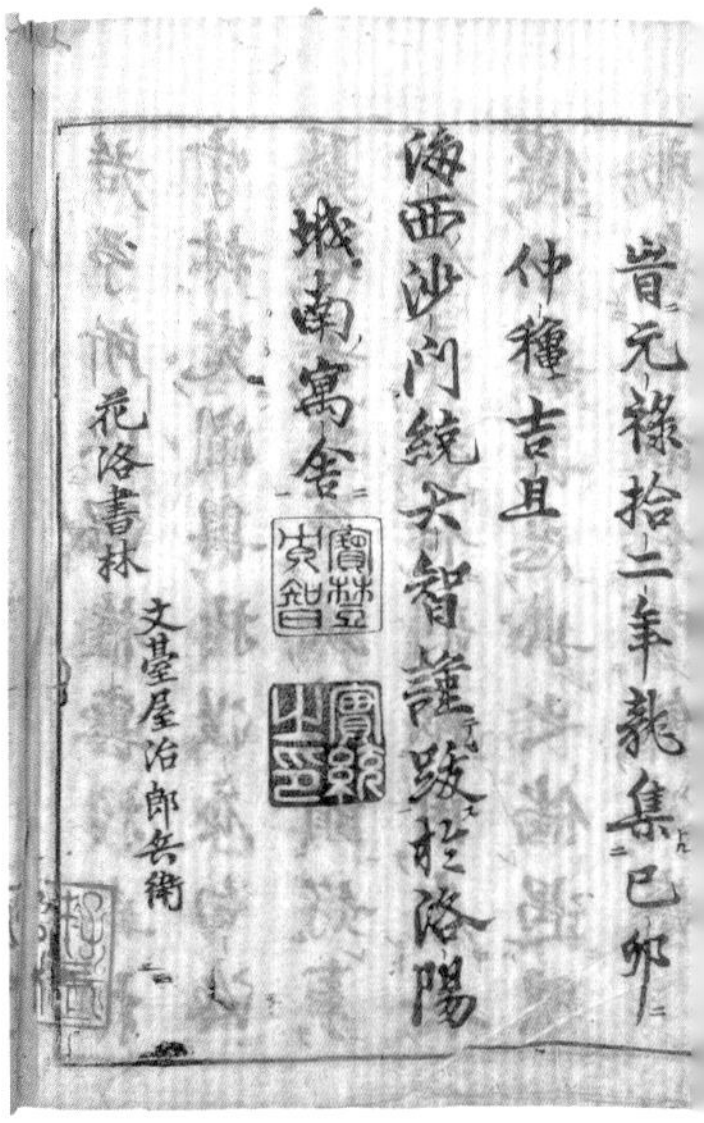

以上六種の『臨済録』を見ると、まずテキストが多く出版され、さらに注釈書の出版も行われた。最初期の版本である**図01**本が中野市右衛門によって開版されていることからわかるように、これらは本屋による商業的な出版の範疇に属するものだった。いずれも五山版系のテキストを用いながら、訓点を施して読みやすくし、黄檗版大蔵経を真似たものまである。近世初期の仏教界には文献主義的な学問熱が満ちており、これに応える形で多くの仏書が商業ベースで出版され日本ではじめて商業出版が定着を見たことが窺える。

最後に、**図01**本、整版テキストを出版した中野市右衛門について少し補足しておきたい。彼は京都四条寺町で営業した、市右衛門尉とも豊雪斎道伴とも号した。初代は寛永十六年（一六三九）四月十六日に没したことがわかっている。初めは需要層の規模の小ささからであろう、『性霊集』などを耐久力のない古活字版で出版していたが、寛永三年からは盛んに整版本を出版するようになる。仏書を出版の中核とするが、仮名草子『犬の草紙』や文例集の『初登山手習教訓書』なども手がけた。

この中野市右衛門は、元々は町人ではなく武士であった。臨済宗の高僧南浦文之の寺侍だったという。文之に深く帰依して直弟子扱いだったらしい[2]。

文之の孫弟子で後に後継となった日章（如竹とも称する。明暦元年（一六五五）没）は、『四書集注和訓』（十冊、寛永三年刊）の序に、中野道伴翁にしきりに請われて固辞しがたく同書を出版する旨を書いている。元々、中野市右衛門は文之や日章の身内のような存在だったのだ。彼が五山版の本文に訓点を付した原稿を入手できたのもこの関係であろう。当時一流の僧侶のノートを手に入れられる立場だった。加えて出版は非常に資金の必要な事業であったから、中野の出版には彼ら高僧やその周辺の力が働いていただろう。日本最初期の出版業者の姿である。

中国では出版文化の定着は宋の時代の科挙の教科書出版がきっかけだが、日本では仏書出版であり、かつそれは当時禅宗をさきがけとした僧侶達の文献実証主義的な学問熱と、それに応えた周辺の人々によって開始されたところが大きい。

仏書のみならず、文例集である『初登山手習教訓書』なども多くの追随書を生んだ。知識の

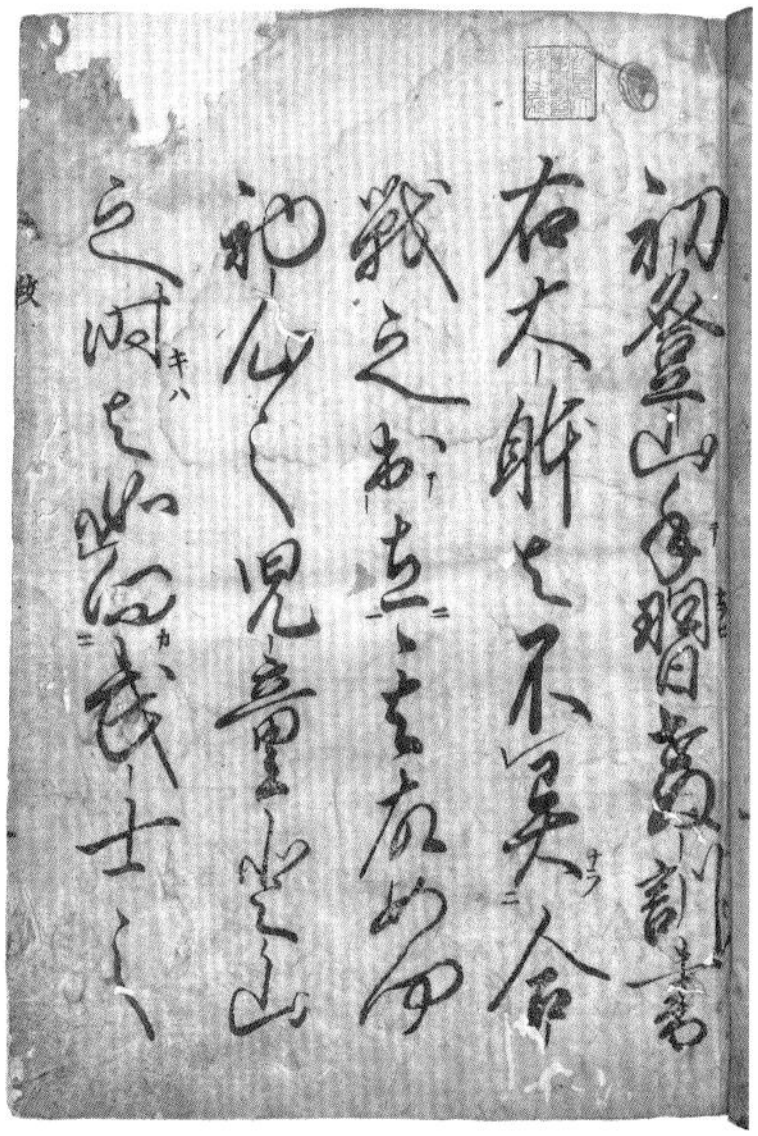

【図07】…『初登山手習教訓書』の本文冒頭

共有が不特定多数へと広がっていく。このように、近世は、出版文化によって大きな知的変化が起こった時代であった。一部のグループで知識をやりとりする時代であった中世から変化し、文献主義へ、知識が広汎に共有される時代へ変わっていったのだった。

注

(1) 引野亨輔「仏書と僧侶・信徒」(シリーズ『本の文化史』第一巻、平凡社、二〇一五年)「書籍目録からみた分野別出版書数」。

(2) 彌吉光長『未刊史料による日本出版文化』第一巻「出版の起源と京都の本屋」(書誌書目シリーズ㉖、ゆまに書房、一九八八年)。

尾崎正善
OZAKI Masayoshi

仏教文化研究所
――總持寺・瑩山禅師の探求と大遠忌関連事業

鶴見大学設立の理念は、曹洞宗の大本山である總持寺及びその開山である瑩山禅師の教えである。本稿においては、そうした鶴見大学の特徴と附属研究所である仏教文化研究所の設立の背景、そして總持寺及び瑩山禅師に関連する研究活動を紹介した。図書館所蔵の禅籍も曹洞宗関係、特に道元禅師・瑩山禅師に関連する宗典について述べた。瑩山禅師は、本年七〇〇回大遠忌を迎えるが、記念法要に関連する諸事業に研究所は深く関わっている。

鶴見大学仏教文化研究所研究員（鶴見大学非常勤講師）。専門は禅宗清規・儀礼史。主な著書に『潙山――潙仰の教えとはなにか』（臨川書店、二〇〇七年）、『私たちの行持――宗門儀礼を考える』（曹洞宗宗務庁、二〇一〇年）、論文に「瑞世考」（『学術大会紀要』二三、曹洞宗総合研究センター、二〇二二年）、「首座考――その位置づけの変遷」（『禅学研究』一〇〇、花園大学禅学研究会、二〇二二年）、「入院式の次第と内容――中国・日本を通して」（『禅文化』二六六、禅文化研究所、二〇二二年）など。

鶴見大学設立の背景

鶴見大学の運営母体である総持学園は、大正十三年（一九二四）總持寺開山瑩山禅師六百回大遠忌を記念し、「女性の自覚と向上」を目指した禅師の発願に基づき創立された。その前身は中区大岡町の光華女学院であったが、同年九月に現在地に移転し、翌十四年二月に鶴見高等女学校を創立した。戦後の学制改革により、鶴見女子中学校・鶴見女子高等学校となり、昭和二十八年短期大学部を、同三十八年には鶴見大学が設立された。本年令和六年に学園創立百周年を迎える。現在、歯学部・文学部（日本文学科・英語英米文学科・文化財学科・ドキュメンテーション学科）・短期大学部（保育科・歯科衛生科）、及び付属病院、中学校・高等学校、三松幼稚園をもって構成される。

学園設立の理念は、大本山總持寺開山瑩山禅師の誓願に基づく。まず曹洞宗は、中国から曹洞禅を伝えた道元禅師（一二〇〇〜五三）とその教えを全国に広めた瑩山禅師（一二六四〜一三二五）を両祖と崇め、道元禅師の開いた永平寺（福井県）と瑩山禅師の開いた總持寺（横浜市鶴見）を両大本山と定めている。鶴見大学は、その瑩山禅師の誓願に基づく建学の精神、「大覚円成・報恩行持」という具体的な教育目標を定め、百年の伝統を築いてきた。このような性格を有する鶴見大学であるため、長年にわたり教育理念の背景となる仏教、

【写真】…大本山總持寺大祖堂

特に禅の思想・文化を専門に研修する組織の設置が切望されていた。そうした中、仏教文化研究所は、学園創立七十周年記念事業として平成八年（一九九六）に設立され、本年三十周年を迎える。

仏教文化研究所

次に研究所設立趣旨と活動内容について述べてみたい。設立の背景は先に触れたとおり鶴見大学における、仏教教育及び仏教研究を具体化するためのものであった。その方向性について『仏教文化研究所紀要』第一号に以下のように示される。

①大学、女子短期大学部における建学の精神の具現化、方法等の研究。②宗教学等における授業内容としての諸宗教の比較、仏教教理、曹洞宗学、特に瑩山および總持寺等の研究、また、日本文化に及ぼした仏教の影響などについての研究。③大学院文学研究科との共同研究及び他の研究機関との学際的研究。④国際都市横浜の地の利を生かし、国際的にも仏教研究の場を提供すること。

こうした設立趣旨を踏まえ現在では、①仏教学研究部門、②仏教教育研究部門、③仏教文化財研究部門、④總持寺教学研究部門の四つの研究部門を設置し、研究活動を行っている。

また、毎年の活動としては、①公開シンポジウムの開催、②『鶴見大学仏教文化研究所紀要』発行、③總持寺史および曹洞宗教団史に関する資料の調査と収集、④調査研究報告書の発行、⑤總持寺関係のワークショップの開催、⑥研究例会の開催等を行っている。

特に瑩山禅師関係及び總持寺史・曹洞宗教団史に関する資料の調査と収集は、全国各地の曹洞宗寺院を対象に行っている。また後に触れるが、瑩山禅師七百回大遠忌に向けての事業計画の一助を担っている。

図書館所蔵禅籍――宗典

次に当研究所に関連する本学図書館所蔵禅籍資料について紹介したい。禅籍資料は多岐にわたるが、宗典関係についてのみ述べることとする。まず、「宗典」とは先に述べた曹洞宗の両祖、道元禅師・瑩山禅師の著書で、曹洞宗の基本典籍とされるものである。

道元禅師関係

道元禅師の著書は、数多い。一般には、『正法眼蔵』、さらに『正法眼蔵随聞記』、『永平広録』

等が知られている。

　本図書館には、道元禅師の真筆断簡である、『対大己五夏闍梨法』を蔵する［図01］。『対大己五夏闍梨法』は、「対大己法」とも称されるが、入門直後の修行僧に大己（先輩修行僧）に対する心構え、諸注意を六十二条にわたり示したものである。江戸時代に再編された『永平清規』に収められる。

　本断簡は、道元禅師に随侍した俗弟子の木下道正が帰国後に構えた庵、道正庵に所蔵されていたことから「道正庵切」とも称される。京都国立博物館蔵『藻塩草』（国宝）所収の切れの裏面にあたる。

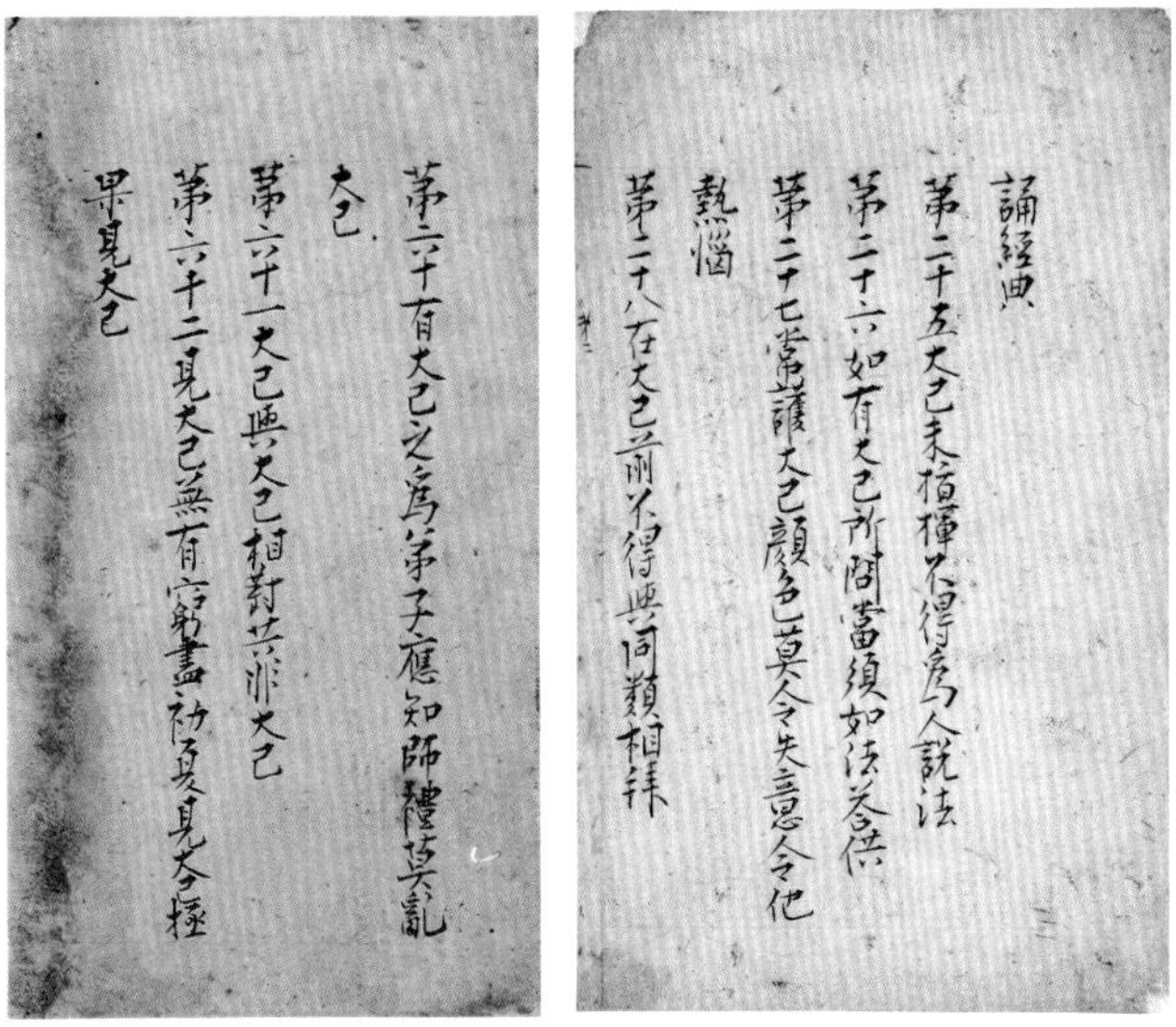

［図01］…『対大己五夏闍梨法』

　道元禅師四十五歳、壮年期の気迫みなぎる唐様の筆跡であり、永平寺所蔵『普勧坐禅儀』（国宝）とならび道元真筆墨跡の中で、真偽を鑑定する上での根本資料となっている。

　また道元の主著である『正法眼蔵』の写本も数多く蔵している。その写本は、十四本（完本十二本、端本二本）を数える。これらの写本は、本学に昭和四十八年より十年間にわたり図書館学を担当した、團野弘之氏の御遺族より御寄贈賜った［図02］。

　『正法眼蔵』は、道元禅師の思想書であると同時に、信仰の証として書写されたものであり、寺院の堂宇奥深くに秘蔵されることが常であり、一般の目に触れることは希有である。そうした『正法眼蔵』の諸本の書写及び伝播を研究するための重要な資料といえる。

瑩山禅師関係

　總持寺開山である瑩山禅師関係の著書は、残念ながら大変少なく一般にも知られていない。『伝光録』、『瑩山清規』（能州洞谷山永光寺行事次序）、『洞谷記』、『報恩録』、『坐禅用心記』、『信心銘拈提』、『十種勅問』（十種疑帯）等が挙げられるが、未だその撰述の真偽が明らかでないものが多い。またこれらの写本は少なく、さらに刊行は江戸期

［図02］…『正法眼蔵』

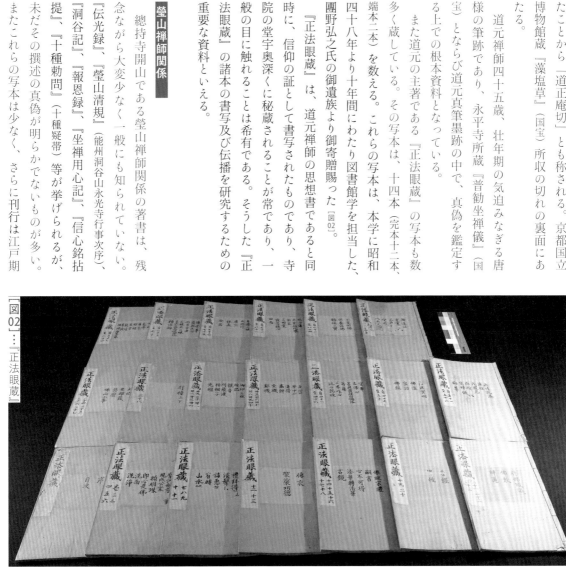

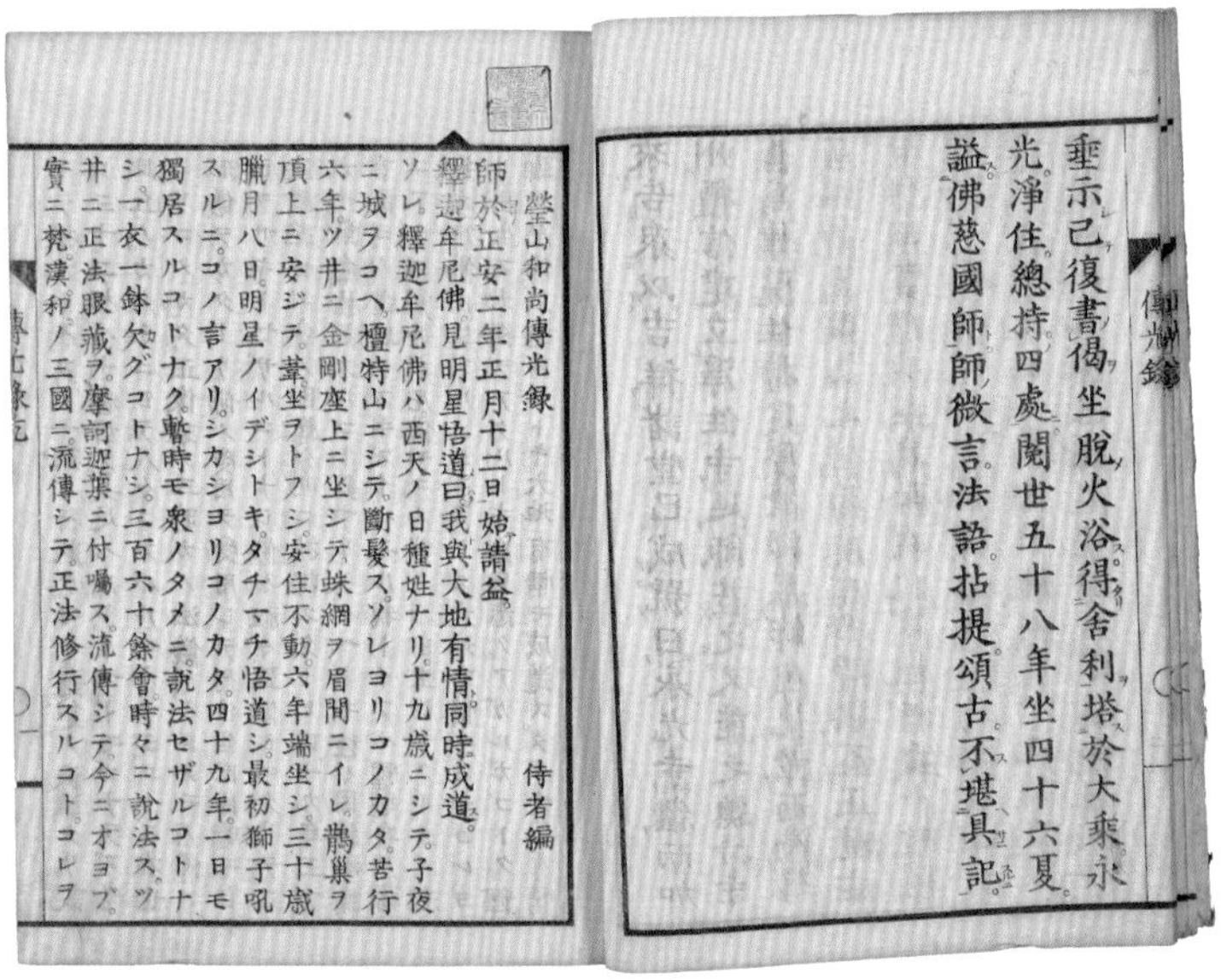

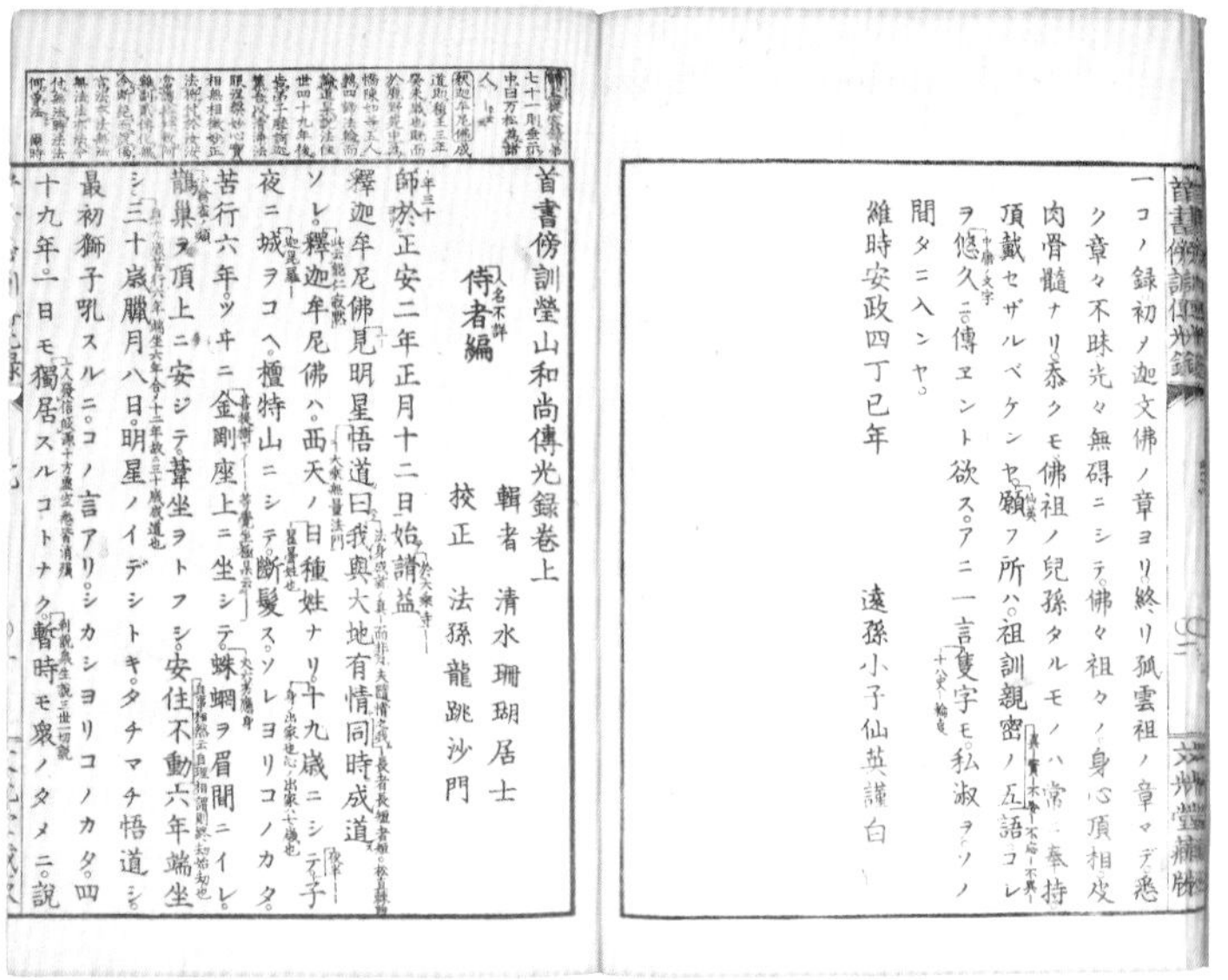

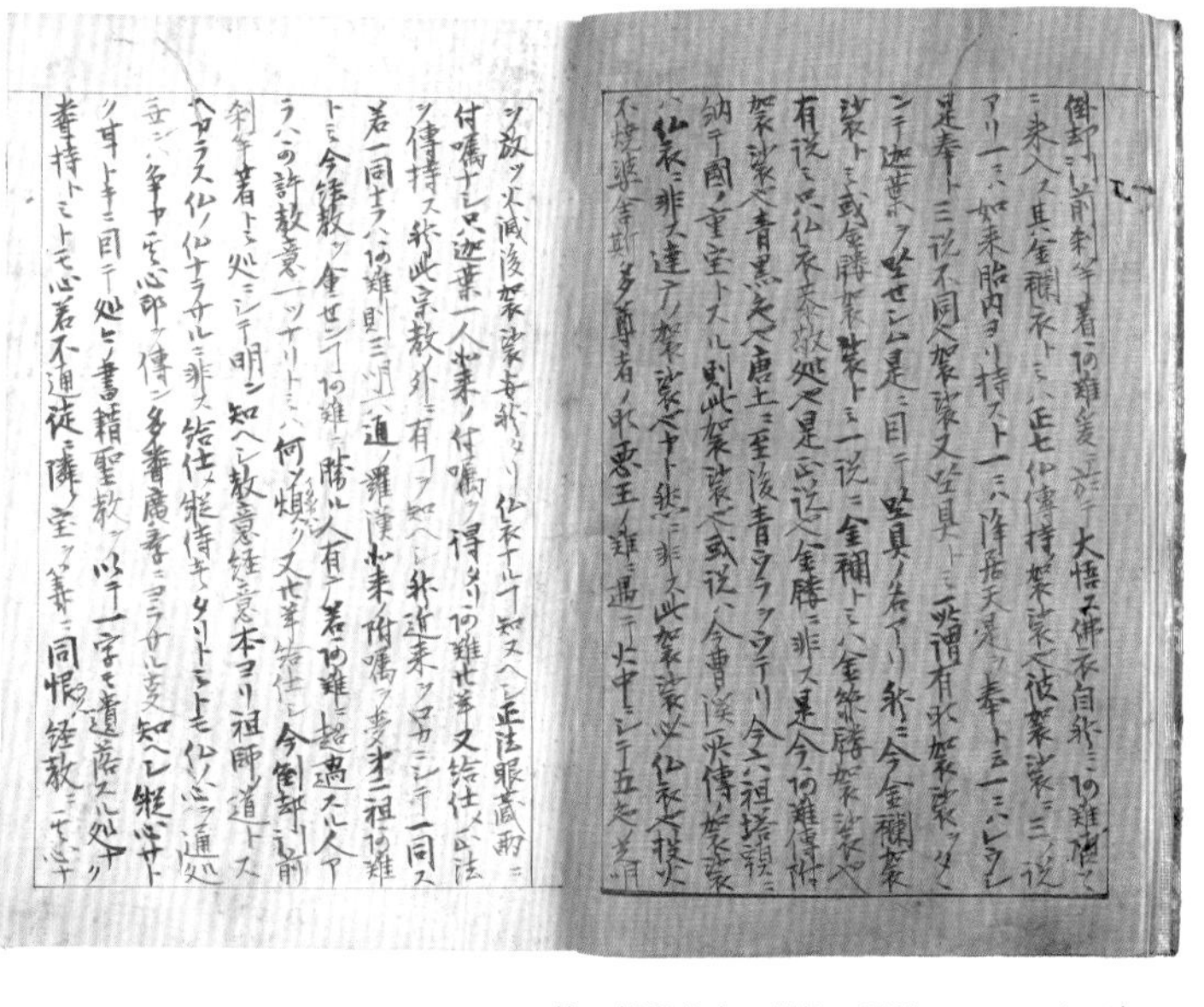

上から、
【図03】…仙英本『伝光録』安政四年（一八五七）『伝光録』最初の刊本。これにより『伝光録』が世に広く知られるようになる。
【図04】…清水珊瑚『首書傍訓瑩山和尚伝光録』明治十九年（一八八六）『伝光録』註釈書の嚆矢。同時期三種の註釈書が刊行される。
【図05】…松山寺本『伝光録』江戸初期書写　料紙に青・黄・赤・白・茶などの染紙を使用した希有な祖録。

になって漸く『伝光録』・『瑩山清規』『坐禅用心記』等がなされたのみである。『瑩山清規』は卍山道白により延宝九年（一六八一）に開版されるが、『伝光録』においては幕末の安政四年（一八五七）、仏洲仙英が開版するまで殆ど世に知られる事が無かった［図03］。

本図書館では、これら『伝光録』、『瑩山清規』の版本、ならびに明治期の『伝光録』解説本を収蔵している。清水珊瑚『首書傍訓瑩山伝光録』明治十九年（一八八六）［図04］・吉田義山『首書傍訓瑩山伝光録』明治二十年（一八八七）・古田梵仙『鼇頭箋註伝光録』明治二十一年（一八八八）は、明治期の『伝光録』の註釈書である。これらは、『伝光録』研究の嚆矢とされる物であり、その存在は知られているが、充分な検討が行われている訳ではない。こうした初期の註釈書研究も今後の大きな課題である。

さらに全国に三十余本しか確認されていない

『伝光録』の写本に関しては、これまで体系的な調査・撮影が行われていなかった。本研究所においては、最古の写本である乾坤院本（愛知）を始め、龍門寺本・松山寺本[図05]・永光寺本（以上、石川県）、長円寺本・西明寺本（以上、愛知県）、天林寺本・可睡齋本（以上、静岡県）の調査撮影を行ってきた。その成果として松山寺本の影印本刊行を予定している。さらに他の諸本に関しても資料収集と同時にデジタルアーカイブの構築、今後の公開を計画している。

また『伝光録』伝写本の基礎的研究として平成二十六年より『瑩山禅師『伝光録』――諸本の翻刻と比較』を刊行して来た。乾坤院本・龍門寺本・永光寺本、そして諸嶽山本との比較研究であるが、その作業も全て終了し、本年合冊本を刊行予定である。また、本学レポジトリにて公開し多くの研究者に資することを目指している。

瑩山禅師七百回大遠忌に向けて

『伝光録』の写本収集および公開に関しては先に触れた通りであるが、大本山總持寺の瑩山禅師七百回大遠忌記念事業においても、大本山總持寺デジタルアーカイブを構築することになった。『伝光録』写本の公開も含めた多くの関連事業に研究所が支援を行っている。

大遠忌記念事業の中で学術関係のプロジェクトは幾つかあるが、その第一は大本山總持寺宝蔵館「嫡々庵」所蔵目録及び能登祖院所蔵目録の公開である。これは大本山関係の厖大な資料の目録を広く公開し、教団史のみならず広く地域史研究に資することを目指すものである。

大本山總持寺は現在横浜市鶴見区にあるが、かつては石川県輪島市門前町（旧、鳳至郡門前町）にあった。明治三十一年祝融の災に遇うも、多くの中近世文書は被災を免れた。總持寺は、明治四十四年に新たに日本の中心となった東京近郊の現在地に移転したが、旧地は「大本山總持寺祖院」（以下、祖院と略す）として復興している。總持寺には千五百点、祖院には二万五千点にも及ぶ厖大な資料が整理・保存されている。その内容は、總持寺の歴史資料のみならず、各地の曹洞宗寺院関係資料、能登・加賀地域及び関連地域資料など、多岐にわたっている。

祖院の目録作成に関しては、明治大学名誉教授圭室文雄氏、淑徳大学田中洋平氏を中心としたグループが長年にわたり関わってきた。一部書籍での公開も行われているが、多くの目に触れることは叶わなかった。總持寺及び祖院の資料目録を一括して公開したならば、その便は計り知れない。研究所はこうした目録整理の一助を担っている。

第二は、總持寺及び祖院所蔵資料デジタルアーカイブ公開事業である。總持寺・祖院には先に述べたように多くの資料が現存するが、その中でも總持寺は貴重な中世資料を中心に、祖院は、『公用留』を中心に公開予定である。『公用留』とは、一般には「御用留」とも称されるが、江戸初期から明治期までの約二五〇年にわたる總持寺に関連する公用文書の控えである。その内容は、總持寺内の記録に留まらず、広く全国寺院とのやり取り、加賀藩・幕府とのやり取りと、多岐にわたる。

これらの資料は、広く地域史研究にも貢献する資料であり、その準備作業に関わっている。

第三は、『伝光録』写本のデジタルアーカイブ公開である。先に述べたように、当研究所では乾坤院本・龍門寺本をはじめとする諸本の調査・撮影を行ってきた。今回の大遠忌を記念し、収集データを広く公開すべく、準備を進めている。

以上、当研究所の活動及び大本山總持寺との関連事業、そして曹洞宗関連の禅籍について紹介した。

今後さらに瑩山禅師・曹洞宗関連の資料収集を進めると同時にそれらを広く公開する体制を整えることは、今後の禅宗史研究、地方史研究に大いに寄与するものと考える。

金文京 KIN Bunkyo

鶴見大学所蔵の中国漢籍
——三槐堂王乾宇刊『烏臺正譌凌雲詩経』

近代以前の中国の出版物は、朝廷や政府機関による官刻本、官僚、士大夫の自家出版である家刻本、商業出版による坊刻本に大別される。うち最も精刻で校訂が行き届いているのは官刻本で、家刻本がそれに次ぎ、坊刻本は最も劣るとされる。しかし一般に最も普及したのは坊刻本である。ここに紹介する『凌雲詩経』は商業出版の中心地であった福建建陽の坊刻本で、当時の坊刻本の特徴をよく備えた天下の孤本である。

京都大学名誉教授。専門は中国古典小説戯曲。著書に『三国志の世界』（講談社、二〇〇五年）、『漢文と東アジア』（岩波書店、二〇一〇年）、『李白——漂泊の詩人その夢と現実』（岩波書店、二〇一二年）などがある。

はじめに

鶴見大学所蔵の貴重書は、国書、和刻漢籍、仏典が多く、中国刊行の漢籍、いわゆる唐本はごく少数だが、中にはめずらしいものがある。その筆頭に挙げるべきは、明の万暦十四年（一五八六）、建陽の書肆、三槐堂王乾宇が刊行した『烏臺正譌凌雲詩経』であろう。ただこの本の内容は、実は近世において『詩経』の注釈としてもっとも広く読まれた朱子の『詩集伝』（『詩経集注』）で、内容的にはめずらしいものでは決してない。めずらしいのは、巻末の刊記に見える出版経緯などで、宋代から清代初期まで中国における商業出版の中心地であった福建省建陽地方の書肆が、商業出版の最盛期であった明代後期において、どのように書物を刊行していたかを知るうえで貴重な資料となっている。またこの本は現在のところ他には所蔵が確認できず、天下の孤本である可能性が高い。まずは書誌事項をのべる。

書誌事項

『烏臺正譌凌雲詩経』（封面題）八巻（請求番号921—32—S）、薄茶色後補表紙（二四・三×一四・六糎）、改糸（日本式四針眼）、左肩に書き題簽「凌雲詩經一（〜八）〈共八〉」（墨書、〈〉内は小字）、右下に図書ラベル貼付。表紙裏の白紙に、封面の子持枠内のみを切り抜いて貼付、封面は上欄横書きで「〈三槐堂王乾宇繍梓〉」、その下左に「烏臺正譌」、中央「〈圏點明悉一字無差〉」、左に「凌雲詩經」。冒頭に「詩經集註序」三葉、四周双辺、上部に横線で空欄を設け、縦線二本で三区に区切る。有界、毎半葉九行行十七字（附句読圏）、版心白口、双魚尾（非対向）魚尾間に「序」、下魚尾下に丁付、末尾は「淳熙四年丁酉冬十月戊子新安朱熹書」。巻首「詩經巻之一」低四字「朱熹集傳」、次行低一字「國風一」以下本文。版式は序と同じく四周双辺（一九・一×一二・三糎）、有界、毎半葉九行行十七字、注小字双行、句読圏、圏発（声点）を附す。上欄は三、四区に区切り朱注以外の音注を記す。版心白口、双魚尾、魚尾間「國風（「小雅・大雅・周頌・魯頌・商頌」）幾巻」、下に丁付。尾題「詩經巻之幾〈終〉」（巻一、六、七は「終」字なし。巻五、八「詩經集注巻之五（八）」、巻四は尾題欠）。巻八末、尾題前に子持枠内二十一字六行の刊記、ついで「萬曆丙戌年季夏月／書林三槐堂乾宇梓」（「／」は改行）の蓮台牌記。書入等なし。各巻首葉下部に陽刻朱方印「鶴見大學圖書館藏」。本書は黒塗木箱に収められ蓋に「凌雲詩經〈共八〉」と朱書。江戸時代に輸入され大切に保存されたのであろう。ただし旧蔵者は不明。内容は上欄の音注以外は朱子『詩集伝』（『詩経集注』）と同じである。

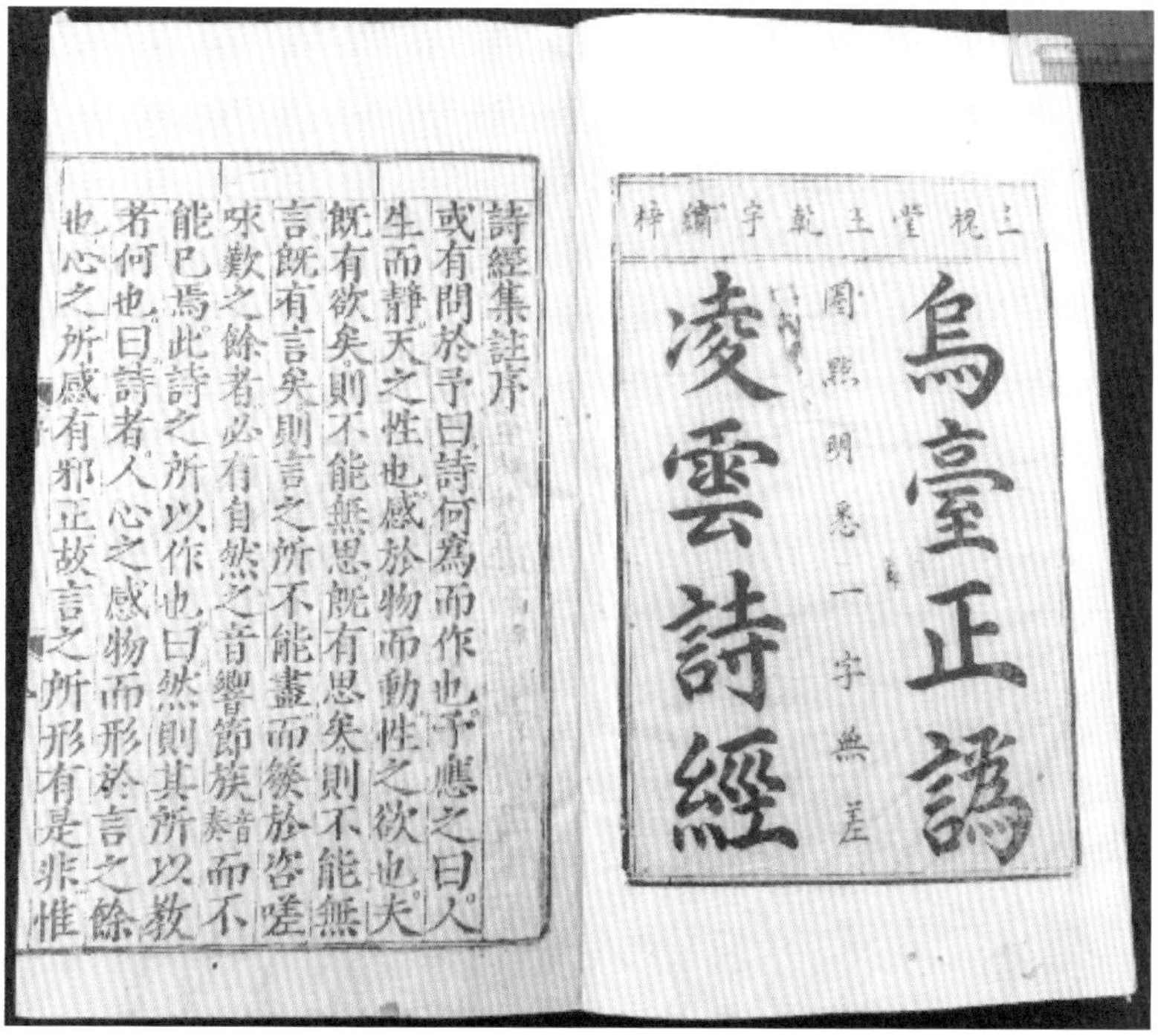

[図01]…『烏臺正譌凌雲詩経』封面と序

刊行経緯の実態

巻末の刊記には次のように刊行の経緯が記されている。

福建道鑒察御史敖（一字空格），因覯坊刻詩經集注大小不啻千百，然一葉之中差落破體，簡省音反，動以十數計，絕無善本，初學之士按本習讀，遂為終身之誤，深為太息。禮請解元文選陳先生，攷正魚魯。句讀分明，音反詳悉。乃命善書者謄錄，中書楷式，發下書林王乾宇，倍價鳩工鋟梓，以廣其傳，俾天下士子舉業得一助云爾。

福建道監察御史の敖，坊刻の『詩経集注』大小啻《ただ》に千百のみならず、然るに一葉の中に差落破体（誤字、脱字など）、音反の簡省（反切の省略）、動もすれば十数を以て計り、絶えて善本無く、初学の士、本に按じて習読すれば、遂に終身の誤を為すを覯るに因りて、深く太息を為す。礼もて解元の文選陳先生を請じ、魚魯を攷正す。句読分明にして、音反詳悉なり。乃ち善書者に命じて謄録し、書の楷式に中らしめ、書林の王乾宇に発下して、価を倍にして工を鳩め鋟梓し、以てその伝を広め，天下士子の挙業をして一助を得せしむと爾か云う。

つまり本書は福建道監察御史の敖某が、坊刻の『詩経集注』は数多あるが、みな誤りが多く、受験生に害をなしているのを嘆いて、解元（各省の郷試での首席合格者）の陳文選に校正、句読を依頼し、清書して書肆の王乾宇に出版させ、受験勉強の一助としたというのである。

監察御史の敖某とは、隆慶二年（一五六八）の

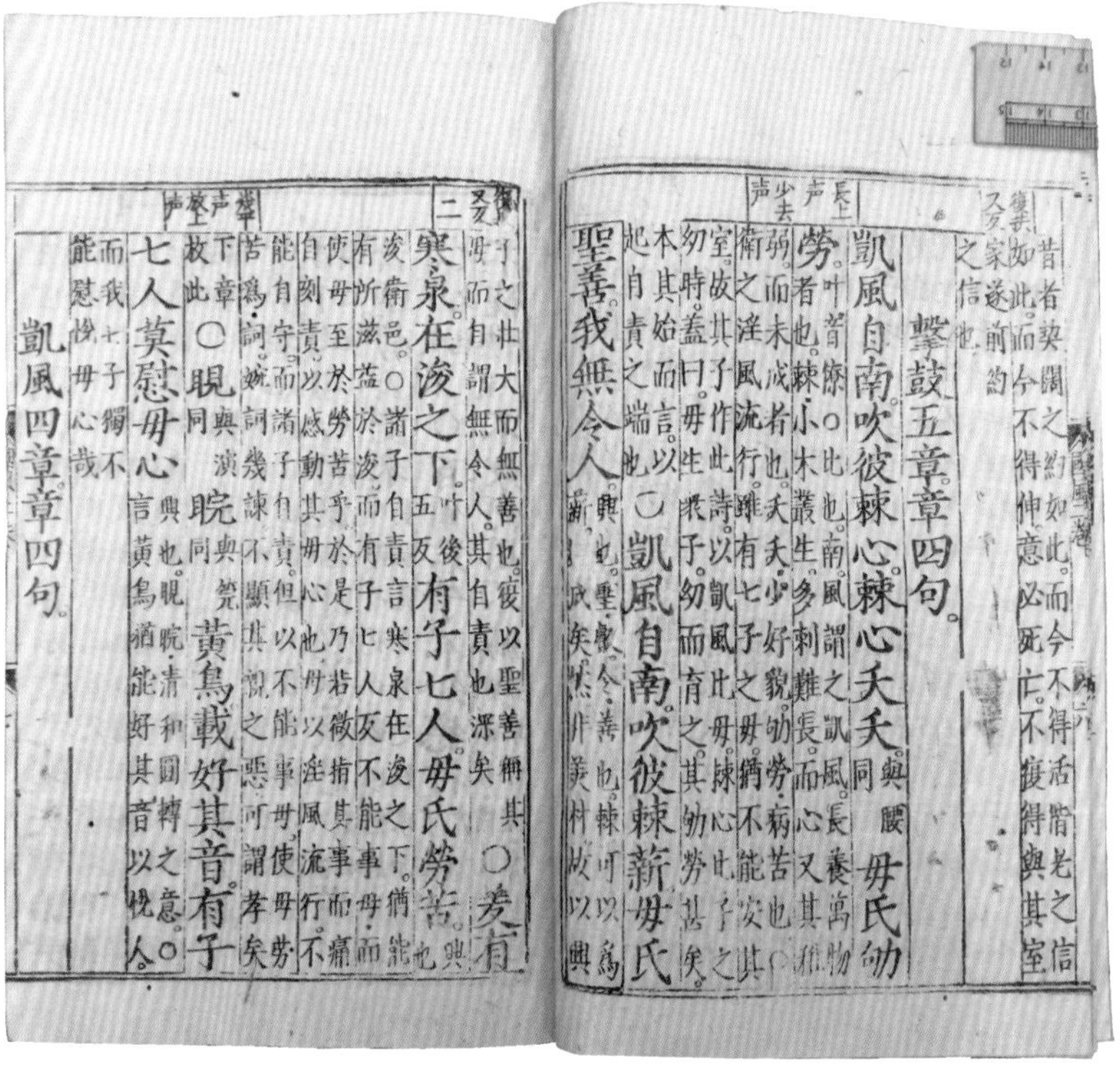
撃鼓五章章四句
凱風自南吹彼棘心棘心夭夭母氏劬勞
凱風自南吹彼棘薪母氏聖善我無令人
爰有寒泉在浚之下有子七人母氏勞苦
睍睆黄鳥載好其音有子七人莫慰母心
凱風四章章四句

［図02］…『烏臺正譌凌雲詩経』巻二第七葉（左側）上欄右に「二」の数字がある。

進士、敖鯤という人で、[1]『福建通志』巻二一「職官二・巡按監察御史」に、万暦年間の任として「敖昆」とあるのは「敖鯤」の誤りであろう。また校正を担当した陳文選は、同じく『福建通志』巻三八「選挙六・明挙人」の「万暦七年己卯陳文選榜」に「恵安県陳文選，第一名，太平同知」とあるように、万暦七年（一五七九）福建郷試の首席であった。ただし陳文選はその後、進士にはなれず、太平県同知（副知事）のほか、さらに崇禎年間には広東の霊山知県（知事）となっている（『広東通志』巻二八「職官志」）。この本が出た万暦十四年は、郷試に首席合格した七年後で、おそらくまだあきらめずに、首都での会試（最終試験）に応ずべく受験勉強をつづけていたであろう。

この本は題名だけを見ると、烏臺（御史の雅称）が訂正した儒教の古典『詩経』の注釈書、朱子の『詩経集注』と思えるが、実際は刊記にあるように「挙業」（科挙の受験勉強）のための参考書である。題の「凌雲」（雲を凌ぐ）も、試験に合格して出世するという意味にほかならない。したがって刊記では、御史の敖鯤が陳文選に依頼し、王乾宇に命じて出版させたようになっているが、実際はおそらく逆で、書肆の三槐堂王乾宇が、郷試首席合格ながら、なかなか会試にうからない陳文選をアルバイトに雇い、御史に頼み込んで一筆お墨付きをもらって一儲けしようとしたというのが実態ではなかろうか。「価を倍にして」刻工を集めたというのも、本の値段をつりあげるための策略であろう。封面には「一字無差」、誤字は一つもないとあるが、開巻劈頭、周王朝の先祖である古公亶父の「亶」の字を音注では「壇」に誤っており、看板に偽りありである。すなわちこの本は、民間の書肆が地方官僚の名望を権威づけに利用して出版したものであり、当時の商業出版の実情を知るうえで貴重な資料であると言えよう。

書中の番号「眉碼」について

この本にはもう一つめずらしい特徴がある。それは框郭内上欄に「二」から「十二」まで、ほぼ二十八葉ごとに番号がふられていることである。具体的には巻二第七葉の上欄に「二」がある。冒頭からここまで序が三葉、巻一が十九葉、巻二が六葉で計二十八葉である。したがって冒頭に「一」とは書いていないが、「二」に相当することになる。次は巻二第七葉から二十八葉目の巻二第三十五葉の上欄に「三」がある。以下同じく二十八葉ごとに「四」「五」とつづく。ただし最後の「十一」と「十二」は二十九葉ずつになっている。

このようにある一定の葉数ごとに規則的に出現する番号は、この時期の建陽の商業出版に特徴的なもので、他の時代、出版地の書物には見られない。ただしそれらはみな框郭外上部の四角枠内に付されており（枠の下の線は框郭上部の線を利用）、框郭内に番号があるのは、管見のかぎりこの『烏臺正譌凌雲詩経』だけである。筆者はかつてこの番号を、框郭上部を眉欄、そこに書かれた批評を眉批と言うのにならって、眉碼と名づけた（「碼」は番号の意）[2]。もっとも早いものは、嘉靖八年（一五二九）建陽鄭氏宗文堂刊『皇明文衡』百卷、ついで嘉靖十二年（一五三三）同じく宗文堂刊『篁墩程先生文集』九十四巻（ともに中国国家図書館蔵）で、前者は三十三葉、後者は三十四葉ごとに番号（眉碼）がある[3]。万暦年間（一五七三〜一六二〇）以後になると数も増え、たとえば建陽の書肆でもっとも有名な余象斗が万暦三十三年（一六〇五）に刊行した科挙の国定教科書『五経大全』（国立公文書館内閣文庫蔵）、小説『三国志演義』や『水滸伝』にも眉碼が見られる。

この番号はいったい何の目的でつけられたのであろうか。一定の葉数ごとにほぼ規則的、機械的に出現するのであるから、内容や巻数とは無関係で、出版業務上の何らかの事由によると考えられる。筆者はそれを分売するためではないかと推測する。その理由は、木版印刷では特に大部の本の版木を製作するには相当の時日を要するが、当時の書肆は家族経営による小規模企業で、版木製作がすべて終了するまで販売できないとなれば、その間収入の道が途絶え、経営を圧迫したはずだからである。出来た版木分だけとりあえず刷って販売すれば、その分の収入が得られるわけで、版木が全部完成するまで出来た版木を死蔵するよりは、その方がましであるに相違ない。嘉靖『建陽県志』（『天一閣蔵明代方志選刊』三十一冊）巻三「封域志」によると、当時の建陽では毎月一と六の日、つまり五日ごとに書市が開かれ、各地から書物商が集まったという。たとえば『烏臺正譌凌雲詩経』であれば、一つの番号の二十八葉分の版木（裏表に彫れば十四枚）の版木を五日間で作ることができれば、それを印刷し、一定の価格で書市で売ることができたであろう。これはまだ一つの仮説にすぎず、なお今後の検証が必要であるが、『烏臺正譌凌雲詩経』はその貴重な資料となる。なお江戸時代の草双紙は、ふつう五葉で一冊に綴じてあるが、それを合わせて長編とした合巻には、五葉ごとに框郭上部に「壹」から「四」まで通し番号がついている。これは中国の眉碼を模倣したものであろう。

おわりに

鶴見大学には、この『烏臺正譌凌雲詩経』とペアになる、同じく建陽の怡慶堂余秀峯が万暦二十五年（一五九七）に刊行した『翰林評選皇明歴科傳世稀珍詩経墨巻』という長い題の書物も蔵されている。前者は受験参考書、後者は科挙高位合格者の墨巻（答案）に翰林学士が評をつけたものである。題簽の文字が同筆なので、同じ人の旧蔵であると思える。中国ではこの両者を見て受験勉強に励んだのであるが、それを科挙のない江戸時代に舶来の書物として珍蔵していたのである。なお鶴見大学には少数ながら朝鮮本もある。ここでは詳しく紹介できないが、瓢活字本の『萬家叢玉』、泥活字本の『綱鑑大成』、鉄活字本の『文献通考』など、出版史を考えるうえで興味深い資料であることを、最後に付け加えておきたい。

注

（1）『明清進士題名碑録索引』（上海古籍出版社、一九八〇年）隆慶二年第三甲にその名が見える。

（2）詳細は、金文京「明代建陽の商業出版と通俗小説」（藤本幸夫編『書物・印刷・本屋――日中韓をめぐる本の文化史』勉誠出版、二〇二一年）参照。

（3）この二つの書物については、眉碼についての筆者の中国での講演を傍聴された中国復旦大学古籍研究所の張芾氏のご教示による。記して謝意を表したい。

遠藤佳那子……ENDO Kanako

開国の足音
——オールコック『初学者用日本文法綱要』

ラザフォード・オールコックの *Elements of Japanese Grammar for the Use of Beginners*（一八六一年、上海刊）は、英国外交官による日本語入門書の先駆けである。簡易なハンドブックとして編まれたこともあり、刊行物でありながら稀少な資料である。何種類もある文字と書体、横書きを受け入れない書記形式、英語とも中国語とも異なる文法、豊富な人称詞の数々……これから日本で活動する英国人のために書かれた本書は、英国外交官から見た幕末の日本語の姿を映し出す。

鶴見大学准教授。専門は日本語学、国語学史。著書に『近世後期テニヲハ論の展開と活用研究』（勉誠出版、二〇二〇年）、論文に「W. G. アストン『日本文語文典』初版 訳注稿（1）」『鶴見大学紀要（第1部 日本語・日本文学編）』（五八号、二〇二一年）、「林圀雄「一段の活」に属する用言」『国語語彙史の研究 41』（和泉学院、二〇二二年）などがある。

外交官による日本語文法書

眼下に港湾を望む立地に相応しく、鶴見大学図書館には幕末から明治初期にかけて編まれた洋学関係資料が蓄積されている。

洋学資料は、おもに江戸時代後期から明治時代初期における外国語（オランダ語、英語、フランス語など）の研究をはじめ、西洋の学問・学術に関わる研究資料を指す。語学に関しては、文法書、会話書、語彙集（辞書）などがある。

ここに、外国人による日本語研究も含める場合がある。幕末に日本語を記述した外国人には、長崎の商館に関わる日本学者、イギリス領事館に従事した外交官、キリスト教宣教師の三者を挙げることができる。本稿で紹介する資料は、外交官ラザフォード・オールコックによる日本語入門書、Sir Rutherford Alcock（1861）*Elements of Japanese Grammar for the Use of Beginners*（日本文典綱要）である。オールコックはイギリス総領事館の初代総領事（後に公使に昇格）であり、一八五九年から一八六四年まで日本に駐在した。外交官の日本語研究書としてはごく最初期の成果である。

現在、本書はKaiser, Stefan, ed.（1995）*The Western Rediscovery of the Japanese Language* に復刻されているため、内容を参照すること自体は比較的容易である。しかし、国内の図書館における原書の所蔵点数は、確認できるかぎり八点(1)と決して多くはない。全六七ページ、四つ折り判のやや大ぶりで簡素な冊子である。かの新村出は、かつて本書を英国オックスフォード大学図書館で閲覧し「支那風の黄表紙」と表現した(2)。本学図書館でもその「黄表紙」を実見することができる［図01］。

横書きの中の縦書き

世界の言語を見渡せば、文字の書記方向は千差万別である。日本語はもともと漢字と仮名を上から下へ縦に、そしてそれを右から左へと連ねてきた。それが、欧文のように水平方向に左から右へ配列したうえで上から下へ書記する、いわば「左横書き」が許容されるようになるのは明治時代も後半のことで、日本語の歴史から見ればごく最近の出来事である(3)。

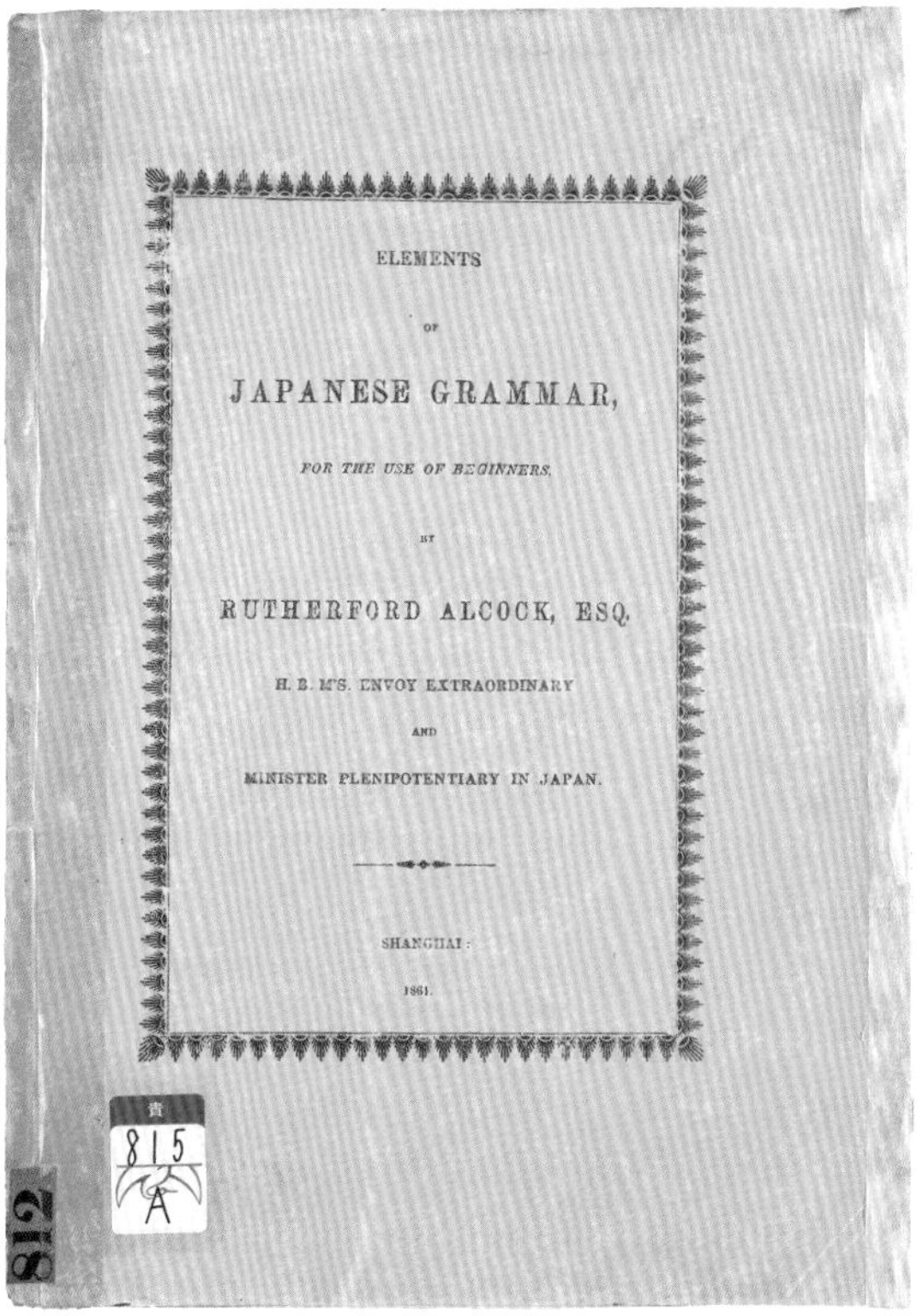

［図01］…四つ折り判の黄色い冊子

本書は英語で記述されているため、左横書きで印刷されている。その中には多くの日本語が挙例されるが、当時の常としてやはり横書きの体裁を避け、日本語はカタカナ活字で縦書きのまま九十度横転させて配列する。助詞「ガ」「ハ」のような一音節の語も、律儀に一文字だけ横に倒して植字してある。これは当時の洋学資料、たとえば桂川甫周校訂（一八五五～五八）『和蘭字彙』や堀達之助ほか編（一八六二）『英和対訳袖珍辞書』なども同様で、欧文の中に日本語を漢字・仮名で併記する際にはこの書式が採られた。本書もこうした書記形式の歴史に位置付けることができる。

これに対して、本書の直後に同じく上海で刊行されたブラウン（一八六三）『会話日本語』(4)や、ヘボン（一八六七）『和英語林集成』は、英文に合わせて日本語（漢字・カタカナ）の左横書きを導入している。オールコックの後輩にあたるイギリス人外交官アストンによる『日本文語文典』(5)（一八七二）も左横書きで統一しており、この頃はちょうど、英文資料において日本語の左横書きが許容されようとする時期だったようである。

本書の紙面からは日本語の書記形式の、まさに過渡期の様相をうかがい知ることができるのである。

日本語の書体

本書を開いてまず目を引くのは、日本語の書記体系に関わる図版の数々である。漢字、ひらがな、カタカナの由来と使い分け、種々の変体仮名の例、漢字に三種の書体があること、漢字には「声《こえ》」（音読み）と「訓」（訓読み）の表現形式があることを紹介する。本書では「序章」に一五ページもの紙幅を割き、その前半を書記体系の解説にあてて丁寧に記述している。

【図02】…日本語の書記方法一覧

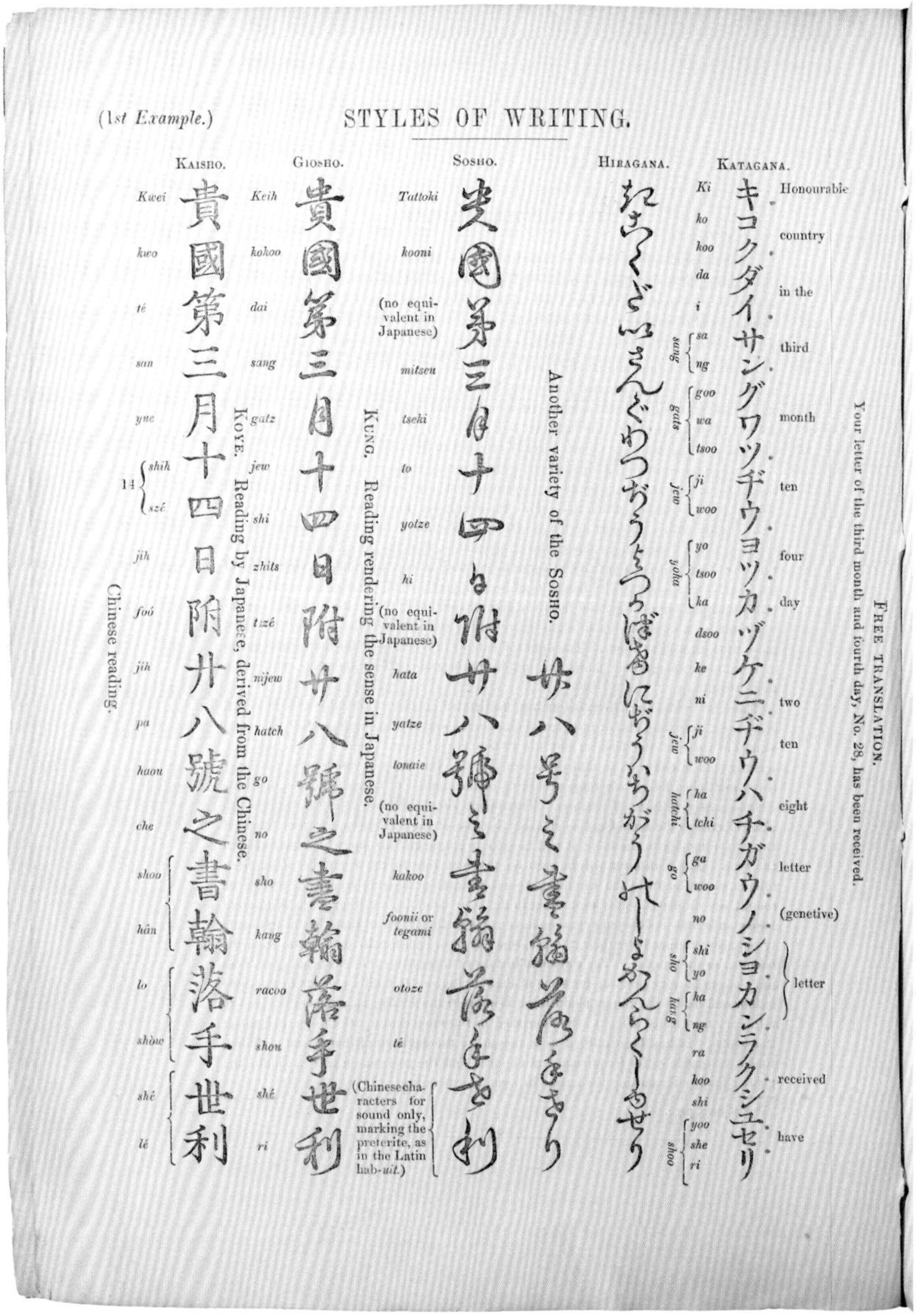

図02は、その複雑怪奇な日本語の書記方法を一覧するものである。「貴国第三月十四日附廿八號之書翰落手世利」という文を、楷書、行書、草書、ひらがな、カタカナで表記して見せている。例文は「江戸の外務大臣の急送文書からとった」(6)もので、いかにも外交官らしい。

この図は表記だけでなく、文字の読み方も一覧できるようになっており、三種の漢字表記の左側には、それぞれ中国語読み、「声」、「訓」、の三通りの読み方がローマ字で注記されている。日本に着任する英国外交官は中国語を当然履修しており、オールコックも来日する前に延べ十五年間中国大陸に駐在していた。こうした背景を考慮すると、漢字の知識を日本語学習の橋渡しとして利用できる一方、中国語とは似て非なる言語であることに注意しなければならなかったことがうかがわれる。

専門用語の和訳

さて、本書一八ページからは、簡便ながらも品詞ごとに日本語の文法が記述されている。Article（冠詞）、Noun（名詞）、Pronoun（代名詞）、Adjective（形容詞）、Verb（動詞）、Adverb（副詞）、Preposition（前置詞）、Conjunction（接続詞）、Interjection（間投詞）、以上九品詞を掲げ、それに該当すると思しき日本語の表現や語彙を取り上げている。

注目すべきは、上記の品詞名に対して日本語訳をカタカナ表記で（本書ではほとんど漢字の活字が用いられない）示している点である。ただし九品詞全てではなく、Verb「ドウジ」、Adverb「ケイドウジ」、Preposition「ゼンチジ」、Conjunction「レンゾクジ」、Interjection「タンソクジ」、以上五品詞である。漢字を宛てるならば、「動辞」「形動辞」「前置辞」「連続辞」「嘆息辞」だと考えられる。

この訳語については、何を典拠にしたものか特定しがたい。たとえばadverbに対する「形動辞」やConjunction「連続辞」は特徴的な訳語で、英語辞書『諳厄利亜《あんげりあ》語林大成』（一八一四）やオランダ語辞書『増補改正 訳鍵』（一八五七）の用語に酷似している。だがそのままこれを典拠としているわけでもないようで、オールコック独自の見解が反映されている可能性もあり、今後の研究を待ちたい。

国内の学識への理解

オールコックが本書を記した当時、日本国内では古典語（中古語）を対象とする文法研究が盛んに行われており、特に活用論と助詞・助動詞の語法研究は高い水準にあった。

オールコックには日本滞在記『大君の都』(7)をはじめ、日本文化に関する著書が複数あるが、日本国内の日本語研究についてはあまり詳しくなかったのではないかと推察される。それは本書の次の記述による。

日本人は動詞のことを「八つの道、または言葉」を意味する「コトバノヤチ マタ」または「コトバノヤツチマタ」と呼ぶことで、他の品詞から区別する。(8)

「コトバノヤチマタ」とは、本居春庭《はるにわ》（一八〇八）『詞八衢《ことばのやちまた》』だと察せられる。古典日本語の動詞の活用体系を整理した書で、動詞の語尾が変化して文が様々に展開していくことを、何処にも通じてゆく道の様子になぞらえてこの書名が付けられた。ところが、オールコックは「コトバノヤチマタ」を、書名ではなく動詞のことを指す用語だと認識しているようなのである。

当時、本居春庭の学説は「八衢派」という呼称ができるほど影響力が大きかった。そのためこのような誤解が生じるのも無理からぬことかもしれない。その由来や内実を確認するに至らず、そのまま品詞名に準ずるものと早合点してしまったものと見える。

オールコックが離任した後、一八六四年に来日したアストンは、比類ない語学力をもって日本国内で培われた学識を知悉し、そのうえで『日本口語文典』と『日本文語文典』をまとめ上げた。後者の参考文献には、もちろん『詞八衢』も挙げられている。

古田（一九七七）は明治末期までの外国人による日本語研究を三期に分類しているが(9)、オールコックをその中に位置付けるなら、蘭学の時代であった第二期と、アストンなどによって研究が深化してゆく第三期との過渡期にあたるだろう。未熟さを擁しつつも、後任の英国外交官たちへ日本語研究の先鞭をつけたのが、本書『日本文典綱要』であった。

注

（1）CiNii Books (https://ci.nii.ac.jp/books/) を用いて検索すると、九州大学、京都大学、国際日本文化研究センター、筑波大学、東京外国語大学、日本大学、明治学院大学、鶴見大学、以上八箇所の所蔵が確認できる。

（2）新村出（一九二八）「英公使オルコックの日本文典」『同志社文学』三（『新村出全集』第四巻（筑摩書房、一九七一年）に再録）。

（3）屋名池誠（二〇〇三）『横書き登場——日本語表記の近代』岩波書店。

（4）原題 *Colloquial Japanese, or Conversational in English and Japanese*

（5）原題 *A Grammar of the Japanese Written Language*

（6）上村和也（一九九四）「ラザフォード・オールコック著『初学者用日本文法綱要』」『鹿児島大学文科報告』三〇（第二分冊）。

（7）原題 *The Capital of the Tycoon: A Narrative of a Three Years' Residence in Japan*

（8）本書三八頁、私訳。

（9）古田東朔（一九七七）「ホフマンの『日蘭辞典』『日英辞典』」『国語学』一〇八（鈴木泰ほか編（二〇一〇）『古田東朔近現代日本語生成史コレクション第三巻』くろしお出版に再録）。

大矢一志……OHYA Kazushi

でんしかしよう！

電子化は難しくない！　見映える写真を撮る必要はありません！
写真館で家族写真を撮る時代ではもうなく、
いま必要なのは貴重書の日常を写した画像データなのです。
それでも綺麗な写真を前に臆する方々に、資料撮影のノウハウを紹介します。
機材さえあれば誰でも撮影はできます。
但し、撮影した画像データの保存性については慎重に考える必要があります。

はじめに

著者は人文情報学（Digital Humanities）の研究に携わり始めてから一貫して、研究者又は資料の所蔵館自らが資料の電子化に取り組むことを主張してきた（**参考文献8**）。本稿では、これから自らの手で電子資料の作成を志す人々に向けた情報提供を試みたい。本稿は二部構成になっている。第I部では実際に電子資料とりわけ電子ファクシミリ版を制作する様子をガイドブックの体で紹介し、撮影を始める諸氏を支援する情報提供を試みたい。第II部では電子資料論、すなわち電子資料とは何かという、現在はまだ書籍で学ぶことが難しいテーマの概要を紹介する。

鶴見大学文学部教授。専門は言語学、マークアップ言語、電子資料論。主な著書・論文に『人文情報学への招待』（神奈川新聞社、二〇一一年）、『人文情報学読本——胎動期編』（神奈川新聞社、二〇一七年）、"An Architecture of resolving a multiple link path in a standoff-styledata format to enhance the mobility of language resources", Proceedings of the 13th Conference on Language Resources and Evaluation(LREC2022), LRECなどがある。

第I部

資料のデジタルファクシミリ版は主にデジタルカメラとスキャナで得られるが、本稿ではデジタルカメラを使うデジタル変換を紹介する。(1) スキャナを使った撮影については**参考文献10**を参照して欲しい。(2)

1　カメラの選択

本稿執筆二〇二三年の時点で、デジタルカメラの選定は、ソニーと富士フイルムの二メーカから、センササイズが異なる3つのシリーズが選択肢として有力である。これを比較すると以下のようになる［表01］。

一般に、センササイズが大きくなるとレンズも大きくなり、システム全体の重量はかさみ、価

メーカ(シリーズ)	センササイズ	センサ感度[3]	画素数	重さ	価格
富士フイルム(GFX)	中判	普通	多い	重い	高い
ソニー(α)	35mm[4]	高い	多い	重い	高い
富士フイルム(X)	APS-C[5]	普通	普通	軽い	安い

[表01]…カメラの比較

XF18mmF1.4 R LM W	XF23mmF1.4 R	X-T5	X-H2

[表02]

格も高くなる。出張撮影や撮影場所が一定ではないケースではXシリーズが、移動を考えない撮影室のみで固定的に使うケースではGFXシリーズまたはαシリーズが、検討対象になるだろう。[6]

大きな資料をワンショットで撮る場合[7]には画素数が多い方が有利であり、GFXシリーズまたはαシリーズの選択が考えられる。撮影対象がA3サイズ程度に収まる場合には、Xシリーズで十分である。[8]ちなみに、写真一般ではセンササイズの大きいほうが良い絵が撮れるという評価があるものの、資料の複写においては無関係である。[9]ちなみに、スマホのカメラはセンササイズが最大でも一インチ[10]しかないことから、撮影の際には対象の大きさに注意したほうが良い。[11]

2 レンズの選択

俗的な表現で「神レンズ」と呼ばれるレンズがある。実際に使ってみると確かに良く写し撮れるようにも思える。このような神レンズを資料の複写で使う必要は必ずしもないが、レンズには個性があり、それに合わせて設定を決めることは大切である。そのようなレンズの個性(性能)を知ることができるwebサイトが作られている。[12]この種のサイトには、レンズの絞り値と解像度のレポートが用意されており、そこから撮影時の設定のヒントを知ることができる。[13]レンズには保護レンズを付けることを推奨したい。保護レンズは画質に影響するという考えもあるが、汚れを見つけやすい、ゴミが取りやすい、先端に鋭角部分を作らない、という利点から使用を推奨したい。レンズの種類を示す名称は、主に3つの分類から取られ、それぞれの分類では(1)単焦点・ズーム、(2)広角・標準・望遠、(3)マクロという名称が使われている。資料の撮影で使うものは(1)単焦点のレンズである。単焦点レンズでも、さらに広角・標準・望遠やマクロの選択が可能であるが、本稿ではこれらの紹介は省き、代わりに次節で推奨レンズを紹介する。

3 システム例

現在著者が使っているシステムはコロナ禍以前に揃えたもので、廃盤モデル(X-H1)と当時の神レンズ(XF23mmF1.4 R)を使っている。現在新しく構成するのであればX-H2またはX-T5と、XF18mmF1.4 R LM WRの組み合わせが検討対象になるだろう[表02]。

4 撮影機材

カメラとレンズに加え、撮影の際には各種の補助機材が必要となる。これをゼロから揃えるのは、検討時間と手間、そして失敗の資金が必要となることが多い。本稿では著者の撮影機材や備品を紹介し、皆さんの労力削減に寄与したい。

4—1　照明

照明の選択はかなり難しい。写真家土門拳の名作『古寺巡礼』はライティングの凄さで生まれた名作である。正直にいえば著者はいまだに照明器具を探し続けている。撮影対象に合わせて自在に位置を変えることができる移動撮影向けライトスタンドで満足するものが見当たらない。現在は、街中で購入した製造者がわからないスタンドを使用している。

スタンドの選択は、ライトそのものの選択とも関係してくる。現時点でライトを購入する際は、ＬＥＤライトの一択になり、その際には演色評価数（ＣＲＩ）またはＴＬＣＩといった発色性の評価値が高い光源を選ぶことになる。演色性は通常Ｒａ値またはＴＬＣＩ値として示され、値は九十以上であることが望ましい（**参考文献2**）。これらの値が高いＬＥＤライトを高演色性ＬＥＤライトと表現することもある。ＬＥＤライトの種類として、色合いの違いを電球色、昼白色、昼光色と分けることがあるが、撮影の光源は全ての色の源となる太陽光色であることが望ましく、これを色温度にすると五千～六千Ｋ（ケルビン）に相当し、色合いとしては昼白色がほぼこれに該当する。ＬＥＤライトは電源と一体型のものが多いが、従来の電球の代わりに使えるものもある。[14] 例えば、Ｅ26口金の高演色性で昼白色のＬＥＤライトにはパナソニック製のものがある。

4—2　照度計

絶対的な光量を測るのではなく、相対的な光量を確認するために照度計を使い、明るさのバランスを測定する。従って高い精度を求める必要はない。センサと本体が分離するものが取り扱いやすい。ちなみに、照度計は撮影に必要な器具ではない。撮影環境が変化したり、ライトが変わる場合に備え、経験済みの撮影環境の条件を知っておくための道具と考えたほうが良い。

4—3　三脚

三脚の中央にある上下する支柱を取り外し、天地を逆転して使えるものが必要である。著者は、大学内では安定感と取り扱いやすさのバランスが良いマンフロットのMKBFRLA4BK-BHを使用している。[15] また、公共交通機関を利用して出張撮影する場合には、軽量のVelbon Sherpa Active 2を使用している。[16]

4—4　L字金具

三脚にカメラを取り付けレンズを下向きにする為、L字型の取り付け板を使う。

4—5　水準器

カメラを被写体と水平にする為、水準器を使いカメラの傾きを調整する。カメラのフラッシュ取り付け口に指すことができる、二方向の水準器付きのものが良い。

4—6　アプリ

セッティングが終わったカメラには、手を触れないことが原則である。そのため、資料の撮影はカメラに触れずシャッターを押すことになる。このようなリモート撮影は、付属するアプリを使うことで可能である。[17]

4—7　カメラ用電源

バッテリーを換装しながら撮影を続けるのは現実的ではない。バッテリーの代わりに直接電源タップから給電する電源機器をメーカーは用意している。撮影対象が数点、撮影枚数が限定的である場合を除き外部電源は必須である。

高演色性LED

照度計

マンフロット

L字金具

4—8　延長コード

撮影会場に都合よく電源口があるのは、撮影室を除き、奇跡と思うべきで、電源確保の為に電源コードや延長コードは常に準備しておく。タップの口数や長さは自分たちが使う器具と撮影経験から決めることになる。

4—9　撮影対象を調整する部材

撮影時に資料を押さえたり浮き上がらせたりする部材があると良い。例えば、図書館や博物館での展示ではガラス製の文鎮で、展示する部分を押さえることがある。個人的には、撮影対象に人の指以上の硬い物質を直接接触させることには抵抗感があり、普段はテグスと半紙を使い撮影面を調整している。テグスは上からの押さえつけで撮影面の高低差をなくすために使用し、半紙は資料の裏（下）から撮影面を支え持ち上げることで高低差をなくすために使っている。

撮影の大原則として、撮影対象には人の指以上の硬いものを当てるべきではない。従って本来であれば対象を押さえるために紙より硬いテグスを使うのは良くない。海外では人の指の代わりに金属の指模型をページの押さえに使っている写真を見かけるが、個人的にはまだ指揮棒のコルクの方が良いと感じる。[18]

この他、押さえつけの部材として、ストッキングの糸を使うことがある。これは押さえつけが弱く資料に優しいという利点はあるが、ストッキングから糸を取り出す作業が煩雑で、使う場合には（切れやすいことから）消費量が多くなり、費用対効果はあまり良くない。そこで現在では資料に気を配りながらテグスを使わせて貰っている。また、主に羊皮紙やbindingが固くページが広く開けない洋書の撮影では、撮影専用のチェーンを使うことがある[19]［図01］。

4—10　低反射ガラス

ページを押さえる必要があるケースでは、先に紹介したテグスかストッキングの糸を使うが、例外的に資料に硬質のものを接触させるケースとして、資料全面をガラスで押さえつけることがある。[20]例えば、硬質の紙で巻きぐせがついていると、テグスでの部分的押さえつけはかえって資料を痛めやすいことから、これをガラスで全面を押さえることがある。この時、ガラスは撮影用に特殊加工されたものを選び、更には低反射ガラスを選ぶことがある。低反射の程度はガラス毎に様々であり、購入の際にはガラス専門店に相談するか見本を確認するのが安全である。[21]ちなみに似た名前の無反射ガラスは資料の撮影には使えない。

水準器

指揮棒

4—11　カラーチャート

コダック製の色見本カラーセパレーションガイドは、絶対的商品で、アナログ式の色見本でこの代替は存在しない。現在では、色の絶対値をセンサで取得することがあるが、メタデータと資料が同時に電子化され、それが同じ光源で取られている意味で、このアナログ式の色比較は現在でも有効である。

4—12　ホワイトバランス測定用紙

ホワイトバランスをマニュアル設定する時に、何かしらの対象物を元に撮影時の照明温度を測定

［図01］…羊皮紙を専用チェーンで押さえている

カラーチャート

ホワイトバランス測定用紙

毛氈ケース

レンズクリーナ

することになる[22]。一般には白色のもの、例えば白い紙で測定すれば良いのだが、一〇〇%光を反射する対象物はほぼないことから、ホワイトバランス測定用の専門用紙が販売されている。

4―13　毛氈

撮影対象を傷つけないため、また周囲の色環境を整えるため、黒または濃紺の毛氈を下敷きとして使う。茶会のように人が座るものではないため厚みは3㎜もあれば十分である。薄いものは取り扱いが容易である。紙製の背景用紙はより軽く持ち運びも容易であるが、色環境としての弱さやメンテナンス性の低さや、資料を守る能力は劣る。繊毛を持ち運ぶには、画材屋で扱っているポスターを運ぶ円筒形の筒が便利である。

4―14　コロコロ

毛氈は美しく邪魔にならない背景となるが、ゴミが目立ちやすい。通称コロコロと呼ばれる掃除用具が欠かせない。但し資料からこぼれ落ちる破片の扱いについては所蔵者と事前に相談をしておく。

4―15　レンズ拭き・ブロアー

レンズのゴミ取りには、空気で取り払うブロアーも使えるが、汎用的なのはレンズ拭き専門紙である。

4―16　鉛筆・メモ用紙

当たり前の確認として、作業の節々で記憶の必要性を少しでも感じたことは迷わずメモ用紙に記録しておく。撮影に集中するためにも、記憶の負担や心配を無くしておく。

4―17　鞄・スーツケース

撮影道具一式をパッケージ化しておくと良い。移動の際だけでなく収納にも便利である。アルミケース、キャスター付き旅行ケース、大型背負いカバンなど、容量と運搬手段に合わせて選ぶ。

5　撮影開始までの手順

天候による光量の変化を避けるため、自然光を入れない室内で、両手が広げられる程の机空間がある場所に毛氈を敷き、撮影対象に合わせて三脚の脚を広げ、カメラを取り付ける。なお三脚に取り付ける前にカメラにはレンズ、外部電源装置、水準器を取り付けておく。照明器具を撮影に必要な台数設置し、カメラ等の必要な電源タップ数をまとめ、室内電源口から給電する。なお、電源コードは、撮影中の移動で邪魔にならないように、退避またはしっかりと養生しておく。

カメラの設定をISOは最低値（e.g. 100）、モードは絞り優先（Aモード）、その値（f値）はレンズの最高解像度が期待できる値または被写界深度[23]を得るためそれより必要なだけ絞る（値を高くする）。ホワイトバランスはカスタムとし、必要とする照明をつけてからホワイトバランスを測定、光温度を登録する。ここからはタブレット上のアプリからカメラの操作が可能になる[24]。アプリ上から絞り優先モードとISOやf値を再確認する。水準器を頼りにカメラが水平になるよう雲台[25]を調整する。なお、三脚中央にある支柱の高さは、撮影直前に撮影対象の撮影範囲を決めながら調整される。従って、ここからは撮影対象が変わる毎にその都度確認されてゆく。実際に撮影する際の照明の位置を照度計を使いながら決めてゆく。資料を撮影位置に置いたまま如何なる準備も設定の変更も加えてはいけない。撮影対象は、撮影に必要な全ての作業が終わってから、レンズ下の撮影位置に置く[26]。

6　撮影時の手順

三脚の中央の支柱を上下して撮影範囲を調整する［図02］。必要であればカラーチャートも撮影対象にする。撮影面を机と水平になるよう、和紙やテグスを使い、撮影対象の形を整える。シャッターを切り撮影し、都度、ピントの合い具合を確認し、再撮影が必要か判断する。[27] 撮影結果が疑わしければ、再撮影をその場でしておいた方が良い。撮影作業の時間と休憩時間を、例えば五十分と十分を一セットとして予め決めておく。撮影対象のキリの良いところまでを撮影時間にする思いが生まれてきても、出来るだけ予定時間優先で休憩を入れる。撮影がのってきたら、それは危険な兆候であると留意すべきである。[28] 撮影経験を積むと、資料を眺めるだけで何セット必要かが分かるようになる。但し、著者のような当該資料の専門家ではなく委託撮影をする場合には、実際の撮影で必要なセット数は増えてゆく。途中でカメラの設定等を変更する際には、必ず撮影対象を撮影位置から保管・退避場所に移動する。資料の撮影が終われば、その都度、次の資料を出す前に撮影済みの資料は帙等に収めて整理しておく。[29]

7 撮影の考え方（哲学）

撮影の作業自体は、機材が準備されていれば、一度の体験で手順は容易に習得できる難しい作業ではない。撮影で難しいのは、撮影の考え方、いわば哲学または姿勢にある。

この姿勢を誤解を承知で乱暴にまとめると、電子資料の素材を作成する資料の撮影は、マイクロフィルムや図録の作成とは異なる哲学の元で行われる。資料の電子化は、機械的な複写や宣材・グッズの作成を目的とはしない。すなわち、連続して均一に綺麗に撮ることを目標とすべきではない。資料の撮影とは、写真撮影一般と同じく、撮るべきもの・写し取りたいものを写し撮ることである。何を撮りたいのかをワンショット毎に明確にする姿勢が撮影には求められる。撮影対象から写し取りたい何かしらが、均一さや美しさでなければ、それを求める必要はない。資料の撮影におけるこのような考え方の背景を、いくつかの命題を挙げることで以下に紹介する。

オリジナル

写真においてオリジナルは存在しない。資料を一〇〇%写し撮ることは不可能である。また、写真にはオリジナルという概念に当てはまるものがない。[30] 写真は対象のなにものかを写し取ったもので、対象そのものを写し取ったものではないことを忘れてはいけない。どこかで必ず修正されてしまう画像データを、必要以上に、すなわち無秩序に修正することがどれだけ危険な行為であるのかもここから理解できる。また、そのような修正を可能な限り必要とせず、必要な何かしらを撮像することの大切さもわかる。

選択的複製

写真は撮影対象をそのまま写す事は出来ないのだから、撮影対象の何を撮りたいのかを選択し、それを意図的に撮像する必要がある。例えば、和紙の状態を記録しておきたいケースでは、照明の明るさに偏りを作り、あえて影を作りながら撮影することもある。この写真を拡大すると和紙の繊維が影を作りざらつき感を知ることができるようになる。空摺りや胡粉の撮影でもこの手法は有効である。実のところ、より正しく表現すれば、照明を均等に当てる撮影の方が例外的撮影である。撮影一般では個々の対象、個々の撮影機会で、照明の当て方、適切なライティングを見つけることになる。[31] その上であえて注意点を挙げれば、ページ毎にライティングが極端に変わると資料を読み進める読者は疲れてしまう。もちろんページ毎に写し取られるものが変化したとしても、それが目的に適うならば問題にはならない。[32] 資料の特性と制作側の目的を擦り合わせ、全体のバランス、落とし所（アーキテクチャ、デザイン）を決めることになる。

宣材写真ではない

電子資料は綺麗である必要はない。例えば、撮影対象が傾いていたり資料を押さえつける指が写っていても、目標としたものが写し撮られていればそれらは些細な個性である。勿論、その様な

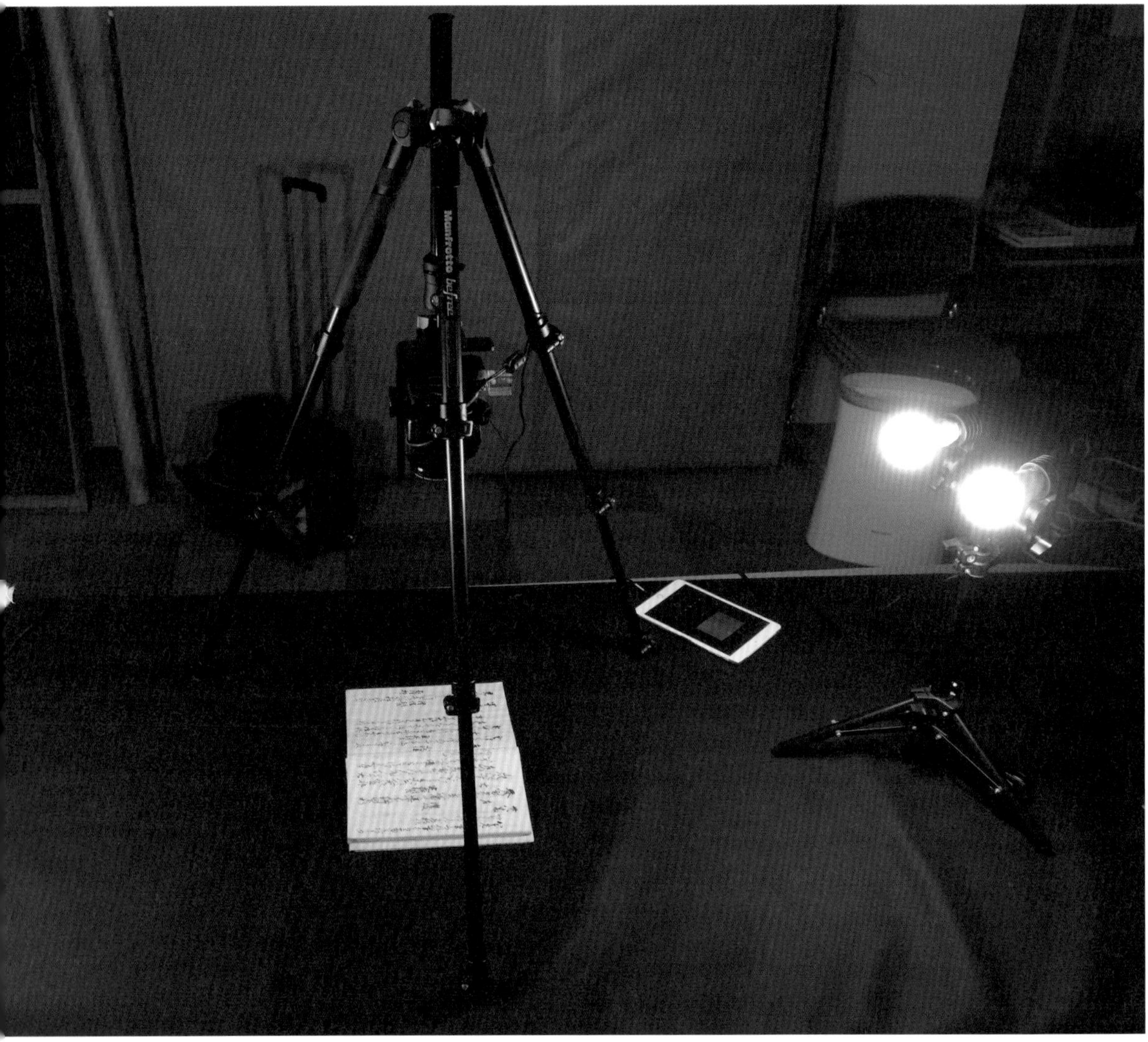

個性で写真を見る利用者が気に障る可能性はある。但し、それを恐れて電子資料を作らない、またはコストをかけすぎて、他の資料が電子化されないという事態を招く方が深刻な問題であり、資料が電子化されている事が何よりも優先されるべきである。図録やグッズ作成に使う綺麗な写真が必要なことはあるとしても、それを日常や一般的とする文化はもう捨てた方が良い。公開されている電子資料の見栄えを評価することは、人間の顔の出来具合を評価する事と同じであるという文化が生まれて欲しい[33]。

対象の理解と資料の目的

このように資料ごとに何を撮り写すのかを考える作業が、それぞれの撮影では必要となり、これは完成形である電子資料の仕様、すなわち何を目的に作られ、利用され、期待されるのかを、撮影の際には分かっていることが前提となる。これには資料そのものの理解が欠かせない。これが著者が主張し続けている、資料の電子化は研究者本人または収蔵館自らが行うべきである、という主張の背景になっている。一番の理解者が一番の利用者でもあれば自らが作るべきである。自らが満足できる画像が得られれば、それで十分である[34]。

［図02］…撮影風景

コロナ禍以前からアメリカでは図書館・文書館・博物館・美術館（LAMまたはGLAM）が電子化されるとそれらは同じ性格を持つひとつのものとなり、それにむけた準備が必要という認識があったが（**参考文献6**）、コロナ禍を経て現在では、知的コンテンツの電子資料は広く求められ運用化に取り組まれてきた結果、電子化されたGLAMは同じものになるという考えは、もはや普遍的な共通認識になった感がある[35]（**参考文献5**）。本稿ではこれをDigital GLAM（D－GLAM）と称しておく。このD－GLAMでは、電子化される資料を人類の知的歴史資産として、改めて電子資料のあり方を問い直し、関係者間で共有することが必要となる[36]。

8 電子資料のあり方（電子資料論）

電子資料（Digital Content Edition）の作成は一九五一年にトマス・アキュナス『神学大全』の電子化の成果が報告されたことから始まり（**参考文献1**）、電子化に関する研究活動は現在のDigital Humanities（DH）と称される学術領域で続けられている（**参考文献12**）。DHの活動目的は現在まで一貫して、電子資料の利便性を高めることにある。その活動初期では作成したデータの共有・再利用を実現することによる利便性の向上を、そして近年では電子資料の表現力を高めることで利便性の向上を目指している。

ところが、D－GLAMで求められている電子資料では、DHやLibrary Science, Archival Studyで扱われてきた紙資料を対象にした電子資料に加え、博物館が扱う存在記録と展示記録、更には電子展示（Digital Exhibition）までが管理対象に含まれている。博物館学（Museology）からすれば電子資料が現物に代わることはない。電子資料は保存よりも利便性を高めることが当面の目標になっている。ところが文字情報の媒体を管理対象とする図書館や文書館が扱う電子資料の中には生来電子（born-digital）資料（電子版新聞等の報道情報など）が含まれてきており、知的資産の社会的歴史的集積を存在目的とした図書館・文書館では、その保存に取り組むことが必須となる。ここに、便利で嬉しい電子資料という博物館や世の中のトレンドと、図書館・文書館の機関としての保存という社会的役割とに、価値観の違いが生まれている。とりわけ管理運営側からすれば、予算獲得の為に実績づくりが時に求められ、表現力の高い電子資料に注目せざるを得ない圧力のなか、本来の本質的活動がいつのまにか忘れ去られてしまうことがある。このような利用者獲得のマーケティングを含む管理運用からの要請に対して、資料管理の専門家が機関の本来の目的を主張する為にも、これまでの資料論に代わる「電子資料論」という学問領域を早急に立ち上げ、理論武装すると共に後進の育成を急ぐ必要がある。

電子資料論では、電子資料の物理的な存在がtangibleには確定できないことから、その存在自体を幾つかの基準に従い分類的に確定してゆく。次に電子資料の制作についての知識が必要となり、利用側の技術的知識の整理も必要になる。また著作権等の知財権の扱いが、電子時代は写本時代と極めて近い状況にありながらも、版本時代に生まれた独占権を始祖とする著作権に運用を合わせるという、極めて不自然で、恐らくは時代の過渡期にある現在の情勢に対して、現世の機関的責任と、知的資産の未来への継承という後世への機関的責任とを共に満たしながら、対応する必要がある。従って、知財権の理解は、単なる法律の運用を超えた知識が必要であり、現状ではこれを扱う学問領域がないことから、電子資料論ではこれも扱う必要がある、

本稿では、紙面の都合上、電子資料論のうち、保存に関する幾つかの知識を断片的に紹介したい。

電子物はその存在をtangibleには確定できない。そのためその存在は、何らかの分類に従い概念的に確定させることになる。例えば、そのひとつとして生産段階の分類で存在を確定することができる。

data management phases

（1）raw data
（2）content factory
（3）public platform
（4）service platform

生来電子の電子資料は、その生成・運用過程から四つの段階に分類できる。ひとつは一次データ（raw data）の段階で、例えば、写真であればデジタルカメラで撮影され、文章であればエディタやワープロなどで入力されたものである。これらの一次データは電子資料のいち素材として使われ、電子資料自体は何らかのソフトウェア上で作成される（content factory）。独立単体の電子資料は、単体で利用される他、何らかのｗｅｂサービスとして公開されることがある（public platform）。それはｗｅｂサーバの他に、ＤＢサーバを通して提供されることもある。現在では、これらのｗｅｂサーバやＤＢサーバから必要とする部分情報を利用し、それらをまとめ・編集し新しいｗｅｂコンテンツとして作り上げるている（service platform）。例えば、現在ではキャリアが提供するｗｅｂサイトのほぼ全てが、ネット上の各種サイトからの情報（e.g.データマート）をまとめ合わせたこの種のコンテンツになっている。

電子資料の保存可能性が一番高いのは、（1）である。[37] 反対に、（4）の保存性は絶望的に低い。現在、ｗｅｂアーカイビングと呼ばれる活動では（3）と（4）の区別なく保存が試みられているものの、shadow marketingが一般化している現状では、技術的には保存可能性はゼロと見積もるのが自然である。[38] この分類から保存性を考慮した電子資料の作成で考慮すべき点は、外部サービスを使用しないことである。例えば、（4）に相当するＩＩＩＦ等のサービスは、保存を使命とする機関では使うべきではない。

（2）では電子資料を作成するアプリケーション、または電子資料となるファイルのデータ形式が保存性に影響を与える。例えば、ＭａｃＯＳでのみ動くＥＺＷｏｒｄを使う場合、電子資料のデータ形式ezwordは、利用者が限られる意味で保存性が高いとはいえないことから、電子資料はデータ形式pdfとして作成・保存することが考えられる。

（1）ではデータ形式そのものが保存性を決める。ここで難しいのが、テキスト形式のデータであっても、文字コードの選択によっては保存性が損なわれる可能性があることである。[39] また、テキストをどの文法を使いデータ構造を記述するのかも、保存性に重大な影響を与えている。例えば、代表的な文法としてＨＴＭＬ、ＸＭＬ、ＪＳＯＮ、ＣＳＶなどがあるが、同じ木構造を表現するＸＭＬとＪＳＯＮでは、記述されたデータで可換性は保証されていない。更にＸＭＬはメタ記述言語であることから、ＸＭＬアプリケーションとして、例えばＲＤＦやＯｐｅｎＤｏｃ、ＴＥＩ、ＩＳＯ24610などの構造集（ＸＭＬアプリケーション）がある。厄介なことに、これらのＸＭＬアプリケーションはＤＨの領域では多用されているものの、これらに互換性はない。更に悪いことには、相互利用のためのデータ変換が難しく、変換自体が研究成果として発表される程である。ここから分かる、電子資料を作成する際に考慮すべき点は、規格は保存性を保証しないことである。これまでの歴史上、保存のために作られた規格で保存性が保証されたことはない。新たな規格は新たな変換対象を生んできただけである。すると、電子資料を作成する際に

は、規格の導入のみで保存性に満足すべきではない。どのような規格を選択したとしても、将来必ずデータの変換作業が発生する。従って、保存性を高めるために重要なことは、規格を選択する（そして思考をここで止める）ことではなく、将来あるデータ変換の作業を、できるだけ負担なく済むよう、電子資料を設計・制作することである。すると、規格の選択と保存性の考慮という二種類の検討を同時に進めるよりも、後者をまず検討するのが理屈であろう。[40]

電子資料論の全体を本稿で紹介することはできない。電子資料論のなかから、保存に関する知識または電子資料を作成する指針を掻い摘みまとめると、例えば以下のようになる。

保存性 vs 表現力

利便性を求める電子資料を作るのか、保存性を求める電子資料を作るのか、企画の段階で確認する。保存性の高い電子資料がまだ存在しなければ、これを作るのが機関としての使命である。既にそのような資料が作られているのであれば、D－GLAMのトレンドに合わせ表現力の高い電子資料を作ることができる。

二次利用性

どのような電子資料を作る場合でも、その二次利用性は考慮すべきである。刹那的利用の電子資料は、個人的にはDigital Exhibitionにおいてすら避けるべきと考えている。[41] 先に紹介した四つの生成・運用過程に従い検討すれば、ＩＩＩＦ等の外部サービスは使えない。

資料性 vs 規格

規格は保存性を保証しない。同時に研究や資料の多様性にも寄与しない。すると規格にメリットは少なく、規格にこだわる理由がない。当該資料で必要と思われる情報を記録すれば良い。但し、将来のデータ変換を容易にするために、データ構造はできるだけ単純なものにしておく。[42]

9 電子化仕様

電子資料の作成では、例えそれがゼロから新しく作り始めるのでなく、既成のシステムやデータ形式に従い作られる場合であっても、企画の段階で、電子資料の利用者、利用目的、利用場面などがはじめに確認されるべきで、この逆であってはいけない。求められるものに合う既存のシステムやデータ形式がなければ、これらの要求のいくつかを諦めるケースもあるだろう。その場合でも、何を妥協したのかがわかっていれば、電子資料の完成後、その運用が評価される際に、理不尽な批判的評価を受けることはない。例えそのような批判があったとしても、それは将来への改善点として共有されるメリットがある。[43] 電子資料の利用者や利用目的が明確であれば、その素材を作る撮影においても、選択的複製に何を求めるか分かりやすくなり、撮影効率も上がる。

ここまでは通常のデジタル成果物（e.g.ソフトウェア）を作成する際に採られる要求分析の段階に相当している。どのデジタル成果物を作る場合でも、要求分析は難しい。但し、この難しい作業手順の段階を扱う参考資料は多いことから、手間と時間はかかるにせよ、それらを参考に自分たちの電子資料づくりを進めることは可能である。ところが、電子資料の作成では、ソフトウェアやゲーム開発にはない独自の検討項目があり、厄介なことに、この領域の論議や研究は十分には進んでいない。具体的な検討項目としては、例えば、以下のものがある。

1. 保存種の確定：動態保存（living preservation）、機能保存（functional preservation）、内容保存(content preservation)、外観保存（appearance preservation）、存在保存（existence preservation）。[44]
2. 動態、機能、内容保存の場合、当該保存性にあう表現力の追求。
3. 内容保存の場合、概念定義（意味レベル）、データ形式（表記レベル）、単体vs複合コンテンツの確定。さらに機能保存の場合には、インタフェース（情報交換のルール）の確定。
4. 動態、機能、内容、外観保存の場合、システム、アプリケーション、ファイル形式、データ構造の確定。
5．動態、機能、内容、外観保存の場合、素材のデータ形式と保存するデータ形式の確定
6．動態、機能、内容保存の場合、資料毎に撮影目的（何を写し取るか）の確定。
7．全保存種において、必要となるメタデータ項目の確定。なお、このメタデータは作成されるデータ（ファイル）間の関係や、データ中の意味単位（概念）間の関係を説明する。
8．メタデータは、宣言的ではなく記述的に規定されるべきで、その項目の確定。
9．全保存種において、マイグレーション計画の確定。

これらの検討項目は、まだ十分には研究・提案されておらず、従って運用実績もほとんど報告されていない。現在は、資料所蔵館や発行元がそれぞれのプロジェクトで個々に試行・検討された実績が未来の電子資料づくりの糧となる段階である。(45)従って、検討が上手くまとまらなくとも、それは当然のことで、それで電子資料の作成をやめるべきではなく、反対に、それぞれが果敢に考え抜き、電子資料を作成し、その様子を公開してゆくことが重要である。

以下では、難しい仕様を決める作業に向けた、ごく個人的なアドバイスを記しておく。(46)

P1．規格は無視して良い
P2．再利用性（保存性）を考えられる範囲で配慮する
P3．電子資料は作成・公開することが大事である
P4．利便性（機能性）や見た目（デザイン、表現力）の優先順位を上げない（これらは二次利用として別の出版機会として考える）
P5．メタデータ（電子化のプロセスや電子資料そのものの説明文）は最重要で、できるだけ作成する

本稿は紙面の都合から、詳細な説明なく天下り的に命題を提示するのみで、フラストレーションがたまる読みにくい文章になっていることは承知している。電子資料論についての詳細は、機会を改めて紹介させて頂きたい。

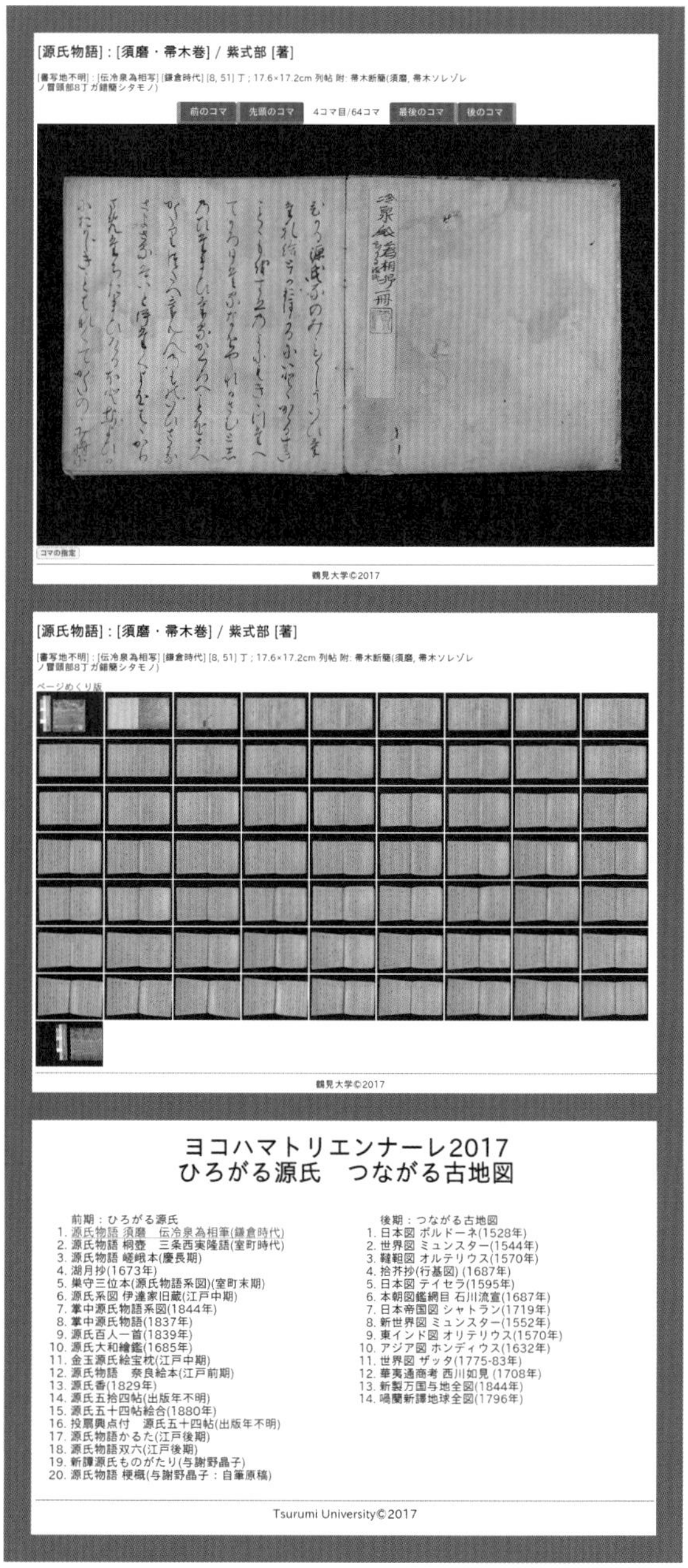

[図03]…Web版コンテンツ例

電子化しよう！

本稿の第Ⅰ部では撮影は簡単と紹介し、第Ⅱ部では一転して作成は難しいと紹介している。著者の意図をざっくりと示せば、とにかく資料の電子化（撮影）をしよう、でもそれを素材として電子資料を作る際には知的歴史資産に相応しい保存性をよく考えよう、となっている。一番大切なのは資料の電子化であり、それを出来るだけ公開することにある。電子化することが最優先であるとすれば、本稿で紹介したようなデジタルカメラの撮影環境でなくとも、例えばスマートフォンで撮影した写真でも十分と考える。むしろ本稿で紹介した手順より、簡単に大量の電子資料が作成・公開されるのであれば、スマートフォンを使う撮影を積極的に取り入れるべきである。高価で綺麗に多彩な表現力で機能満載という、現在のテクニカルゴシック様式の電子資料を、スマートフォンの撮影で払拭できるのであればむしろ良いことである[47]。ちなみに著者がバックパックひとつで出張撮影する際には、カメラはより小型のFujiX100シリーズを使い、照明も最低限のものし[48]か持たない。このような割り切り方が出来るようになったのは、死海文書を戦火の中撮影したJ.C. Treverの行動と業績を知ってからである（参考文献3）。彼が撮影した写真は、劣化が進む死海文書の発見当時の元の姿を伝える重要な記録になっている。電子化で重要なのは、とにかく電子化・撮影することで、それをできるだけ生の形で公開することである。本稿を参考に資料の撮影ができたとしても、その公開にまで思案の整理がつかないのであれば、例えば公開を進める検討材料として、鶴見大学が横浜市美術館と共同で参加した「ヨコハマトリエンナーレ2017」で使用したweb版コンテンツ［図03］を参考にして欲しい[49]。GPLの権利で公開しているので、そのまま利用しても改変しても無料での公開であれば自由に使うことができる。

これから始まる本格的なD―GLAMの論議では、展示と保存は明確に分けられるだろう。書物が果たしてきた知的資産の保存という役割を、わたしたちの代でそれを廃れた技術扱いにした結果、未来から現代を見た時に新中世として無記録の文化的暗黒時代の始まりとみなされることがないよう、わたしたちは新しい技術であっても保存の役割を担わせるための行動を選択する責任が人類史上あるのではないだろうか。

注

（1）近年の傾向として立体画像の電子ファクシミリ版が作成されているが、本稿ではこれを扱わない。

（2）ありがたいことに、この論文の間違いを補足して頂いたサイトがある。http://imeasure.cocolog-nifty.com/blog/2017/10/post-d180.html

（3）資料の撮影でセンサ感度の違いは重要ではない。

（4）中判の約六割の面積。

（5）三五㎜の約四割の面積。

（6）GFXシリーズは値段が高すぎて筆者が用意できる一般研究費では調達できず、残念ながらまだ実験できないでいる。

（7）分割撮影して合成することをしない。

（8）後述されるレンズの種類により撮影可能な大きさは変化する。

（9）センササイズが大きいと、いわゆる「ぼけ（bokeh, blur）」が生まれ易い。但し、ディープフォーカス（全面にピントが合う状態）が必須の複写で、ボケは要らない。

（10）APS―Cの約三割の大きさ。

（11）但し後述するように、スマホを使った資料の撮影を躊躇すべきではなく、むしろスマホは積極的に使うべきである。

（12）例えば、https://www.ephotozine.com/reviews/等がある。

（13）例えば、以下で紹介しているXF23mmのレンズであれば、絞りf4で解像度が一番高いことがわかる。この値を基準に、必要な被写界深度を目指せば良い。被写界深度とはピントが合う奥行きのことで、f値を上げると増えてゆく。

(14) 一体型のLEDライトは大きさや光量がまちまちで、電球型LEDライトのように個数で調整することが難しい。

(15) 支柱がズレ落ちないよう、カメラを乗せる反対側にストッパーがついているものがよい。但し、ストッパーを過信することは禁物で、常に落下には注意すべきである。

(16) これはヨドバシカメラ限定商品であったが、現在は廃盤で、製造元のVelbonでも直接の後継機種を扱っていない。

(17) そのため、手ブレを心配する必要がなくなることから、手ブレ防止機能がカメラやレンズにある場合にはそれを止めておいたほうが良い。

(18) 近年の指揮棒の傾向として握りの太いコルクが多いが、資料を抑えるものとしては昔ながらのつまむ（細長い）コルクの指揮棒が良いだろう。

(19) この撮影では両表紙を下から半紙で持ち上げ開く角度を調整し、羊皮紙が閉じない程度にチェーンで軽く抑えている。また被写界深度を多めに取るため絞り値を増やしている（五章に解説がある）。

(20) スキャナで撮像するケースや資料を額装して展示するケースに該当する。

(21) 低反射ガラスを使う撮影では、偏光（PL）フィルタを使い、ガラス上の映り込みを避ける方法もある。https://www.kenko-tokina.co.jp/special/product_type/pl/pl-filter-guide.html

(22) ホワイトバランスとは、太陽光（すなわち色）を光の三原色で数値化するために用意されている三種類のセンサの個体差を調整する（なくす）ことである。

(23) ピントが合う奥行きの範囲（距離）のこと。

(24) カメラ側で設定した値をアプリ上から変更することができるため、アプリ上でも改めて設定値を確認・指定する。

(25) カメラと三脚の間にあるカメラの位置調整をするための器具。

(26) 撮影範囲の微調整のために三脚の中央支柱を上下移動する調整は、必要最低限の作業として例外的に認めても良いと思う。但しこれも、中央支柱が抜け落ちない安全策が取られていることが前提となる。

(27) ピントの合い具合は、カメラ側にある実際の撮影画像を見なければわからない。アプリによっては実データを確認できる機能もある。それができない場合、撮影時に焦点が合った場所を示してくれる情報や荒い画像から経験で感じ取るしかない。

(28) これらは宮内庁正倉院で採られている作法と聞いている。

(29) 些細なことではあるのだけれど、大量の撮影をする際には、整理整頓が撮影効率を地味に上げてくれる。

(30) rawデータもこれには該当しない。rawデータをそのまま使うことは一般的には考えられない。

(31) 細かい話をすれば、先に紹介した高演色性LEDライトですら、撮りたい対象によっては不要である。例えば、赤外線や敢えての紫外線ライトを使う選択もある。この詳細は、可視光を前提とした通常のデジタルカメラは使えなくなることから、本稿が扱う範囲を超えてしまう。

(32) 例えば、ページの中に多くの付箋や貼紙が含まれているケースでは、一ページで複数の撮影が必要となり、付箋をめくりあげることで撮影範囲はその都度変化する。結果として、コマ毎に見える風景は大きく変化する電子資料が出来上がる可能性がある。

(33) 撮影を外部委託すると、その撮影担当者は宣材写真を撮るプロであることも多い。貴重書は見栄え良い写真として撮るという文化を生んだ責任の一端は、撮影を外部委託した側にもあるのだろう。

(34) 実際に撮影できるまでの必要な情報を記したつもりではいるが、判りにくかったり、十分ではないかもしれない。ここで紹介した内容は、半日講習会で十分に会得できるものである。もしそのような研修の機会が必要であれば、著者または鶴見大学までご相談頂きたい。

(35) 「感」としたのは日本ではその機運が残念ながら感じられないことから、断定的表現を遠慮した。

(36) D−GLAMについては別稿を参考にして欲しい。

(37) もちろん、これはまだ百年も実証されていない。但し、マイクロフィルムの耐用年数を五百年以上と想定するのと同じように、論理的予測は可能であろう。

(38) 特定条件下での観察記録と主張するのが限界であろう。

(39) ユニコードにより文字の問題は解決されたと多くの計算機科学者やＩＴ関係者は思っている。ＤＨで長年取り組まれてきた画像データとtransliterationによる電子資料づくりは、これからも長い道のりで取り組まれてゆくことになる。

(40) もちろん、組織力にゆとりがあれば規格の採用は検討すべきである。但し、それでも規格に頼らない方が実は正しい。この詳細は別稿に譲りたい。その論議の参考として、例えば**参考文献11**を公開している。

(41) 但し、例えばそのコンテンツに高い収益性があり、それにより他の資料の電子化が進められるビジネスモデルなど、機関としての使命を十分に果たすものであれば、積極的にＤ－ＧＬＡＭのトレンドに合わせるべきである。

(42) 現在、この検討を進めるためのガイドラインを作成している。概要は**参考文献9**と**参考文献13**を参照してほしい。

(43) 実例として、保存性や再利用性を重視した電子資料で、見栄えが悪い・機能が少ないという批判を受けたものがあった。目的が明確になっていれば、このような理不尽な批判に正面から応え、さらには新しい企画の必要性を訴えることができる。

(44) 現在のアーカイブ界の危機的な課題として、内容保存（content preservation）とデータ保存（data/file preservation）の混同がある。本稿ではデータ保存は機能保存の一部として、内容保存と厳密に分けている。

(45) 現在は、初期電子資料というインキュナブラの時代と自覚し、従って安易に他を後追いせず、それぞれの資料毎に理想を追求してゆくべきである。但し、例え不細工であっても後世に残る電子資料を作るようでありたい。

(46) それなりの根拠はあるが、それらは別稿に譲りたい。

(47) テクニカルゴシック様式で作ることが本来許される電子資料は、当該資料の性質、利用目的・条件などがかなり限定される。統計的人文学の実践においてすら、本質的に高表現力の電子資料は不要である。

(48) 例えば一灯のみ。

(49) https://docsci.infon.org/stack/sampleWebContents.zip

参考文献

[1] **Busa, R.** (1951) *Sancti Thomae Aquinatis hymnorum ritualium varia specimina concordantiarum-A First Example of Word Index automatically Compiled and Printed by IBM Punched Card Machines-*, Bocca

[2] **Cinelight** (unknown) LIGHT ATTRIBUTES: CCT, CRI AND TLCI, https://cinelight.com/blog/6_CCT-CRI-TLCI.html

[3] **Fiels, W.** (2006) *The Dead Sea Scrolls*, Brill

[4] **Golub, K. and Y. Liu** (2022) *Information and Knowledge Organisation in Digital Humanities* Rout-ledge

[5] **Kempf, K.** (2022) "Data Curation in Cultural Heritage Institutions: Two Case Studies" *Proceedings of IRDCL2022*, CEUR Workshop Proceedings Vol.3160, https://ceur-ws.org/Vol-3160/

[6] **NDSA** https://ndsa.org/conference/

[7] **Corrado, E.M. and Sandy, H.M.** (2017) *Digital Preservation for Libraries, Archives, and Museum* Second Edition, Rowman & Littlefild

[8] 大矢一志、土屋俊「システムが決まらなければデータベースが出来ないというのは本当か――テキストベースデータモデル利用の提案」（『第二回アートドキュメンテーションフォーラム報告書』、アートドキュメンテーション研究会、二〇〇〇年）。

[9] 大矢一志「マークアップの課題をsyntaxから見た分類と解決のステップ」（『TEI Day in Kyoto 2006 報告書』、京都大学、二〇〇六年）。

[10] 大矢一志「大判資料（古地図等）の分割撮影向け簡易撮影台の作成」（『鶴見大学紀要』Vol.47 part4、鶴見大学、二〇一〇年）。

[11] **Ohya, K.** (2014) "Unit-based Scheme Connection Between TEI and Original Scheme To Promote Data Sharing Beyond Cultural Diversities" TEI 2014 https://docsci.infon.org/stack/ohya2014.zip

[12] 大矢一志『人文情報学読本――胎動期編』（神奈川新聞社、二〇一七年）。

[13] **Ohya, K.** (2023) "Criteria to emancipate content providers from obsession with specifications for content preservation and propositions as guidelines on making content for easy reuse in the future", ICOM-CIDOC2023 https://docsci.infon.org/stack/ohya2023.pdf

書物學

刊行のことば

BIBLIOLOGY : the history and science of books as physical objects.

書物は人類の英知の結晶である。中国やエジプトにおけるその起源は幽にして遠、ただ仰ぎ見るばかりである。

それらに較べれば、中国文明に接するまで文字をもたなかった日本の書物の歴史は、短い。しかし、漢字を学び、漢文訓読という読解法を編みだし、そこから派生した片仮名、さらに漢字を表音文字として使用する平仮名という文字を生みだし、それらを駆使して、多くの書物が書かれてきた。「女手《おんなで》」とよばれた平仮名による女性の著述の歴史も、千年を超える。

漢字、片仮名、平仮名。一つの言語が三つの文字体系をもち、それらを使い分けて書物は書かれ出版された。そのような言語、そのような国はあるだろうか。

いま、書物は急速に「物」の次元を超え、手に触れることのできない電子の世界に移行しようとしている。それもまた人類の驚異的な英知の成果にほかならない。

これまでに蓄積されてきた書物をめぐる精緻な書誌学、文献学の富を人間の学に呼び戻し、愛書家とともに、洋の東西を隔てず、現在・過去・未来にわたる書物論議を展開する場として、ここに『書物学（Bibliology）』を創刊する。

本書の創刊が、書物を研究し書物を愛でる人々による「書物の人間学」への機縁となることを期待したい。

書物学 第25巻
古典籍の文献学
――鶴見大学図書館の蒐書を巡る
〔学校法人総持学園創立百周年記念〕

2024年3月29日発行

発行者 ……………… 吉田祐輔
発行所 ……………… ㈱勉誠社
〒101-0061 東京都千代田区神田三崎町 2-18-4
電話 (03)5215-9021　FAX(03)5215-9025
E-mail : info@bensei.jp
印刷・製本 ………… ㈱太平印刷社

ISBN978-4-585-30725-9 C1000

日本古文書学会(にっぽんこもんじょがっかい)
1966年に発足。内外の古文書に関連する研究および研究者相互の協力を促進し、あわせて内外の学会との連絡および協力を図り、古文書学の発達に寄与することを目的とする。機関誌『古文書研究』を年2回刊行し、年1回の学術大会の他、古文書見学会等を適宜開催している。
ホームページ http://komonjo.net

古文書《こもんじょ》への招待《しょうたい》

編者 日本古文書学会
発行者 池嶋洋次
発行所 勉誠出版㈱
〒101-0051 東京都千代田区神田神保町三―一〇―二
電話 〇三―五二一五―九〇二一㈹

二〇二一年二月一日 初版発行

印刷 製本 中央精版印刷

ISBN978-4-585-22277-4 C1021

古文書研究
84〜90号（以下続刊）

歴史学をはじめ、諸分野における研究の基盤をなす古文書学。その最前線を伝える学術雑誌。充実の論文に加え、史料紹介、随筆、書評なども掲載。（年二回刊行）

日本古文書学会 編・各本体三八〇〇円（+税）

古文書料紙論叢

現存資料の分析や料紙に残された痕跡、諸史料にみえる表現との対話により、古代から近世における古文書料紙とその機能の変遷を解明。日本史学・文化財学の基盤となる新たな史料学を提示する。

湯山賢一 編・本体一七〇〇〇円（+税）

平安時代における変体漢文の研究

総体を捉える基盤研究のなされていなかった変体漢文の特性と言語的特徴を同時代の諸文体との対照から浮き彫りにし、日本語史のなかに定位する。

田中草大 著・本体八〇〇〇円（+税）

古文書の様式と国際比較

古代から近世日本の古文書の様式と機能の変遷を通史的・総合的に論じ、文書体系を共有するアジア諸国の古文書と比較。東アジア古文書学の構築のための基盤を提供する画期的成果。

小島道裕・田中大喜・荒木和憲 編／国立歴史民俗博物館 監修
本体七八〇〇円（+税）

近世・近現代 文書の保存・管理の歴史

幕府や藩、村方、商家等の文書、公文書や自治体史料などの歴史資料、修復やデジタルアーカイブなどの現代的課題に焦点を当てて、保存・管理システムの実態と特質を解明。

佐藤孝之・三村昌司 編・本体四五〇〇円（+税）

紙の日本史
古典と絵巻物が伝える文化遺産

長年文化財を取り扱ってきた最先端の現場での知見を活かし、さまざまな古典作品や絵巻物をひもときながら、文化の源泉としての紙の実像、そして、それに向き合ってきた人びとの営みを探る。

池田寿 著・本体二四〇〇円（＋税）

日本の文化財
守り、伝えていくための理念と実践

文化財はいかなる理念と思いのなかで残され、また、その実践はいかなるものであったのか。長年、文化財行政の最前線にあった著者の知見から、文化国家における文化財保護のあるべき姿を示す。

池田寿 著・本体三二〇〇円（＋税）

日本の表装と修理

絵画や書、古文書の表装や修理は、どのような価値観や思想のもとに行われてきたのか。表装と修理にまつわる文化史を描き出し、文化財保護の意義と意味を照射する。

岩﨑奈緒子・中野慎之・森道彦・横内裕人 編
本体七〇〇〇円（＋税）

鳥獣戯画
修理から見えてきた世界
国宝 鳥獣人物戯画修理報告書

近時完了した大修理では、同絵巻に関する新知見がさまざまに見出されることとなった。『鳥獣人物戯画』の謎を修理の足跡をたどることで明らかにする画期的成果。

高山寺 監修／京都国立博物館 編・本体一〇〇〇〇円（＋税）

長篠合戦の史料学
いくさの記憶

諸資料の分析により、後世の人々が合戦をどのように認識し、語り伝えたのかを解明する。「長篠合戦図屏風」諸本に言及し、成立過程や制作意図に関する新解釈を提示。

金子拓 編・本体五〇〇〇円（＋税）

日本中世史入門
論文を書こう

歴史学の基本である論文執筆のためのメソッドと観点を日本中世史研究の最新の知見とともにわかりやすく紹介、歴史を学び、考えることの醍醐味を伝授する。

秋山哲雄・田中大喜・野口華世 編・本体二七〇〇円(+税)

中世地下文書の世界
史料論のフロンティア

「地下」＝地域社会において、作成され、機能した文書群の生成・機能・展開などの全体像を解明し、従来の古文書学の枠組みや発想を捉え直し、史料論の新たな地平を切り拓く。

春田直紀 編・本体二八〇〇円(+税)

北条氏発給文書の研究
附 発給文書目録

北条氏の発給文書を網羅的に収集・検討。執権をつとめた各代について、その足跡を歴史上に位置付ける。歴代の発給文書一覧も具えた、レファレンスツールとして必備の一冊。

北条氏研究会 編・本体一五〇〇〇円(+税)

日明関係史研究入門
アジアのなかの遣明船

外交、貿易、宗教、文化交流など、様々な視角・論点へと波及する「遣明船」をキーワードに、十四〜十六世紀のアジアにおける国際関係の実態を炙り出す。

村井章介 編集代表／橋本雄・伊藤幸司・須田牧子・関周一 編
本体三八〇〇円(+税)

由緒・偽文書と地域社会
北河内を中心に

地域の優位性、淵源や来歴を語るために捏造された偽文書や由緒の生成・流布の過程を解明。地域史の再構築をはかり、歴史学と地域社会との対話を模索する。

馬部隆弘 著・本体一一〇〇〇円(+税)